谈笑人依旧

毛泽东与亲朋好友的交往

主 编 王爱枝

山西出版传媒集团

山西人民出版社

图书在版编目（CIP）数据

谈笑人依旧——毛泽东与亲朋好友的交往 / 王爱枝主编. -- 太原：山西人民出版社，2014.4
ISBN 978-7-203-08382-5

Ⅰ. ①谈… Ⅱ. ①王… Ⅲ. ①毛泽东（1893～1976）—生平事迹 Ⅳ. ① A752

中国版本图书馆CIP数据核字（2014）第018640号

谈笑人依旧——毛泽东与亲朋好友的交往

主　　编：	王爱枝
责任编辑：	聂正平
装帧设计：	谢　成
出 版 者：	山西出版传媒集团·山西人民出版社
地　　址：	太原市建设南路21号
邮　　编：	030012
发行营销：	0351-4922220　4955996　4956039
	0351-4922127（传真）　4956038（邮购）
E-mail：	sxskcb@163.com　发行部
	sxskcb@126.com　总编室
网　　址：	www.sxskcb.com
经 销 者：	山西出版传媒集团·山西人民出版社
承 印 者：	山西晋城新浪印业有限公司
开　　本：	720mm×1010mm　1/16
印　　张：	20
字　　数：	300千字
印　　数：	1-5000册
版　　次：	2014年4月　第1版
印　　次：	2014年4月　第1次印刷
书　　号：	ISBN 978-7-203-08382-5
定　　价：	39.00元

如有印装质量问题请与本社联系调换

出 版 人　李广洁
出版策划　来普亮

毛泽东人际交往丛书编委会

主　　编　王爱枝
执行主编　田　烨
编　　委　(以姓氏笔画为序)
　　　　　王爱枝　田　烨　田　烽　龙　梗　李　红
　　　　　李　强　李　晖　宋佩玉　金庆军　孟　原
　　　　　张小芳　张　祥　胡毅婕　柳承旭　段卫东
　　　　　贺晚霞　贾　娟　聂正平　唐桂兰　常　林
　　　　　郭芬云　黄　晨　曾　珺　樊　中　潘移风

本册撰稿　宋佩玉

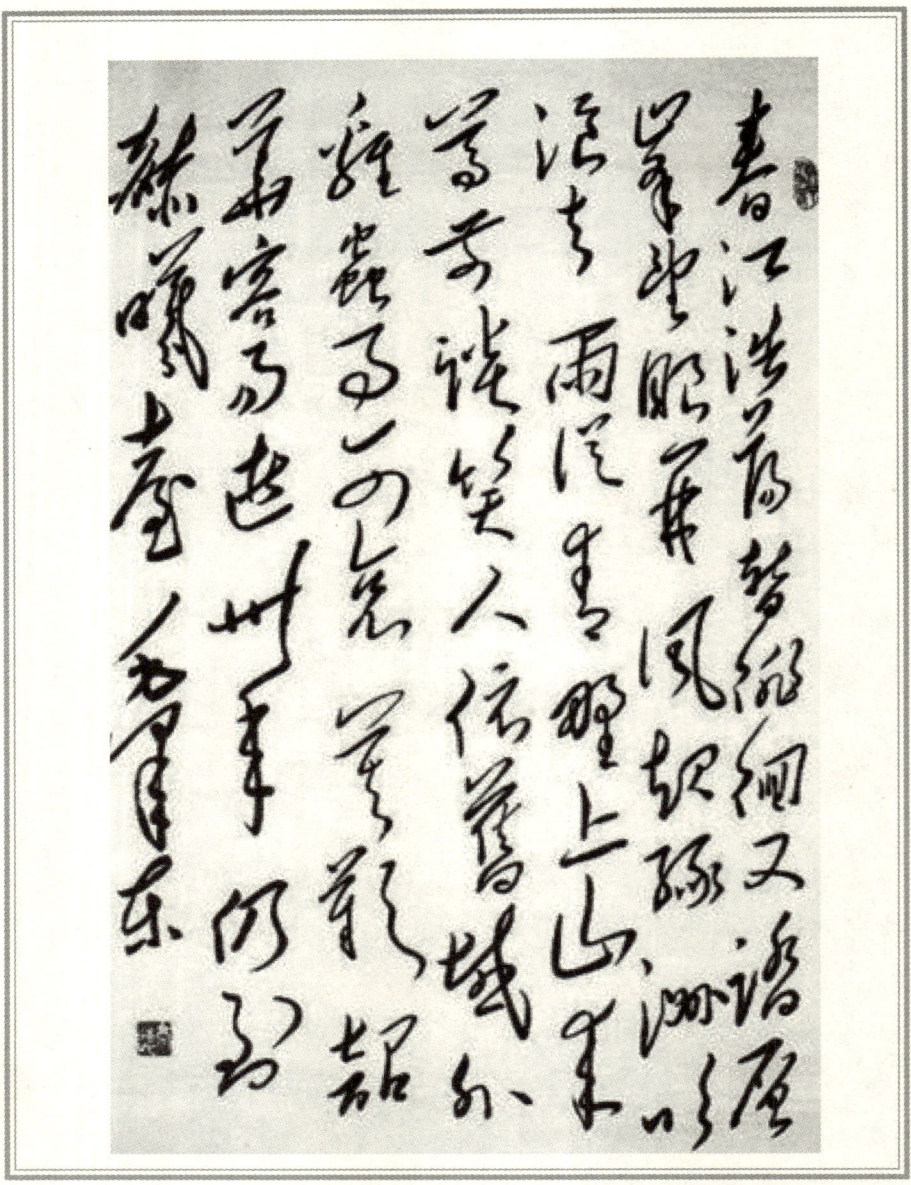

毛泽东手书《七律·和周世钊同志》

前言

20年前，为了纪念毛泽东诞辰100周年，我们曾着手策划出版一套《毛泽东交往百人丛书》。之所以选择"百人"这个字眼，是因为"100"这个数字在中国人眼里乃是吉祥而圆满的象征。在毛泽东诞辰100周年之际，出版这套丛书，表达的正是我们对伟人这样的一种祝福和怀恋的心情。这套丛书原计划出版6本，但由于方方面面的原因，当时仅有《军事人物篇》和《民主人士篇》问世，其余各篇，只好付之阙如，成为读者、编者乃至出版者的一件憾事。

10年前，为了弥补这一缺憾，我们约请部分原作者，请他们在当年书稿的基础上，重新编写剩下的4本书。但由于事出仓促，原作者又分散在北京、上海各地，最终只有《毛泽东与他的亲友》和《毛泽东与他的师长学友》两本书及时面世，再次留下了未尽的遗憾，令人扼腕叹息。

岁月如梭，光阴荏苒。转眼又是10年过去了，毛泽东在历史的旷野里愈行愈远。然而，面对这样一位对20世纪的中国乃至世界产生过巨大影响的历史巨人，人们不得不说，要了解20世纪的中国，首先就必须了解毛泽东；而要真正全面地了解毛泽东，又不能不去了解他的人际关系。在新世纪的10余年里，像"毛泽东的人际交往"、"毛泽东的人格魅力"这样的话题，仍然被人们常谈常新，意犹未尽。事实证明，这一不断延伸的历史时段，为我们提供了越来越长的审视距离。随着时间的推移，当伟人的音容笑貌在人们的记忆中变得日渐模糊的时候，他的人格魅力却会在现实的认知中变得更加清晰；他所留下的精神和思想经过历史风雨的洗礼与淬炼，其时代价值也变得越发真切和实在。

正是因为这样的原因,在过去的10年乃至20年里,不断有读者给我们(包括作者和编者)打电话、写信、发邮件,询问《毛泽东交往百人丛书》的后续出版情况。他们不仅对已经出版的4本书给予了充分的肯定,而且迫切要求把这套丛书出齐。殷切之情,溢于言表,令人感动,令人鼓舞。为此,我们再次经过多方努力,终于找到了部分当年的原作者,补齐了剩下的两本书,以谢广大读者对我们的关爱之情,也表达我们对毛泽东由来已久的缅怀之意。

都说"十年磨一剑"。我们经过20年的努力,终于把当年承诺的6本书全部出齐,但个中的曲折和艰辛,不足为外人道。回首往事,可以毫不夸张地说:过去的20年,既见证了毛泽东经久不衰的人格魅力和思想影响,也见证了广大读者对毛泽东日久弥深的崇敬和热爱;既检验了各位编撰者坚持毛泽东研究和宣传的恒心与毅力,也检验了出版者一切从读者需要出发的工作态度和尊重作者劳动的负责精神。

为了纪念毛泽东诞辰120周年,我们这次把6本书一起推出,重新命名,统一体例,统一封面设计,以全新的面貌面世。它们分别是:《数风流人物——毛泽东与民主人士的交往》《恰同学少年——毛泽东与师长学友的交往》《江天水一泓——毛泽东与文化名人的交往》《当年鏖战急——毛泽东与军事人物的交往》《谈笑人依旧——毛泽东与亲朋好友的交往》《当惊世界殊——毛泽东与国际人士的交往》。这种分类编写的方法,能够反映出毛泽东在不同领域、不同阶层与不同身份人物交往的不同的内容和方式,便于人们了解毛泽东与各界人士交往的全貌、特点及其在各个领域里活动的具体情景。每本书各选约100人,大致可以覆盖毛泽东在各个领域里的人际交往活动,较为全面地再现毛泽东与各界人士交往的特点、过程以及交往情景、相互影响。

本着爱国不分先后、功劳不分大小、职位不分高低的原则,除《当惊世界殊——毛泽东与国际人士的交往》一书按英文字母顺序编排之外,其余各书一律按姓氏笔画顺序编排。人物的取舍、篇幅的长短,根据交往的深浅和材料的多寡而定。在记述毛泽东的交往过程中,还简要介绍了他所交往人物的生平经历,生动形象地反映他们的性格特征,同时还披露了一些鲜为人知的趣闻轶事。

在这次的编写出版过程中,我们对前两次出版的4本书进行了必要的修订并适当补充了新的材料,同时在书中增插了部分毛泽东手书的交往书信以飨读者。在编写过程中,我们参考了目前公开出版的有关毛泽东及其交往人物的各类书籍和报刊,同时又以更加翔实的资料和严谨的体例形成了自己的特色。这里我们谨对前人的劳作表示衷心的感谢,同时也为能留下一份毛泽东人际交往的系统材料而感到由衷的欣慰。对于编写过程中出现的错漏之处,欢迎有关专家、学者和广大读者批评指正。

说不尽的毛泽东,写不尽的毛泽东人际交往世界。在编写过程中,我们深感,毛泽东研究是一个历久弥新的时代课题,也是一个充满艰辛的求真历程。我们历经20年,虽然终于完成了毛泽东人际交往丛书的写作与出版,但仍然真心希望因纪念毛泽东诞辰而引发的高潮过去之后,留下基于恒心和平常心的持久关注,在广大毛泽东的崇敬者、爱好者的共同努力下,不断把毛泽东研究推向深入。

毛泽东人际交往丛书编委会
2013.11

目录

孔令华 ··· 001
　　他与毛泽东的女儿李敏是中学同学，两人由相知相爱而结婚，毛泽东亲自为他们操办了婚礼……

文七妹 ··· 003
　　毛泽东说："世上共有三种人：损人利己的人；利己而不损人的人；可以损己而利人的人，母亲属于第三种人。"

文九明 ··· 007
　　他千里上北京，带来的是家乡有名的酸豆角和火焙鱼，表叔毛泽东见了开心极了……

文正兴 ··· 009
　　他是毛泽东的舅父，也是毛泽东的干爸。正是在他的说服和帮助下，毛泽东才得到父亲的同意，外出求学，最终走出了乡关……

文正莹 ··· 011
　　他是毛泽东的舅父，也是毛泽东最早的启蒙老师之一，曾手把手地教毛泽东写字……

文运昌 ··· 014
　　他是毛泽东的表兄,两人从小兴趣相投,交往亲密。新中国成立后,他先后六次应邀赴京面见毛泽东……

文枚清 ··· 021
　　毛泽东的表兄。1925年,毛泽东在家乡搞农民运动,他积极响应参加。新中国成立后,先后五次应毛泽东邀请赴北京叙旧。

文泮香 ··· 023
　　他在毛泽东的几个表兄中排行老大,毛泽东对他非常尊敬和惦记……

文南松 ··· 025
　　他早年十分同情革命,对表弟毛泽东也十分敬佩,曾冒着生命危险保存了毛泽东及其父母、弟弟的照片……

文炳璋 ··· 028
　　他是毛泽东的表兄文南松的次子。他发现个别亲戚朋友到京看望毛泽东后,骄傲自满,不大服从政府管理,于是就写信向毛泽东反映……

文涧泉 ··· 030
　　他是毛泽东的表兄,又是毛泽东的干兄。他性格坦率,为人诚恳,经常向毛泽东反映乡间的情况,曾七次受到毛泽东的接见。

毛月秋 ·· 033

他在韶山冲是较有声望的一位老地下党员,人们尊称他为"月秋老人",毛泽东则称呼他为"叔老子"。

毛仙梅 ·· 037

毛泽东的族兄。在早年受毛泽东的影响,积极参加韶山的农民运动;在晚年则与毛泽东一起乘坐专机,到杭州游览风景名胜……

毛华初 ·· 039

"文化大革命"期间,他被打成"走资派"。毛泽东没有忘记这位敢说实话的侄子,在湖南视察时,曾两次打听他的下落……

毛宇居 ·· 043

他是毛泽东的堂兄,也是少年读私塾的老师。新中国成立后,他为毛泽东处理了许多家乡亲戚朋友的琐碎事务,使毛泽东能集中精力操持国事。

毛纯珠 ·· 049

毛泽东的远房兄弟。在得知毛泽东答应接见他的消息后兴奋不已。种了一辈子地的他没有想到主席对种地、养猪这些事情还这么有兴趣……

毛远志 ·· 051

毛泽东唯一的亲侄女。她的童年是在颠沛流离中度过的,但伯父毛泽东却对她提出了严格的要求……

毛远悌 ·· 054
　　毛泽东的远房侄子。他将伯父毛泽东手书的两封信镶嵌在大镜框里,时刻鞭策自己……

毛远翔 ·· 057
　　1949年,第四野战军路过韶山时,派人寻找毛泽东的亲属,他们最早找到的,就是这位毛泽东的族侄。

毛远新 ·· 060
　　毛泽东的侄子。毛泽东曾严厉地批评他说:"你们这些孩子是吃蜜长大的,从来不知道什么叫苦……"

毛远耋 ·· 063
　　毛泽东的族侄。他千里迢迢来到延安,毛泽东却安排他到印刷厂当学徒……

毛远耀 ·· 065
　　毛泽东的堂侄。早年就积极投身革命,是从湖南走出来的一位"高官",多次到中南海拜见毛泽东……

毛岱钟 ·· 068
　　他是毛泽东的族叔,自小与毛泽东一起求学、参军,结下了深厚的友情……

毛岳乔 ·· 070
　　他父亲曾与毛泽东的父亲一起做过谷米生意,毛泽东的父亲曾想把儿子介绍到他家的"粮行"去当学徒……

毛岸龙 ··· 072
他是毛泽东与杨开慧的第三个儿子。在他不满周岁时,毛泽东上了井冈山,便再也没有见过这个儿子。他4岁时不幸夭亡。

毛岸红 ··· 073
他是贺子珍和毛泽东的第二个孩子,小名"毛毛"。长征前,毛泽东夫妇把他交给留下来打游击的毛泽覃,但是……

毛岸英 ··· 075
毛泽东的长子,年幼时即亲身经历监狱生活并痛失母亲;10岁时流浪街头,饱尝人间的酸甜苦辣;在抗美援朝战争中以身殉职,毛泽东听到这个消息后……

毛岸青 ··· 080
毛泽东的第二个儿子,孩提时代,便过着颠沛流离的生活,面对黑暗的社会,他愤然写了"打倒帝国主义"六字,为此遭受毒打,留下了脑震荡的后遗症……

毛泽民 ··· 084
毛泽东的大弟弟,从小能写会算,跟随哥哥毛泽东参加革命后,他亲手筹备了苏维埃国家银行。1943年在新疆惨遭军阀盛世才杀害。

毛泽全 ··· 088
毛泽东的堂弟,曾任总后勤部军需生产部生产管理处处长。在北京工作期间,与毛泽东一家来往甚密。

毛泽庆 ··· 092
　　毛泽东的族弟。他离开家乡参加革命近十年，一直未与家中联系，毛泽东托人多方打听他的情况……

毛泽连 ··· 094
　　他自记事起就很崇拜堂兄毛泽东。对于毛泽连一家的生活状况，毛泽东始终放在心上……

毛泽建 ··· 098
　　她是毛泽东的堂妹，过继给毛泽东的母亲做女儿，是毛泽东为她解除了封建婚约，带她到长沙读书，并最终走上了革命的道路。

毛泽青 ··· 102
　　毛泽东的堂弟。曾因毛泽东送他的钱物在"三反五反"中被打成了"老虎"……

毛泽嵘 ··· 104
　　他第一次去北京，堂哥毛泽东送给他一件青蓝色呢子大衣，这件呢子大衣他穿了几十年，直到1986年去世才传给孙子。

毛泽普 ··· 106
　　他是毛泽东的堂弟。1937年奔赴延安，投身革命。新中国成立后，他一直在湖南工作。

毛泽覃 ·· 109

　　毛泽东的二弟,从小追随哥哥毛泽东闹革命。红军长征时,他留在中央苏区坚持游击战争,最终献出了自己年轻的生命……

毛贻全 ·· 113

　　毛泽东的同族叔叔。当年他借银子给毛泽东做路费,支持革命;新中国成立后,毛泽东寄稿费给他的后人,解决他家的生活困难。

毛顺生 ·· 115

　　毛泽东小时虽然对父亲的自私、刻薄、专制不满,但从内心来讲,他一直是热爱自己父亲的……

毛朗明 ·· 120

　　毛泽东的堂弟。1945年4月,中国共产党第七次全国人民代表大会在延安举行,他作为韶山的唯一代表参加了这次会议。

毛浦珠 ·· 123

　　他是毛泽东的堂弟。得知他不幸病逝的消息,毛泽东十分惋惜地说:"浦珠很能干,20多岁就当上了地下党的区委书记……"

毛爱桂 ·· 125

　　毛泽东的族叔、邻居。从小就为毛泽东的革命活动站岗放哨,打听消息;新中国成立后,毛泽东不仅十分关心他的身体,而且寄钱帮助他解决生活困难……

谈笑人依旧

毛特夫 ·················· 128
　　他是烈士毛新梅的儿子,是毛泽东的堂侄。毛泽东曾勉励他,要和群众打成一片,把湘潭县建设好,当好湘潭人民的"父母官"。

毛继生 ·················· 132
　　毛泽东的远房叔父。在出席中华全国供销合作社第一届第一次社员代表大会期间,受到毛泽东的热情接待……

毛逸民 ·················· 135
　　毛泽东的族叔,早年即思想进步,积极加入中国共产党。新中国成立后,经常给毛泽东写信反映韶山农民的生产和生活情况。

毛智珠 ·················· 137
　　毛泽东的堂兄。毛泽东对他非常尊重,曾接他到中南海叙旧,并安排他游览长城、秦皇岛等地,临别时又送礼物给他……

毛裕初 ·················· 139
　　毛泽东的同宗叔祖父。从小与毛泽东交好,同桌学习。1957年11月,毛泽东特地捎信回家,并派人将他请到北京叙旧。

毛新宇 ·················· 141
　　毛泽东唯一的孙子。毛泽东亲自为他起的名字,寄托了对自己的孙子和自己的祖国同样美好的愿望。

毛新梅 ·· 143
  毛泽东的族兄。两人从小一起玩耍,关系亲密,毛泽东称他为"新梅六哥"。毛泽东得知他牺牲的消息后,惋惜不已……

毛楚雄 ·· 145
  毛泽东的嫡亲侄子,他不到半岁就随母亲一起被捕入狱,1946年,年仅19岁的他被国民党反动派秘密处决……

毛照秋 ·· 149
  他是毛泽东的族侄,毛泽东对他要求很严格,多次勉励他安心在家乡工作。1968年始,他在韶山毛泽东旧居陈列馆工作……

毛简臣 ·· 151
  他是毛泽东的同族叔祖父,毛泽东曾在他的私塾读过书。他病逝后,毛泽东帮助筹办了丧事……

毛碧珠 ·· 153
  他是毛泽东的堂弟,俩人自小便一起玩耍,同在私塾读书。1959年6月,毛泽东回到故乡韶山,在未见到他时对村干部说:"我要见他。"

毛 臻 ·· 155
  他16岁入党,17岁当小八路,20来岁读完高中、考上大学,毛泽东为此大加赞赏说:"不简单……"

毛翼臣 ································· 157

　　毛泽东幼年时深得祖父的喜爱,毛翼臣每次见到从外婆家回来看他的孙子,总是抱在怀里,爱不释手。

毛麓钟 ································· 159

　　他是毛泽东的伯父,曾给毛泽东点读过《史记》《纲鉴类纂》等书及历代著名诗词辞赋……

王英樵 ································· 161

　　1938年11月,在延安陕北公学的大礼堂里,他第一次见到毛泽东,聆听了一次关于局势问题的精彩报告。

王海容 ································· 163

　　她是王季范的孙女,是毛泽东的表侄孙女。毛泽东晚年非常器重她……

王淑兰 ································· 165

　　毛泽民的发妻。受毛泽东的影响与丈夫一起投身革命,一生命运坎坷,顽强不屈。1950年到北京时送给毛泽东的礼物是一只无盖的杯子……

王景清 ································· 169

　　毛泽东未曾谋面的女婿。毛泽东逝世后,他才同李讷相识、结婚,使李讷过上了一个普通人的幸福生活。

王德恒 ······ 172

他是王季范的儿子,毛泽东的表侄。1937年积极奔赴延安,进入抗日军政大学学习,毛泽东得知后,立即将他请来……

刘思齐 ······ 174

毛岸英的妻子,毛泽东的儿媳。毛岸英在抗美援朝战场上不幸牺牲后,毛泽东十分关心她,尤其是像慈母一样关心她的婚姻……

刘霖生 ······ 180

毛泽东的姨表兄,颇具文才而又思想进步,曾帮助毛泽东料理家事,毛泽东对他极为钦佩和怀念。

向三立 ······ 182

杨开慧的表弟。1949年11月13日,在中南海丰泽园他见到了毛泽东,会见时间长达6个多小时……

向明卿 ······ 186

他是毛泽东的岳母向振熙的弟弟。在毛泽东从事革命活动的岁月里,曾给予毛泽东多方面的帮助;在他住院治病期间,毛泽东曾派人前去慰问……

向振熙 ······ 190

毛泽东的岳母。毛泽东每年都给她寄两次生活费,从未间断过,一直赡养到老人去世。

朱丹华 ·· 193
　　　　毛泽民的妻子。她曾多次与朋友谈起毛泽东:"主席对亲属向来是民主、平等、和气的。"

江　青 ·· 196
　　　　1974年7月,在一次中央政治局会议上,毛泽东严厉批评她"不要搞成四人小宗派"……

张文秋 ·· 201
　　　　毛岸英和毛岸青的岳母。对亲家毛泽东,她始终怀着无限热爱和敬仰之情,毛泽东则称她为"老朋友"。

李　讷 ·· 206
　　　　毛泽东的女儿。毛泽东对她既无比关爱又严格要求,她对父亲充满崇敬与感激之情:"他爱我,真的。"

李　轲 ·· 209
　　　　毛泽东的堂表弟。他和毛泽连是毛泽东在北京接待的家乡来的第一批客人,毛泽东还安排他住进医院,治愈了困扰他多年的痔疮。

李　敏 ·· 211
　　　　她是毛泽东与贺子珍的爱女。她最后一次见父亲时,毛泽东艰难地用食指和拇指颤抖地打着圆圈的手势……

杨开明 ··· 216

他是毛泽东的夫人杨开慧的堂兄。当敌人的刺刀刺进他的腰部时,他仍在高呼口号,直到刺刀刺进他的口中……

杨开英 ··· 218

她是杨开慧的堂妹,毛泽东则怜爱地称她"友妹"。毛泽东将对杨开慧的关爱之情寄托在杨开英的身上,对她关怀备至,爱护有加。

杨开智 ··· 221

杨开慧的胞兄。在艰难中曾负责抚养杨开慧遗下的三个孩子。新中国成立后,多次赴京出差开会,顺道看望毛泽东,受到毛泽东的热情接待。

杨开慧 ··· 226

她和毛泽东结婚时,"不作俗人之举";英勇就义时,年仅29岁。毛泽东说:"开慧之死,百身莫赎。""骄杨"是毛泽东对她的深切怀念与高度赞美。

杨昌济 ··· 231

他在逝世前不久,专门写信给时任北洋政府国会议员教育总长的章士钊,郑重推荐毛泽东、蔡和森:"二子海内人才","救国必先重二子。"

杨　展 ··· 235

杨开慧的侄女。她积极奔赴延安,在陕北抗战中英勇牺牲,年仅21岁。在谈及她牺牲的经过时,毛泽东心情十分沉痛……

谈笑人依旧

邵　华 ································· 237

　　她是毛岸青的妻子,毛泽东的儿媳。一篇怀念毛泽东的散文《我们爱韶山的红杜鹃》,使她蜚声文坛。1995年,她被授予少将军衔……

陈国生 ································ 240

　　她是毛泽东的堂妹毛泽建的养女,毛泽东称她为"贤甥"。从1955年开始毛泽东每年都给她寄200元钱,这一寄就是20多年……

陈振亚 ································ 244

　　他是邵华的生父。毛岸青和邵华结婚之际,毛泽东谈起陈振亚时,不无感慨地说:"……假如他还在,能参加邵华和岸青的婚礼,那多好呀!"

周文楠 ································ 248

　　她的丈夫毛泽覃,儿子毛楚雄,都是为了中国革命的胜利和民族的解放而献出了宝贵的生命,她以极大的毅力忍受了失去亲人的痛苦……

周陈轩 ································ 253

　　她是周文楠的母亲,毛泽覃的岳母。毛泽东感慨万分地说:"周外婆是一位很好的老人……为抚养革命后代,呕心沥血,茹苦含辛……"

罗一秀 ··· 256

毛泽东的发妻,其生平鲜为人知。毛泽东对她的亲属,一直怀着一种歉疚的心理,并时时给予关心。

罗石泉 ··· 258

他是罗一秀的堂兄,幼年时在南岸私塾与毛泽东是同学,在艰难岁月中依然想方设法地帮助毛泽东一家。他去世后,毛泽东特意嘱咐湖南省委帮助解决罗家生活困难问题。

罗鹤楼 ··· 260

他是毛泽东的发妻罗一秀的父亲。毛泽东在湖南搞农民运动时曾多次拜访他。新中国成立后,毛泽东曾多方打听他的下落……

贺子珍 ··· 262

1959年8月,在庐山与阔别20年的贺子珍相见时,毛泽东神色凄然地说:"你当初为什么一定要走呢?"

贺凤生 ··· 267

毛泽东的表侄。毛泽东语重心长地对他说:"我给你两个权利:有困难可以随时找我,有什么情况也要随时告诉我。"

贺 怡 ··· 269

她的姐姐嫁给了毛泽东,她自己又嫁给了毛泽东的弟弟毛泽覃。毛泽覃牺牲后,当她住院需要手术时,毛泽东以亲人的名义在手术单上签字。

贺晓秋 272

　　他冒着生命危险，化装成轿夫，护送表哥毛泽东脱险，并拿出身边仅有的几块现洋给毛泽东做盘缠。

贺敏学 275

　　贺子珍的大哥。毛泽东带领秋收起义的部队来到井冈山，贺敏学将自己在八角楼的房子让给他……

贺焕文 278

　　毛泽东的岳父。1930年底，毛泽东、贺子珍请假探望贺焕文夫妇，贺焕文非常体谅女儿、女婿的困难，没有一句抱怨……

贺麓成 280

　　毛泽覃的儿子。可是毛泽东永远无法知道自己还有这么一个为中国尖端科技作出杰出贡献的亲侄子。

赵先桂 283

　　毛泽覃的结发妻子。正是由于毛泽东的说服，她才得以到长沙求学，走上革命道路。毛泽东始终怀念这位为革命流血牺牲的弟媳。

赵 迎 285

　　他是毛泽覃的发妻赵先桂的继子。他经常给毛泽东写信反映乡下情况，反映老百姓的痛苦，真的成了毛泽东的"通讯员"……

赵浦珠 ·························· 287

　　因其堂妹赵先桂与毛泽覃指腹为婚,毛泽东称他为"姻兄"。他曾与毛泽东在长沙湖南新军辎重营一同当兵,相互照顾……

钱希钧 ·························· 290

　　她是毛泽民的第二个妻子,一生没有生育过孩子,但她有慈母心肠,把毛泽东三兄弟的孩子视为己出,因此孩子们都尊称她为"钱妈妈"。

章淼洪 ·························· 294

　　毛泽东的表侄女。1950年9月的一天,毛泽东专门请她到中南海吃午饭,并委托她回乡办两件事……

孔令华

> 他与毛泽东的女儿李敏是中学同学，两人由相知相爱而结婚，毛泽东亲自为他们操办了婚礼……

孔令华，1935年5月出生于陕西省西安市。他是中国人民解放军中将、沈阳高级炮兵学校校长孔从洲的次子，1959年8月29日与李敏结婚，成为毛泽东的女婿。

少年时代，孔令华在北京一所高干子弟的学校——八一学校读书。正巧，李敏也在那里上学。自此，两人成为同学，并开始熟悉起来。从那时候起，他们之间就建立了纯洁的友谊，在共同的学习生活中度过了一段无忧无虑的、充满理想的美好岁月。

中学毕业后，孔令华以优异的成绩考上了北京航空学院，李敏则在北京师范大学读书。两人虽不在一个学校，但仍继续来往。随着年龄的增长，同学之间的友谊便酝酿成为爱情。这时的孔令华，魁梧高大，长方形脸，浓眉之下，双目炯炯有神，眉宇间流露出一股英气，颇有将门虎子的风度。而李敏也秉承了母亲贺子珍的气质，出落得清纯秀丽，朴素大方。两人在多年的交往中，均被对方的气质、人品所深深吸引。对于李敏的家庭出身，尤其是她的父亲毛泽东，孔令华是非常敬佩的，能够与李敏交朋友，他感到既惶恐又兴奋。当他从李敏那里得知毛泽东也同意他们继续来往，并赞成他们在适当的时候结婚成家时，他的心里充满了欢乐，完全沉浸在幸福之中。很快，孔令华便把这一情况告诉了自己的父亲，孔从洲对儿子的这门婚事也十分满意，明确表示支持。

1959年8月，毛泽东从外地开会返京，李敏和孔令华去车站接他，并告知结婚的事情，毛泽东当即表示同意。第二天一早，他叫来孔令华、李敏，共同拟订了办婚事邀请的客人名单。8月29日，孔令华和李敏的婚事在中南海丰泽园内的颐年堂举行，毛泽东亲自摆了三桌酒席，邀请亲朋好友共同庆祝。当时，在沈阳高级炮兵学校工作的孔从洲，正在北京开会，毛泽东便让秘书把他接来，共同为孩子们贺喜。这天莅临的主要客人有蔡畅、邓颖超以及毛泽东身边的工作人员叶子龙、李银桥和罗光禄等,婚宴简单而又热闹,气氛十分轻松愉快。毛泽东高兴地喝着喜酒,语重心长地要求孔令华和李敏互相学习,共同进步,并祝愿他们婚后的生活美满幸福。

结婚后的一段时间里,孔令华和李敏同毛泽东一起住在丰泽园内。毛泽东非常喜欢与孔令华交谈,并始终关怀他的成长。当时,国家正处于三年困难时期,为了走出困境,探索经济建设的客观规律,党内掀起了学习政治经济学的热潮。孔令华在毛泽东的建议下,抽了很多时间刻苦钻研。他学习很勤奋,遇到难点问题,还找机会向毛泽东请教。在此期间,他写下了10多万字的学习笔记,受到毛泽东的称赞。

但这样的日子并没有持续多长时间。他们和父亲一起度过的欢快生活,很快因为与江青的不和而宣告结束。本来,他们结婚的时候,江青就不在北京,没有参加婚礼。江青回来以后,对他们又一直非常冷淡,并时常闹别扭。为了使毛泽东有一个安宁的工作、生活环境,孔令华与李敏商量后,带着出生不久的儿子搬出了中南海。孔令华大学毕业后,留在北航任助教。"文化大革命"中他因为看不惯江青的所作所为,也受到了冲击。孔令华对江青的倒行逆施,非常不满,他与李敏曾多次去中南海向毛泽东反映情况。

1976年9月9日,毛泽东与世长辞。江青不让孔令华和李敏去守灵,令他们感到极度悲愤。10月6日,江青反革命集团被粉碎,举国上下莫不欢欣鼓舞,孔令华也一扫压抑在心头的阴霾。1977年9月,他和李敏一起陪同在上海的贺子珍赶赴北京,到纪念堂瞻仰毛泽东遗容。看着安详的父亲,他心中默默地对自己说:"老人家,您可以安息了,我们全家会永远记着您"

改革开放以后,孔令华曾在航天部一家高科技开发公司任总经理。1993年为纪念毛泽东诞辰100周年,他多方募集,请有关部门协助编辑出版了一部大型毛泽东纪念画册。该画册高度概括地反映毛泽东的光辉一生,设计精美,内容翔实,富有浓郁的历史感,并有极高的艺术收藏价值。孔令华认为他所做的这些,是为人民群众(包括他自己)怀念一代伟人毛泽东,尽一点微薄之力,同时也寄托家人对毛泽东的怀念与崇敬。

1993年以后,孔令华仍然在为纪念毛泽东的活动多方奔走,投入了大量的人力物力。然而不幸的是,1999年他在深圳遭遇车祸,最终逝世在手术台上。

文七妹

> 毛泽东说:"世上共有三种人:损人利己的人;利己而不损人的人;可以损己而利人的人,母亲属于第三种人。"

毛泽东的母亲文七妹,1867年出生于湘乡县唐家圫(又名棠佳阁,今属韶山市大坪乡大坪村),与韶山冲距离20公里,相隔一座云盘大山。文家世代务农,兼以教书,家境较为富裕。因文氏在同辈姐妹里排行第七,家里人称她"七妹"。七妹的祖父文作霖去世后,埋葬在韶山冲,每年扫墓、拜祭时都必须翻山越岭,很不方便,于是家里便把七妹嫁到了韶山,以便有个歇脚之处。

七妹13岁那年与毛顺生订婚,18岁完婚。一生共育五子二女,毛泽东排行第三,之前有两个儿子,在襁褓中就已夭折。毛泽东之后,还生了泽民、泽覃两个男孩,另有两个女儿但都没有长大成人,于是收养一个女儿泽建。

文七妹中等身材,面目端庄,圆脸宽额,聪慧的大眼睛透出和蔼。她性格温顺,心地善良,时常接济别人,深得邻里的喜爱。七妹在毛家,上要侍候公公、婆婆,下要抚育孩子,还要操持繁重家务。农忙季节下田帮丈夫干活,平时则养鸡喂猪,除草种菜,操持一家老小的吃穿用度。但是,她把一切都安排得井然有序。教育孩子们,也常常是耐心说服,循循善诱。

毛泽东12岁时,在韶山读私塾,由于离家较远,早出晚归,中午带饭去吃。有一段时间,小泽东一放学回家,就冲着母亲喊肚子饿,而且吃得也特别多。文七妹对儿子的举动感到很奇怪,就悄悄地将儿子叫到身旁,心平气和地说:"孩子,这几天你为什么一回家就叫饿,有什么事,你可不能瞒着妈妈。"

"这……"毛泽东有些语塞,低下头来。

"好孩子,给妈说真话,妈不会责怪你的。"文氏和颜悦色地说。

毛泽东见母亲态度和缓,便如实地告诉妈妈说:"妈,是这样的,我们班上有个孩子,家里很穷,中午总是没饭吃,我见他挨饿,就把饭分了一半给他,所以,我到了下午就肚子饿了。"

七妹慈爱地摸了摸儿子的头，说："傻孩子，你做得对，只是不该瞒我，应该早些对妈讲清楚。以后，妈每天给你装两人的饭，这样你们俩都能吃饱。"

从那以后，文七妹在为毛泽东装饭时，总是多装一个人的饭。

还有一次，毛泽东的父亲毛顺生向一穷人家买了一头猪，已按时价交了定钱，要毛泽东去把猪赶回来。毛泽东赶到那家一看，一个衣衫褴褛、面容憔悴的老婆婆叹了一口气说："唉，该你们空赚钱，现在猪价又涨了，我们家可就吃亏了。"见那家很穷，老婆婆的确可怜，小泽东就擅自做主，领回了定钱，没有赶那家的猪。毛顺生见儿子空着两手回来，便问怎么回事，毛泽东将情况如实转告了父亲。

毛顺生一听，大发雷霆，顺手操起一根柴棍，就要打他。文七妹见状，赶忙拦在父子之间。

"孩子他爹，事情已经过去了，就别难为孩子了。"文七妹拖住怒气冲冲的丈夫说。

毛顺生丢下柴棍，怒吼着："这都是你惯的，他这一退钱，就使我损失掉好几块，这样下去，一份家当早晚要败在他手里。"说完就生气地走进了厢房。

文七妹拉住努着小嘴儿的儿子说："这样的事，应该同大人商量办，小孩子怎么能做主呢？怪不得你爸生气。"

"同他商量？他能舍得那些钱？"毛泽东赌气地说。

"你爹的爆竹脾气你是晓得的，往后不要再与你爹犟。"说完，七妹又进屋去做丈夫的工作。

像这样的事情在毛家经常发生，文七妹扮演的大多是"维和"的角色。她的温和善良、富有同情心、乐于助人的品格对毛泽东产生了积极的影响，使他从小就养成了乐于助人的美德。

毛泽东十分热爱自己的母亲，青年时期到长沙读书也时刻不忘母亲。师范毕业后，有了比较安稳的生活环境，他就特地将母亲接到长沙，陪她上街玩，给她买好吃的。

1919年春，文氏患病，毛泽东再次把母亲接到长沙治病，住在同学蔡和森家里，母子又有一段短暂的相聚。经医治，文氏的淋巴腺炎得以好转。在此期间，毛泽东与弟弟毛泽民、毛泽覃一起陪母亲去照相馆，留下了一张珍贵的合影。这是文七妹一生第一次照相，也是最后一次照相。

从长沙回到家里不久，文七妹即于1919年10月5日去世，享年仅53岁。毛泽东当时正在长沙忙于领导"驱张"运动,接到母亲病危的消息后,心急如焚,日夜兼程,从长沙赶回韶山。当他到家时,母亲已经入棺两天。弟弟泽民告诉他:母亲临终的时候,还在呼喊着他们兄弟的名字。毛泽东听到这里,心如刀绞,泪如雨下。

那几天,他一直守在母亲灵前,面对暗淡的油灯,回忆着慈母的件件往事。他怀着沉痛的心情,含泪写出了一篇饱含深情的《祭母文》,对母亲一生给予高度的评价。10月8日晚,他长跪母亲灵柩前,含悲诵读这篇《祭母文》:

呜呼吾母,遽然而死。寿五十三,生有七子。
七子余三,即东民覃。其他不育,二女三男。
育吾兄弟,艰辛备历。摧折作磨,因此遘疾。
吾母高风,首推博爱。远近亲疏,一皆覆载。
恺恻慈祥,感动庶汇。爱力所及,原本真诚。
不作诳言,不存欺心。整饬成性,一丝不诡。
手泽所经,皆有条理。头脑精密,劈理分情。
事无遗算,物无遁形。
……
病时揽手,酸心结肠。但呼儿辈,各务为良。
……
呜呼吾母,母终未死。有生一日,曾报恩时。
有生一日,皆伴亲时。今也言长,时则苦短。
惟挈大端,置其简陋。此时家奠,尽此一觞。
后有言陈,与日俱长。
尚飨。

同时还写了两副灵联。一副是:

疾革尚呼儿,无限关怀,万端遗恨皆须补。
长生新学佛,不能住世,一掬慈容何处寻。

另一副是:

春风南岸留晖远

秋雨韶山洒泪多

  母亲给了毛泽东一颗爱人之心,而他则将这份热情和爱心献给了故乡、祖国和人民。

  母亲去世后,毛泽东多次与人赞扬母亲的美德。毛泽东在给好友邹蕴真的信中说:"母亲诚实敦厚、勤劳简朴";还说:"世上共有三种人:损人利己的人;利己而不损人的人;可以损己而利人的人,母亲属于第三种人。"

  1936年,毛泽东在陕北保安的窑洞里,同美国记者斯诺谈自己的身世时,饱含深情地谈到他的母亲。他说:"我母亲是个心地善良的妇女。为人慷慨厚道,随时愿意接济别人。"

  1947年,毛泽东在与卫士李银桥谈家常时,说:"我也喜欢母亲,她信佛,心地善良,小时候我还跟她一起去庙里烧过香,后来我不信了,你磕多少头人民还是受苦。""我母亲是因为扁桃腺炎……那时科学不发达,又在偏僻落后的山村……就死了。"在这些谈话中,毛泽东多次强调做人一定要孝敬父母。

  1959年6月25日,毛泽东在罗瑞卿等人的陪同下回到了阔别32年的故乡韶山。他在父母的房间里站了很久,然后对随行人员说:"如果是现在,他们就不会死了。"毛泽东在自己当年的卧室里,看到了他与两个弟弟和母亲的合影,心情顿时激动起来。他用地道的家乡土话问道:"咯是从那里拱出来的呀?"这张照片令毛泽东想起了生病去世的慈母、为国捐躯的两个弟弟。现在,他们均已不在人间,只剩下自己,这怎能不令毛泽东感慨万千!

文九明

> 他千里上北京,带来的是家乡有名的酸豆角和火焙鱼,表叔毛泽东见了开心极了……

文九明,名端柯,字连生,生于1913年7月,是毛泽东的表侄,文泮香的次子。

文九明从小家境贫寒,没有读过什么书,大革命时期曾参加过农会活动,但由于其年龄尚小,只能充当儿童团员,帮助农会站岗放哨。"马日事变"后,文九明与父亲一起在乡间从事农业劳动,勉强维持家中的生活。

1949年8月,湖南解放,文九明参加了地方工作。农业合作化时期,他一度担任过初级社社长。

1953年10月2日,文九明写信给毛泽东,反映乡间的情况,并希望能够到北京看望毛泽东。10月25日,毛泽东回信,同意了他的请求。在信中,毛泽东详细地交代了一些注意的事项。信中说:

> 十月二日的信收到。你有关于乡间的意见告我,可以来京一行。自备路费,由我补发。毛泽嵘,小名宋五,是我的兄弟,住在限门前,他多次来信想来京一行,请你找他一路同来。他没有出过门,请你帮忙他,他的路费亦由自备,由我补发。你们来时如可以不找省委统战部则不找,如无路费,可以持此信找统战部同志帮忙。路上冷,每人要带一条薄棉被。不要带任何礼物,至嘱。其他的人不要来。

毛泽东虽然一再叮嘱不要带礼物,但临去之前,文九明仍然有点犯难,几十年没有见过表叔,当然应该带点东西作为见面礼,否则就不符合乡间的人情礼节。可是乡下能有什么好东西呢?这一带也没有什么特产,能数得出名字的也就是酸豆角和火焙鱼。文九明打定主意,立即动手,从河里打来几条大草鱼,熏得蜡黄蜡黄的,然后动身上北京。

这年11月,文九明与毛泽东的堂弟毛泽嵘、堂表弟文东仙及革命老人毛月秋,从韶山出发,经长沙赴北京,毛泽东亲切地接见了他们。

当几条大鱼摆在菊香书屋的客厅里时,毛泽东开心极了。宾主寒暄过后,毛泽东问文九明:"这次土改你们家划了什么成分?"

"贫农。"

"贫农好呵!是我们依靠的主要对象。你这个贫农可要带好头啊!"毛泽东笑着说。

"怎么没带头呢?刚一解放,我就当上了乡支前委员,负责几个乡的征粮工作。"

"好,你可是为国家做了贡献了。"毛泽东赞许地说。

"韶山和唐家坨,都是火焙鱼出名,九明,下次来可莫带这么大的鱼了。你回去后,要多收集一些农村情况的材料,写了给我寄来也行,带来也行,这样的礼物我更喜欢呀!"毛泽东嘱咐说。

文九明连连点头。

从北京回来以后,文九明便按照毛泽东的要求,多方搜集乡情民情,向毛泽东反映。正因为如此,他与毛泽东保持了长期的密切的书信往来,使毛泽东对农村的情况有了更清楚的了解。

文正兴

> 他是毛泽东的舅父,也是毛泽东的干爸。正是在他的说服和帮助下,毛泽东才得到父亲的同意,外出求学,最终走出了乡关……

文正兴,字勃生,号玉瑞,是毛泽东母亲文七妹的哥哥,毛泽东的七舅父。

文正兴世居湘乡县唐家圫。其祖父文作霖,是一个普普通通的贫苦农民,劳动的艰辛,加上家境的困难,刚过27岁就去世了,留下三个未成年的孩子,由祖母贺氏含辛茹苦,抚养成人。贺氏是个能干的妇女,勤俭持家,节衣缩食,慢慢地家里条件开始转好,后来居然购了些田土,并买下了当地的一栋房屋。

文正兴的父亲文芝仪,名锦薰,生于1821年,是文作霖的次子。妻子贺氏,生于1826年。夫妻俩一生共生育了三个儿子,即文正兴、文正莹,还有一个儿子文玉材,出生不久,就夭折了。毛泽东的母亲文七妹是他们的第三个女儿。

文正兴出生于1853年,娶妻谭氏,继配赵氏。他是一位非常忠厚的农民,在乡中颇有些人缘,曾充任过房长、伺长之类的小职。毛泽东的母亲与文正兴一家关系一直很好,自嫁入毛家以后,因为身体不好,时常回娘家居住,得到了哥哥文正兴的不少关心。

1893年,当文七妹生了毛泽东后,一直担心这个孩子与前两个一样,活不长久,于是便拜文正兴为干爸,希望能借他多子多福的光,使自己的儿子长命百岁。文正兴教育子女严格,毛泽东自幼聪明伶俐,深得七舅父的关怀和器重。他将毛泽东与文家的子侄们并行排列,视同己出。平时,文正兴经常带着毛泽东玩耍,对他的爱护甚至超过对自己的儿子。

文正兴虽然出身农家,但很有远见。当孩子们到了读书的年龄,他都及时送到私塾中去读书,对毛泽东也不例外。他时常劝说妹夫毛顺生,应该重视孩子的教育。1910年,毛泽东离家外出求学,毛顺生起初是持反对意见的。毛泽东考虑到舅舅平时很支持自己读书,对待各位表兄也是尽量满足读书上进的要求,于是前去唐家圫求两位舅舅。文正兴知道情况后,带着弟弟文正莹一起来到韶山毛顺生的家里,晓之以理、动之以情,最终说服了毛顺生。在两位舅舅鼓励与接济之下,毛泽东顺利地完成了学业。

毛泽东少年时代有很长时间是在外婆家度过的,因此对爱护自己的七舅父一直怀着深切的感情。每次从外地回家的时候,他总是抽空前往唐家圫看望舅父、舅母。后来,他常年在外为革命而奔波,没有时间回去,便经常给舅舅、舅母写信,表示问候。

1920年9月5日,文正兴病逝,终年67岁。当时毛泽东正在长沙领导湖南自治运动,听到这一噩耗,他悲痛不已,赶忙放下手中的事情,回到唐家圫为舅父奔丧。

新中国成立后,毛泽东对唐家圫文氏家族非常照顾,对七舅父的儿子文涧泉、文枚清也是关爱有加,并邀请他们到北京叙旧,这多少也是对七舅父的纪念。

文正莹

> 他是毛泽东的舅父,也是毛泽东最早的启蒙老师之一,曾手把手地教毛泽东写字……

毛泽东的二舅父文正莹,字玉联,号玉钦,生于1859年,在同族兄弟中排行第八,故毛泽东称他八舅父。

文正莹是一位性情温和的乡中儒士,他曾手抄箴言一卷,作为家族子弟的行为规则。文正莹生有三子,长子文泮香,次子文运昌,三子文南松。对毛泽东,他也是特别疼爱,平日督其认字练字,要求甚严。那时,文玉钦在家开了个私塾,童年毛泽东见舅父在讲台上讲课,很觉有趣,不时地去"旁听",居然也能背得出一些课文,令舅父十分惊奇。于是文正莹便手把手地教毛泽东写字,悟性很好的毛泽东居然很快就能写得一笔颇为像样的毛笔字,深得文正莹的赏识和自豪,到处向乡亲们夸耀。

文正莹对毛泽东的成长极为关注,经常励其上进,特别是在毛泽东上学问题上,他与哥哥文正兴不仅出面说服毛顺生,而且经常接济毛泽东的学费,把他接到湘乡的东山学堂里读书。毛泽东在东山学堂读书期间,常去外婆家度假。每次去外婆家,他总要与八舅家的表哥在一起,尤其是与文运昌关系融洽,情同手足,经常同桌共餐,同床共寝,在一起种田放牛,读书识字,共同度过了美好的少年时光。

离开东山小学堂到湘乡驻省中学读书后,毛泽东去外婆家的次数少了,但仍经常写信给七舅、八舅,向他们问候请安。

1918年8月,毛泽东送新民学会同学旅欧勤工俭学,要去北京,他写信向舅舅告别,并感激多年来舅舅们对母亲的照顾。他在信中写道:

> 前在府上拜别,到省复又数日。定于初七日开船赴京,同行有十二三人。此行专以游历为目的,非有他意。家母在府上久住,并承照料疾病,感激不尽。乡中良医少,恐久病难治,故前有接同下省之议。今特请人开来一方,如法诊治,谅可收功。如尚不愈之时,到秋收之后,拟由润连护送来省,望

二位大人助其成行也。

1919年4月，毛泽东得知母亲病重，离开北京回乡探望。当时母亲已在弟弟毛泽民的照顾下，来到长沙。28日，毛泽东致书七舅、八舅，信中讲道：

甥自去夏拜别，匆匆经年，中间曾有一信问安，知蒙洞鉴。辰维兴居万福，履曬多亨，为颂为慰。家母久寓尊府，备蒙照拂，至深感激。病状现已有转机，喉蛾十愈七八，疡子尚未见效，来源本甚深远，固非多日不能奏效也。甥在京中北京大学担任职员一席，闻家母病势危重，不得不赶回服侍，于阳（历）三月二日动身，十四号到上海，因事勾留二十天，四月六号始由沪到省。亲侍汤药，未尝废离，足纾廑念。肃颂

福安！

毛泽东在信中表达了自己对母病的忧虑和对舅父所作的精心照料的感激。

1922年11月，毛泽东在长沙领导中共湘区委员会和中国劳动组合书记部长沙分部的工作，十分繁忙。一日，听说朋友回乡，他便特地致书八舅父及舅母，请安道好。信中写道：

舅父母大人：

久不通信，疏忽得很！二位大人谅都人好，合宅谅都安吉！甥在省身体尚好，惟学问无进，甚是抱愧！刘先生回乡之便，托带片纸，藉当问候。有便望二位大人临赐教诲为祷！敬颂德安！

　　　　　　　　　　　　　　　　　　　　　甥　毛泽东
　　　　　　　　　　　　　　　　　　　　　十一月十一日

后来，毛泽东回故乡养病，同时创建韶山党支部。他曾多次带妻子杨开慧到唐家圫拜望其舅父舅母。

1927年元月的一天，毛泽东开会完毕路过唐家圫八舅父家。当时处境已很危险，但他仍把表兄、表弟、表嫂、表侄们都叫到一起，向他们宣传建立农会的好处。他说："惟有合群奋斗，推翻地主武装，建立农民武装，才有出路。"

1929年初，军阀许克祥派兵包围唐家圫，将文正莹捆绑关押到颜家湾，经多方营救，才得以保释出狱，但受尽折磨的文正莹回家后就生了一场大病，于同年6月27日去世，时年70岁。毛泽东一直惦念着外婆家的亲人。1937年11月，当他得知八舅父、八舅母均已去世的消息后，便给表兄文运昌写了一封信，对二老的逝世表示"至深痛惜"。

文运昌

> 他是毛泽东的表兄,两人从小兴趣相投,交往亲密。新中国成立后,他先后六次应邀赴京面见毛泽东……

文运昌,生于1884年,字运昌,又叫咏昌、润昌,是毛泽东的八舅父文正莹的次子,在同族兄弟中排行第十六,因此毛泽东又称他为"十六哥"。

毛泽东早年经常住在外婆家,与"十六哥"兴趣相投,交往亲密。1910年,毛泽东辍学在家务农,父亲曾打算将他送往湘潭的一家米店学生意。当时文运昌正在湘乡东山高等小学堂就读,经常向表弟介绍这所新式学堂的教学状况,并极力劝说毛泽东去那里读书。毛泽东听了表兄的介绍,心里便坚定了重新回到学校继续读书的念头,可惜遭到了父亲毛顺生的坚决反对。毛泽东在万般无奈的情况下,前往外婆家请求表兄文运昌、姨表兄王季范以及两位舅父去说服自己父亲。大家晓之以理、动之以情,终于打动了固执的毛顺生,他点头同意让儿子继续求学。

在东山小学堂,毛泽东除了埋头学习自己一向喜欢的历史、文学书籍以外,还经常向文运昌借阅书报、杂志。文运昌被毛泽东的好学上进深深打动,于是想尽办法寻找新书报,推荐给表弟,以满足他的求知欲。在文运昌推荐的进步书籍中,深受毛泽东喜爱的是清人郑观应的《盛世危言》和梁启超主编的《新民丛报》。这两种书刊,倡导改良主义,极大地拓宽了少年毛泽东的视野,对他的思想转变和世界观的形成起到了重要的作用。

文运昌与毛泽东虽然是表兄弟,但他借书给毛泽东,手续却非常严格,必须事先先打条子,然后才准拿书。毛泽东对喜欢的书籍,总是爱不释手,由于读的时间长、次数多,难免会弄坏一些地方。至今,韶山毛泽东纪念馆还珍存着1915年2月24日,他给文运昌写的道歉的便条:

咏昌先生:

　　书十一本,内《盛世危言》失布匣,《新民丛报》损去首页,抱歉之至,尚希原谅。

　　　　　　　　　　　　　　　　　泽东　敬白
　　　　　　　　　　　　　　　　　正月十一日
又"国文教科"二本、信一封。

　　文运昌给毛泽东的帮助与照顾,毛泽东始终未曾忘怀。1936年在陕北,与美国记者埃德加·斯诺谈到他在东山小学堂的这段读书生活时说:"我在这个学校里有了不少进步。……但是我无心读古文。当时我正在读表兄送给我的两本书,讲的是康有为的变法运动。一本是《新民丛报》,是梁启超编的。这两本书我读了又读,直至可以背出来。我崇拜康有为和梁启超,也非常感谢我的表兄。"

　　毛泽东在东山高等小学堂读了半年书后,因成绩优异,校长和老师便推荐他到长沙湘乡驻省中学堂读书。此后,毛泽东在长沙求学,而文运昌则于湘乡县立师范学校毕业后,回乡务农。两人经常书信往来,保持着密切的联系。

　　1927年前后,文运昌在毛泽东的影响、教育下,在湘乡县凤音乡开展农民运动,并担任了秘书等职。"马日事变"后,他出走广东,在粤军第三军第一师充任咨议。1929年,返回家乡。次年,他随姑表兄弟王季范到长沙,在衡粹女子学校任职,后到长郡中学任庶务,长期从事教育工作。

　　1937年,抗日战争爆发,国共第二次合作。文运昌打听到表弟毛泽东的下落,便介绍莫立本等进步青年去延安,并捎信给毛泽东告知家中的详细情况。1937年11月27日,毛泽东给他回了一封长信。信中说:

　　莫立本到,接获手书,本日又接十一月十六日详示,快慰莫名。八舅父母仙逝,至深痛惜。诸表兄嫂幸都健在,又是快事。家境艰难,此非一家一人情况,全国大多数皆然,惟有合群奋斗,驱除日本帝国主义,才有生路。吾兄想来工作甚好,惟我们这里仅有衣穿饭吃,上自总司令下至伙夫,待遇相同,因为我们的党专为国家民族劳苦民众做事,牺牲个人私利,故人人平等,并无薪水。如兄家累甚重,宜在外面谋一大小差事俾资接济,故不宜来此。道路甚远,我亦不能寄旅费。在湘开办军校,计划甚善,亦暂难实行,私心虽想助兄,事实难于做到。前由公家寄了二十元旅费给周润芳,因她系毛泽覃死难烈士(泽覃前年被杀于江西)之妻,故公家出此,亦非我私人的缘故，敬祈谅之。我为全社会出一些力，是把我十分敬爱的外家及我家乡一切穷苦人包括在内的，我十分眷念我外家诸兄弟子侄，及一切穷苦同乡，但我只能用这种方法帮助你们，大概你们也是已经了解了的。

虽然如此，但我想和兄及诸表兄弟子侄们常通书信，我得你们片纸只字都是欢喜的。

不知你知道韶山情形否？有便请通知我乡下亲友，如他们愿意和我通信，我是很欢喜的。但请转知他们不要来此谋事，因为此处并无薪水。

刘霖生先生还健在吗？请搭信慰问他老先生。

日本帝国主义正在大举进攻，我们的工作是很紧张的，但我们都很快乐健康，我的身体比前两年更好了些，请告慰唐家坨诸位兄嫂侄子儿女们。并告他们八路军的胜利就是他们大家的胜利，用以安慰大家的困苦与艰难。

谨祝兄及表嫂的健康！

1938年，长沙沦陷。文运昌携儿、媳离开长沙，流落滨湖，在华容佃耕度日。直至1949年，湖南和平解放，他才返回原籍。

新中国成立后，文运昌多次给毛泽东写信，介绍家乡的情况。1950年4月19日，毛泽东写信给他说：

接到了你的许多信。感谢你的好意，因忙迟复为歉。吾兄健存，儿孙众多，可为庆贺。地方工作缺点甚多，应当纠正。如有所见，尚望随时见告。泽民、泽覃均已殉难，知注并闻。顺颂安吉

此时的文运昌，很希望有一个工作岗位，把自己过去学得的知识奉献给新中国。他的胞弟文南松得知他的这一心愿后，便给毛泽东写了一封信，意思是请毛泽东来给文运昌推荐一份工作。毛泽东见信后，拒绝了文南松的请求。1950年12月，文运昌知道毛泽东无法解决他的工作问题，便来到长沙找到一些旧相识，叙说生活上的不如意。他从儿子文凤良处得知，当年经他亲自介绍去延安参加革命的方克（即莫立本），现在在长沙任湖南人民革命大学教育处处长。文运昌当即找到方克，谈到自己家境困难，请方克设法为其推荐工作。方克答应向省人民政府推荐。

1950年12月9日，方克给湖南省人民政府主席王首道写了一封信，信中说：

> 文运昌先生系毛主席表兄，大革命后对毛主席家照顾颇多，抗战中毛主席还有信给他。新中国成立后，在湘乡出席县人民代表会议。近来长沙，想于明年春随王季范先生去北京看望毛主席。他目前生活困难，希望能找点事情做，或者请求政府在生活上照顾一下，特为介绍。

随后，文运昌又来到长沙姑表兄王季范家，叙说家中生活艰难。王从小与文运昌感情深厚，对其非常了解，因此一心想帮助他摆脱窘境。同年12月12日，王季范也向王首道写信说：

> 首道主席：
>
> 文运昌同志系毛主席与我之姑表（毛主席与我系姨表），毛主席之母与我之母系同胞姐妹，而她们与文君之父同出一母。我们三个表兄弟，关系最亲密。文君赞助毛主席幼时事实，具载《毛泽东自传》中，举世皆知，不赘述。文君在抗战前从我在长郡、衡粹两校任职近十年，抗战胜利后率其儿子，佃耕湖田两年，连遭水灾，一家数口，嗷嗷待哺。遥望北京，深恨无翅飞去，徒唤奈何！我常念，自统战工作实行以来，争取团结之民主人士不下数百万，而文同志独未争取，所谓"介之推不言禄，禄亦勿及者"非欤？此事曾由章淼洪（是文之甥女）于九月中具告袁副主席。今文由湘乡来我家，详述苦况。特函请照顾给予工作，俾此有功之文君能免老来穷困，幸莫大焉！
>
> 专此函
>
> 　　　　　　　　　　　　　　　　　　　王季范
> 　　　　　　　　　　　　　　　十二月十二日草于北门外三角塘

王首道接到二人的信，深为感动，立即和有关部门协商解决文运昌的生活问题。1951年1月15日，他亲自向文运昌颁发了加盖省人民政府大印的聘任通知书："兹聘请文运昌先生为湖南省文物保管委员会委员。"

1月28日，中共湖南省委统战部亦致函文运昌：

运昌先生：
　　兹转上省人民政府聘请先生为文保委员聘书一纸，查收。自元月份起支薪，不日当可汇上，特告。致
　　　　敬礼！

　　　　　　　　　　　　　　　　　中共湖南省委统一战线工作部
　　　　　　　　　　　　　　　　　　　　元月二十八日

在政府的帮助之下，文运昌的生活基本上得到了保障。

1952年是毛泽东59周岁，虚岁60岁。按照湖南乡下的习俗，应当为他庆贺寿诞。为此，文运昌作祝词云：

　　天作高山，居此南乡；宣哲维人，有天降康。秉心宣猷，经营四方；如飞如翰，如圭如璋。乃宣乃亩，乃场乃疆。宜民宜人，邦家之光。兄弟急难，携手同行；甚在于今，万民所望。我之怀矣，道阻且长；不能奋飞，中心养养。天保定尔，纯嘏尔常；工祝致告，四国是皇。屈此群丑，我武维扬；既庶既藩，邦乃其昌。于万斯年，则笃其庆。

1953年12月26日，毛泽东60整寿。文运昌又特意致函毛泽东，表示祝贺。信中说：

　　喜今冬仲，恰好癸巳当年，祝呼万岁。我居湖南，道阻且长，正逢我老表寿届六旬，兄不能飞上都门，只得奉杯望北，遥祝纯嘏。去年今日，我文物保护委员会的同事中，有一列老先生，各题诗词、歌曲，向你作贺。我生不文，强集古诗成语一章，粘于幅末，寄中南海，未审收览？在我悉列弟兄，再把壬辰冬诗经集句录上，寿极无疆。

　　我年七十，老态频增。深悔对革命奔走的路线，被压失联。自"农协"大运动后，随季范兄游八、九年。抗日期间，潜迹滨湖，顾全家小。今日的我，在课耕争取中，并未落人之后，如有革命先觉，了解我的身家，帮助我的生活，于斯者居傍麓山，老依梓舍，不问一切是非，作正规的基层农友，同向

过渡时期的国家总路线上去,都入新人村里,共享社会主义荣光。

秋初,我携内室杨达昌下省,经韶山招待所搭车来长沙。……我近月来,气喘神惫,食量见减。把家中余粮,尽数交石城乡政府收购。我正进一步把分有田土,做土地入股,交互助组,扩大合作社;全部收成,作为建设新社会的资金,办集体农庄事业。正托石城乡负责同志,促其实现。我安乡的大儿,种田增加产量,他是军属,又是秋征干部。我次儿凤良,工作很起劲。我家一切,不独列棠佳阁之前,犹起乡村中的(模范)作用。

1953年1月,文运昌担任了湖南省文史馆馆员。时任省人民政府主席的程潜向其颁发了聘任通知书,上面写道:"兹聘请文运昌先生为湖南省文史研究馆馆员。"从1953年1月起到1961年,文运昌一直在文史馆工作。

文运昌在工作中,继续保持与毛泽东的通信联系,经常向他反映家乡的发展状况。毛泽东先后邀请文运昌6次来京。每次,文运昌都向毛泽东反映乡间的情况,毛泽东也非常乐意从这位表兄那里听取意见。

1961年12月,文运昌去世,享年76岁。

文运昌的妻子杨达昌,温良贤惠,勤俭善良,和毛泽东的母亲文氏,关系甚好,深受毛泽东一家的尊重。文运昌生有二子,长子文砥澜,长期在家务农。1979年10月曾赴北京瞻仰毛主席遗容,1982年12月病故,终年72岁。次子文凤良,在中南矿冶学院工作。曾两次赴京看望毛泽东。1962年调到湘乡县人民医院工作,1978年任湘乡县图书馆馆长。

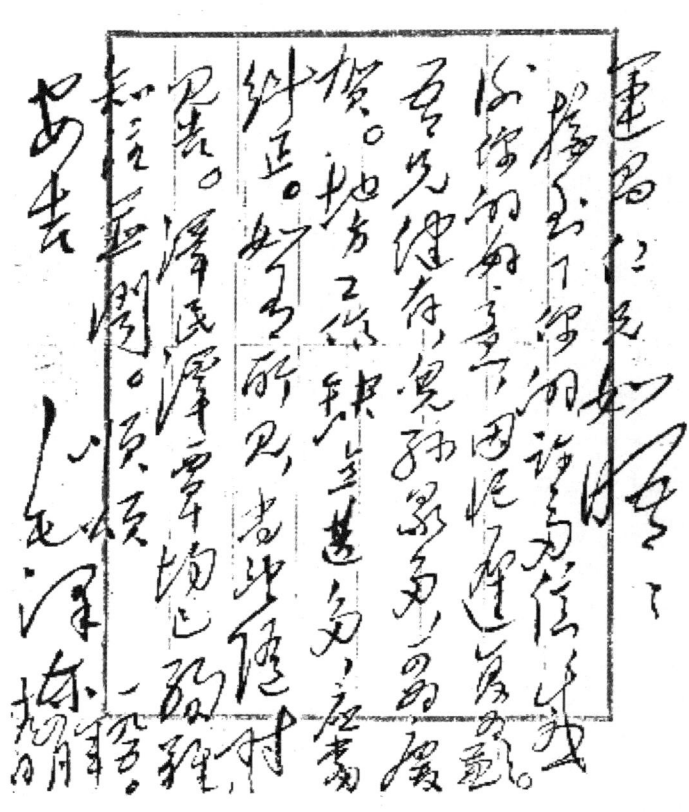

文枚清

毛泽东的表兄。1925年，毛泽东在家乡搞农民运动，他积极响应参加。新中国成立后，先后五次应毛泽东邀请赴北京叙旧。

文枚清，又作梅清、梅青。号沼香，派名士縻，是毛泽东的七舅父文玉瑞的次子，生于1887年1月22日，在同族兄弟中排行第十七，长毛泽东6岁，因此毛泽东常称他"十七哥"。

文枚清与文家大多数兄弟一样，读书不多，自幼在家务农，勤劳敦厚。1925年，毛泽东在家乡搞农民运动，文枚清也积极响应，参加了运动。大革命失败后，一直在家乡耕作，勤勤恳恳，操持着一家老小的生活。

1950年5月7日，毛泽东给表兄文涧泉写信，询问家乡的情况。信中问道："唐家坨现在尚有多少人，有饭吃否，十哥、十七哥还健在否，便时请你告我。"当得知"十七哥健在人间"时，十分高兴，多次写信向文枚清表示问候，并邀请他赴北京叙旧。

1951年9月18日，文枚清与毛泽东的堂兄兼少年时的私塾老师毛宇居以及毛泽东少年时的朋友、木匠张有成一起，应邀上京叙旧。在中央办公厅派来的两位工作人员的陪同下，他们从韶山招待所出发，乘车到达长沙。次日，便登上了开往北京的特快列车。

23日，文枚清一行抵达首都北京，毛泽东派秘书到车站迎接，安排他们住在附近的宾馆。下午，三人来到中南海毛泽东家中做客。毛泽东知道亲友们已经到来，满脸笑容地快步迎接。文枚清等人见到阔别多年的毛泽东，异常高兴，连忙起身喊道："主席，你好！"

毛泽东拉着文枚清的手，连声说："十七哥身体好吗？"毛泽东的关心，打消了大家的拘谨。后来，毛泽东又将家里人和工作人员叫来，向大家一一作了介绍，并对李敏、李讷、毛远新等人说："他们都是我的客人，是从湖南老家来的，你们都叫他们伯父。"孩子们一一礼貌地给文枚清等人鞠了躬。晚上，毛泽东留他们一起共进晚餐。

他特意叫厨师做了几道家乡菜来招待客人。饭后,文枚清拿出从家乡带去的土产,给毛泽东品尝,毛泽东十分高兴地收下了这些远道而来的礼物。

很快,到了这年的10月1日,中华人民共和国成立两周年,毛泽东派人到文枚清等人住的宾馆,邀请他们参加国庆观礼。三人有生以来第一次享受这样的礼遇,心情激动不已。

这次的北京之行,文枚清等人住了两个月,毛泽东多次陪同他们或派人陪同他们外出游览。期间,毛泽东还叫秘书安排他们坐飞机到天津、察哈尔、保定等地,参观祖国的工业建设。

11月15日,毛泽东再次邀文枚清等三人到中南海吃晚饭。晚饭后,毛泽东于含和堂同三人合影留念。次日下午,毛泽东又派秘书徐业夫到饭店,看望三位亲友。同时,送给他们呢大衣、衬衣、夹衣、皮鞋、床单、被单、枕头、枕巾、洗脸巾和皮箱等礼物,每人一份,使他们感到格外温暖和幸福。

1951年11月20日,文枚清一行三人登车南下,回到家乡。这次京城之行,受到毛泽东的特殊优待,他们终身难以忘怀。

第二年秋天,文枚清与胞兄文涧泉重上北京,又一次受到毛泽东的亲切接见。1954年冬,文枚清第三次上京,与堂兄文运昌、堂侄文蔚池一同赴京观光,期间几次受到毛泽东的接见。1956年,文枚清与胞兄文涧泉、堂兄文运昌及堂侄文凤良再次去北京,在京居住月余,期间曾两次应邀到中南海做客,受到毛泽东亲切接见,并一起合影留念。1957年,文枚清的长女文凯元进京,也受到毛泽东的接见。

1961年,文枚清病逝于家乡大坪唐家圫,享年73岁。

文泮香

> 他在毛泽东的几个表兄中排行老大,毛泽东对他非常尊敬和惦记……

文泮香,生于1880年,在家族中派名士茆,号藻垣。他是毛泽东八舅父文正莹的长子,在毛泽东的5个亲表兄弟中年龄最大。在家族叔伯兄弟中排行第十,因此毛泽东通常称他为"十哥"。

文泮香忠诚老实,勤劳俭朴,一辈子在家务农。1925年至1927年,他在大革命的形势感召下,积极参加农民运动。大革命失败后,他一直惦记着表弟毛泽东的安危,始终关注着毛泽东从事的革命事业。

1949年,湖南解放前夕,文泮香因病去世,没有能够迎接新中国的成立。

由于文泮香在几个表兄中年龄最大,毛泽东小时候经常在外婆家居住,大表兄很心疼这位表弟,在生活上对毛泽东照顾也较多,因此毛泽东对这位大表兄尤其尊敬和惦记。

新中国成立初期,毛泽东并不知道这位大表兄已经去世,曾多次捎信问起文泮香的情况,并向他表示问候。1950年5月7日,他给表兄文涧泉写信询问家里的情况。信中写道:"一月十六日来信收到,甚以为慰。唐家坨现在尚有多少人,有饭吃否,十哥、十七哥还在否,便时请你告我。"

同月12日,他在给表兄文南松的信中又问道:"十哥、十七哥还在否?"

这里所提的"十哥",就是文泮香。可见毛泽东对文泮香是多么的关切。

后来,文泮香的家人给毛泽东写信,告知文泮香去世的消息,毛泽东知道后十分痛惜,马上给表嫂黄氏及其子女寄去衣物和人民币若干,以示慰问。

1957年2月,毛泽东邀请文泮香的妻子黄氏领着儿媳刘瑷英、女婿王先槐和孙子文泽湘到北京叙旧,毛泽东与他们一起合影留念,并亲自派人陪伴他们游览了北京城。

文泮香有两个儿子,长子文赐生,生于1904年10月,派名端木,号鹤林。大革命时期曾参加过农民运动。后在长沙衡粹女校、长郡中学当校工。抗日战争爆发后不久,曾送表妹毛远志等去延安参加革命,当时,毛泽东曾从延安亲自给他写过一封信。1948年,文赐生因病逝世,年仅44岁。

文泮香的次子文九明,生于1913年7月,派名端柯,号迪林。大革命时期曾为农会活动站岗放哨,当过儿童团长,新中国成立后在地方担任过农业初级社社长。1953年,他给毛泽东写信,汇报乡里有关情况,并要求去北京看望毛泽东。毛泽东当即回信,表示同意。

1953年11月,文九明与堂叔文东仙、毛泽嵘以及毛月秋一起来到北京,受到了表叔毛泽东的热情接待。

文南松

> 他早年十分同情革命，对表弟毛泽东也十分敬佩，曾冒着生命危险保存了毛泽东及其父母、弟弟的照片……

文南松，生于1890年10月10日，字鹿秋，号南松，家族派名士苹，是毛泽东的八舅父文玉钦的第三个儿子，是文泮香、文运昌的胞弟。在同族兄弟中排行第二十，因此毛泽东常称他"二十哥"。

文南松性情温和，踏实勤劳，早年读书不多，长期在家务农。1921年，文南松曾护送毛泽民的妻子王淑兰和表妹毛泽建去长沙。1925年至1927年湖南农民运动如火如荼，文南松在毛泽东一家的感召下，在湘乡积极参加农民运动。1927年，大革命失败后，他仍然十分同情革命，对表弟毛泽东也十分敬佩，曾冒着生命危险保存了毛泽东及其父母、弟弟的照片。新中国成立后，他将这些照片上交国家，后来翻拍、放大后挂在毛泽东的故居——上屋场。

1949年，湖南和平解放前夕，文南松积极鼓动家乡人民迎接解放。在他的积极支持下，他的儿子文炳璋还参加了地下革命武装。

新中国成立后，文南松多次给表弟毛泽东写信反映家乡的巨大变化，毛泽东非常高兴，立即回信说：

南松兄：

来示读悉，极为高兴。

祝你健康！

祝各表嫂健康！

毛泽东
一九四九年十一月二十八日

1950年初，文南松再次写信给毛泽东，给兄长文运昌谋求工作，并告知家乡缺粮的

状况。毛泽东再次回信说:

南松表兄:
　　正月来信收到了,感谢你的好意。运昌兄给我多次信,我回了一信,寄南县白蚌口,不知他收到没有?运昌兄的工作,不宜由我推荐,宜由他自己在人民中有所表现,取得信任,便有机会参加工作。十哥、十七哥还在否?十一哥健在甚慰,他有信来,我已回了一信,不知他收到否?你说乡里缺粮,政府不发,不知现在怎么样?还是缺粮吗?政府一点办法也没想吗?来信时请详为告我。
　　此复,即问
　　近安

毛泽东
一九五〇年五月十二日

　　文南松由于长期身体欠佳,1952年2月病逝于家乡,享年61岁。他去世后,妻子刘氏曾受毛泽东的邀请,于1953年前去北京,受到毛泽东的热情接待。离京回乡前,毛泽东还向这位表嫂赠送了许多礼品。
　　1959年6月,毛泽东回到阔别多年的家乡,看到双亲卧室挂着的照片,感慨万千。他指着母亲的照片问道:"这个照片怎么还保存下来了?"旁边知情的人赶紧回答:"是文南松保存的。"
　　对此,毛泽东非常感激,可惜珍存者文南松却再也听不到表弟的赞扬了。

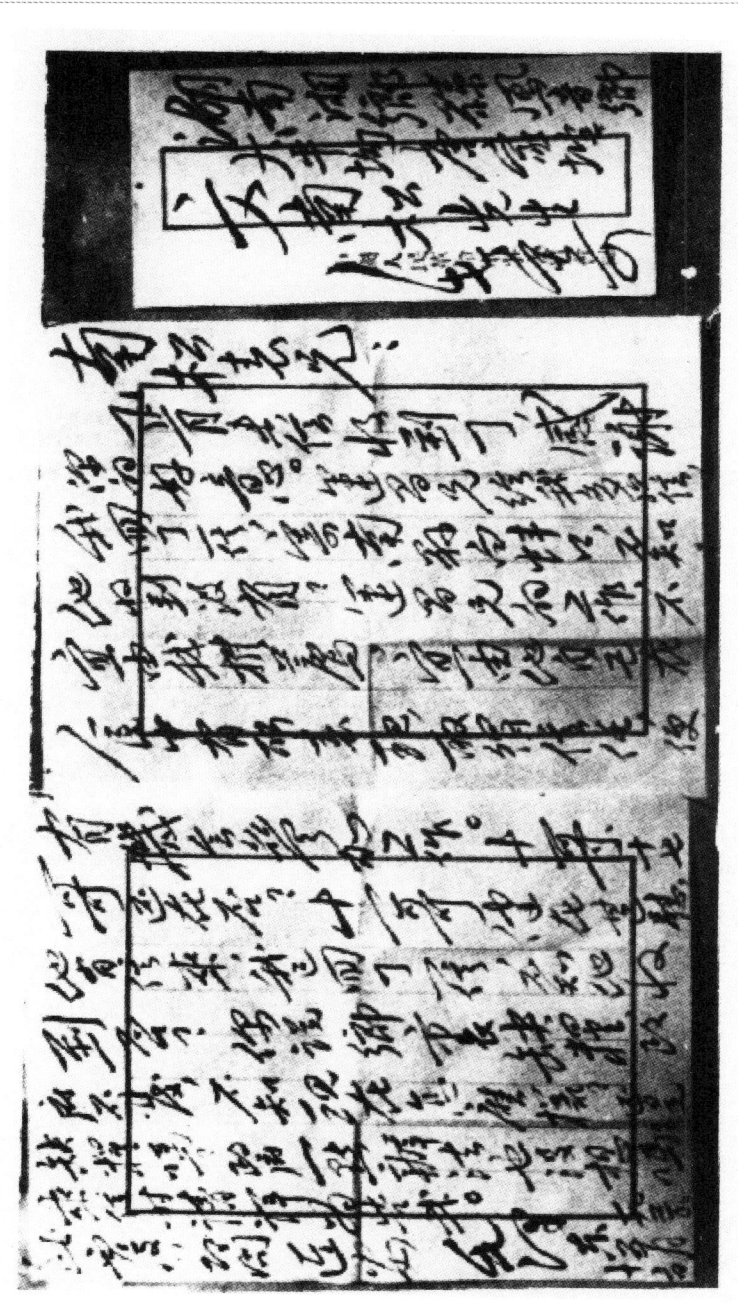

文炳璋

> 他是毛泽东的表兄文南松的次子。他发现个别亲戚朋友到京看望毛泽东后，骄傲自满，不大服从政府管理，于是就写信向毛泽东反映……

文南松有两个儿子。长子文孝根，终身在家务农。次子名叫文炳璋，在父亲的支持下，于1949年6月参加党的地下武装——湘中纠察队，收编后参加了中国人民解放军，1954年转业，曾担任湘乡县石城乡武装部长。1955年6月，文炳璋与毛泽嵘、毛仙梅应邀来到北京，受到毛泽东的热情接待。

文炳璋向毛泽东详细地汇报了农村的生产、生活情况，受到毛泽东的高度赞扬。

文炳璋，派名端桂，号笃庆，生于1919年12月25日，是毛泽东的表兄文南松的次子。

文炳璋早年读过一些书，有一定的文化基础，后一直与父亲在家务农。1949年6月，湖南解放前夕，30岁的文炳璋参加了党的地下武装——湘中纠察队，随即参加中国人民解放军。

1951年7月，文炳璋在广州中南军区防空司令部通讯连服役时，曾给毛泽东写信，告知自己的部队生活以及家里父母的状况。后来，毛泽东曾给他写了一封回信，希望他安心部队工作。信中说：

炳璋同志：

　　七月五日来信收到，谢谢你。乡里来人说，你家生活情况有一些改善。你可安心在军队工作。此复，顺祝

　　进步！

毛泽东
一九五一年十月十日

文炳璋接到信后，十分诧异，不明白主席百忙之中，是如何知道自己家里的实际情况的。写信到家里打听，才知道是伯父文枚清和韶山亲友毛宇居、张有成等人去北京看望毛泽东时，将父母的情况向表叔作了反映。

1954年，文炳璋转业回到家乡，担任了湘乡县石城乡武装部长。他发现唐家圫文家许多亲戚朋友经常到北京看望毛泽东，其中个别人回到家乡，便不大把当地政府放在眼里，骄傲自满，不大服从政府管理。文炳璋就这一问题写信向毛泽东反映，并提出了自己的看法，认为应该引起注意。毛泽东接信后，非常重视这一情况，他于1954年4月29日，给湘乡县石城乡党支部和乡政府写信，并特别提出了文炳璋给他写信讲到的情况。毛泽东指出："我的亲戚唐家圫文家，过去几年常有人来北京看我。回去之后，有些人骄傲起来，不大服政府管，这是不对的。文家任何人，都要同乡里众人一样，服从党与政府的领导，勤俭守法，不应特殊。"毛泽东还强调："请你们不要因为文家是我的亲戚，觉得不好放手管理。我的态度是：第一，因为他们是劳动人民，又是我的亲戚，我是爱他们的。第二，因为我爱他们，我就希望他们进步，勤俭守法，参加互助合作组织，完全和众人一样，不能有任何特殊。如有落后行为，应受批评，不应因为他们是我的亲戚就不批评他们的缺点错误。"

在这封信的最后，毛泽东还将文炳璋的来信附寄给石城乡党支部及乡政府，信中说："现有文炳璋同志的一封信，附给你们看，我是同意文炳璋同志的意见的，请你们加以处理。并请你们将我这封信及文炳璋的信给唐家圫的人们看，帮助他们改正缺点错误。我相信，只要我和你们都采取正确的态度，只要他们不固执己见，他们的缺点错误是可以改正，并会进步的。"

文炳璋到地方工作后，还经常写信给毛泽东反映当地的生产情况和文家各亲友的生活、思想情况。1955年年初，他在给毛泽东的信中，表达了也想去北京看看的愿望。这年5月1日，毛泽东写信答应了他的要求。

1955年6月，文炳璋与毛泽嵘、毛仙梅等一起来到北京，毛泽东在中南海热情接待了他们。文炳璋向毛泽东详细地汇报了当地农村的生产以及当时农民、教师、转业军人等的生活情况。文炳璋的话语朴实无华，反映问题客观、公正，受到了毛泽东的热情赞扬。

文涧泉

> 他是毛泽东的表兄,又是毛泽东的干兄。他性格坦率,为人诚恳,经常向毛泽东反映乡间的情况,曾七次受到毛泽东的接见。

文涧泉,派名士频,字涧泉,亦作鉴泉,排行十一,是毛泽东的七舅父文玉瑞的长子,生于1881年9月26日。毛泽东拜文涧泉的父亲为干父,因此文涧泉既是毛泽东的表兄,又是毛泽东的干兄,两人岁数相差较大,但关系却十分密切,毛泽东亲切地称他为"十一哥"。

文涧泉小时因为家贫,只读了几年书,后来便长期在家务农。他曾充任房经管、大坪区的区总。1927年1月,毛泽东在湘乡考察农民运动时,给文涧泉的影响很大,他开始积极投身农民运动。大革命失败后,表兄弟俩便失去了联系,文涧泉仍回家务农,逐渐积累了丰富的农事经验,成为远近闻名的庄稼人。

1949年湖南解放,文涧泉得知毛泽东的情况后,十分高兴,便写信给表弟,请他为自己的同宗好友文凯介绍工作。1950年5月7日,毛泽东回信中说:

一月十六日来信收到,甚以为慰。唐家坨现尚在有多少人,有饭吃否,十哥、十七哥还健在否,便时请你告我。文凯先生宜在湖南就近解决工作问题,不宜远游,弟亦未便直接为他作介,尚乞谅之。运昌兄连来数信,已复一信寄白蚌口,不知他接到否?南松兄第二次来信已收到,感谢他的好意。此复,顺祝

健康!

1953年,文涧泉又给毛泽东写信,将家中的情况告知毛泽东,并表明想去北京、上海等地一游,顺便请毛泽东介绍他的一位姓赵的亲戚到北京上学。不想,这一次又遭到了毛泽东的婉言谢绝。毛泽东在信中说:

惠书收到。

承告乡情,甚谢。

来京及去上海等地游览事,今年有所不便,请不要来。赵某求学事,我不便介绍。应另想办法。此复。

顺祝康吉,并候各戚友安好!

20世纪50年代初,毛泽东曾七次邀请文涧泉赴京。每次去,毛泽东都热情款待,并合影留念。所有开销,都是毛泽东从稿费中支付的。有一次,文涧泉看到毛泽东给许多来京的亲友添置衣服,并提出想要添置一件长袍,毛泽东听后便把自己的一件旧长袍送给了他。

文涧泉性格坦率、为人诚恳,经常向毛泽东反映乡间的情况,这是毛泽东欢迎他多次来京的原因之一。1959年初,文涧泉对农村推广水稻密植有看法,但是他的观点受到批判,被指责为"经验主义"、"保守主义"。对此,文涧泉很不服气,就亲自来到北京向毛泽东反映情况。见到毛泽东后,便直截了当地说:"我认为,政府的政策有时候不正确,我种了一辈子的田,搞密植可以,但是要合理密植。这样密法会减产。我要在北京住下去,直到你下命令处理这件事为止。"毛泽东听了,不禁哈哈大笑,连声说:"好!好!我一定让他们调查研究。"并好言安慰了这位心直口快的表哥。经毛泽东劝说,文涧泉气消了,在北京待了几天后,就回家继续种田去了。

1961年7月6日,文涧泉和毛泽覃前妻赵先桂的继子赵迎一起来到北京,毛泽东立即向他们询问了农村的情况,文涧泉、赵迎二人一一作了如实的汇报。毛泽东听后,心情比较沉重,他诚恳地说:"现在农民生活很苦,苏联又天天逼债,国家暂时有困难,过几年会好一点的。人民公社没有办好,群众有意见,下情不能上达,我们患了严重的官僚主义。我们派了一个工作组到你们公社了解一下。你们回去后,要及时写信,把农村情况告诉我。"

文涧泉、赵迎还向毛泽东反映了农村儿童教育状况不容乐观的情况,毛泽东听后说:"要在农村普及文化。现在办学有困难,可以发动群众办,分散办、办农校、夜校。我在韶山办过夜校,把夜校办好,群众晚上学学。等条件好了,普及小学、中学教育。在我们这一代,总要为农民做点好事才行。"

1962年,已是80高龄的文涧泉第七次到北京看望毛泽东,再次受到表弟的热情接待。此次离京后,他再也未出过远门。1967年1月29日,在家乡逝世,享年86岁。

毛月秋

> 他在韶山冲是较有声望的一位老地下党员,人们尊称他为"月秋老人",毛泽东则称呼他为"叔老子"。

毛月秋,派名贻明,号湘圃,毛泽东的同族叔叔,1879年出生,家住韶峰山麓的慈悦庵附近。在韶山冲,毛月秋是较有声望的一位老地下党员,人们尊称他为"月秋老人"。

毛月秋自小家境贫寒,没有上过什么学。但是在大革命时期的农民运动中,却较早地接受进步思想。1925年,毛泽东回韶山发动农民运动,毛月秋积极参加,并于同年加入中国共产党,担任过韶山特区第二乡农协委员长。次年,开始担任慈悦支部书记。

1927年5月,湖南大革命失败,韶山的党组织遭到严重破坏。在严峻的斗争形势下,毛月秋转入地下斗争,长期与敌人周旋。后来,由于国民党的搜捕,他不得不离开家乡,来到长沙,担任地下交通员,从事通讯联络工作,为革命奔走多年。1935年,他回到了阔别多年的家乡韶山。

抗日战争爆发后,国共两党开始新的合作,毛月秋与长沙八路军驻湘办事处的徐特立恢复了联系。在徐的亲自指挥下,他与其他同志一起重建韶山党支部,韶山的地下党员队伍逐渐扩大。1949年8月,湖南和平解放,韶山也迎来了新的曙光。

新中国成立后,毛月秋曾经给毛泽东写信汇报过韶山地下党的斗争情况。1953年10月初,他惊喜地接到毛泽东的来信,信中说:

月秋同志:

你给我的信收到。

为了了解乡间情况的目的,不是为了祝寿。为了节约,无论哪一年均不要祝寿,此点要讲清楚。我同意你来京一行。尚有毛翼臣(不知住什么地方)、文东仙(唐家圫)二同志过去来信,表示要来我处一看。如你及乡间其他同志同意的话,你可约同他们二位一道来京。除你们三人外,其他没有预先约好的同志,一概不要来。你们到京住一个短期仍回家乡。

你们来时,即持此信先到长沙湖南省委统一战线部,找那里的同志帮忙,发给你们三人来京的路费,并请他们派一人送你们来京。

……你们三人来时,不要带任何礼物。

你们到京时间,以早为好。希望不迟于阳历十月二十日至二十五日。

顺致敬意

毛泽东
一九五三年十月四日

毛月秋接到信后,立即与毛泽嵘、文东仙、文九明等人登车北去。毛泽东在中南海亲切接见了他们。四个人见到毛泽东,异口同声地喊:"主席,您好!"毛泽东笑着说:"你们这么远来了,真是不容易啊!快进屋坐。"

毛月秋一落座,便问道:"主席,您认得我吗?"毛泽东端详了片刻,说:"认得,你给我写过信,你是月秋同志吧!"毛月秋见毛泽东认出了他,非常高兴,一个劲地说:"是!是!没想到这么多年,主席还能记得我。"

毛泽东继续道:"你是什么字辈?"

"贻字辈。"

"那你还是我的叔老子。"

毛月秋忙说:"不敢当!不敢当!"

毛泽东又问了乡间钟鼎夷、毛吉臣、毛明德、毛棠圃、毛鸿初等几个士绅及其后人的情况,毛月秋一一做了回答。

在谈话中,看到毛泽东尤其关心家乡的生产和建设方面的变化,毛月秋等人便赶忙将韶山这些年的变化详细告诉了他。这天中午,毛泽东设宴招待了家乡来的客人,他特意嘱咐厨师做了一些家乡风味的菜肴,如扣肉、肉卷子、清蒸鱼和茄子等。

饭后,毛泽东与毛月秋、文东仙等四位客人一起合影留念。

这次的北京之行,虽然短暂,但却令毛月秋终身难忘。返乡之前,毛泽东还送给毛月秋100元钱,一套新棉衣裤,一件呢子大衣。拿着这些东西,毛月秋激动不已。

1957年1月21日,毛月秋老人因病去世,享年78岁。

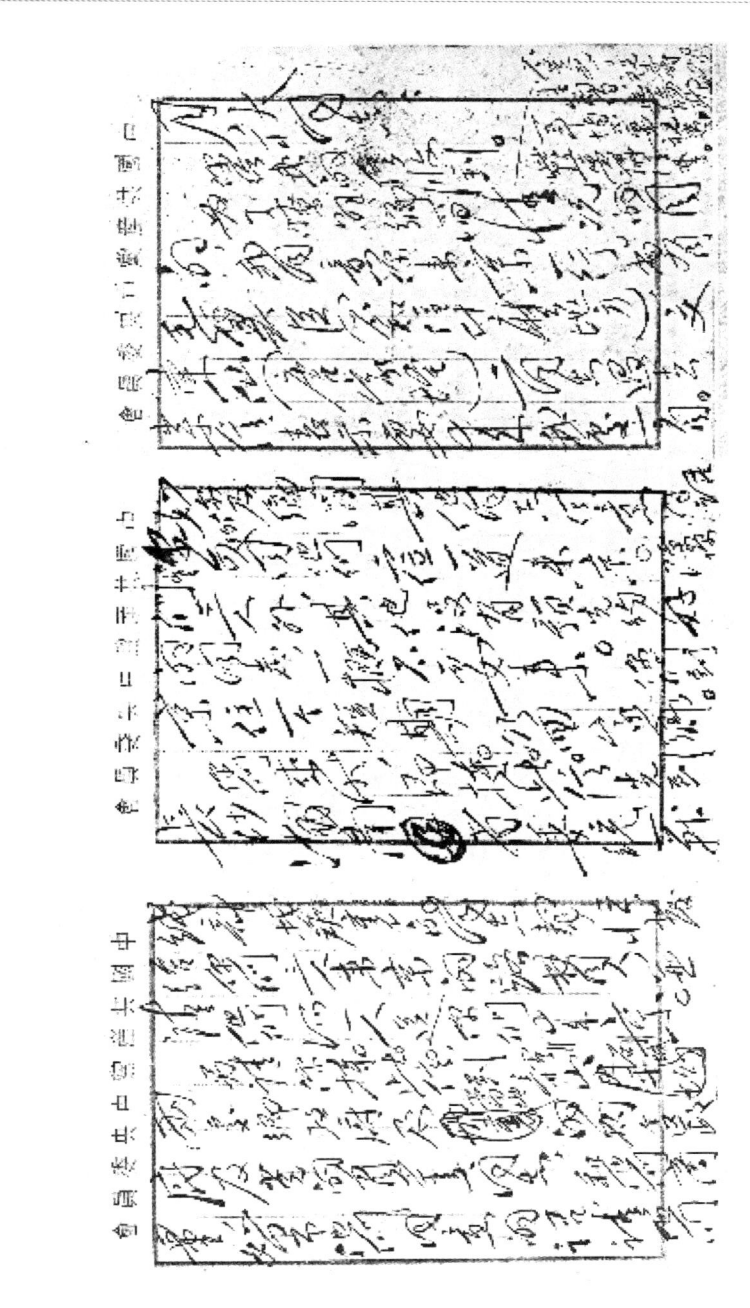

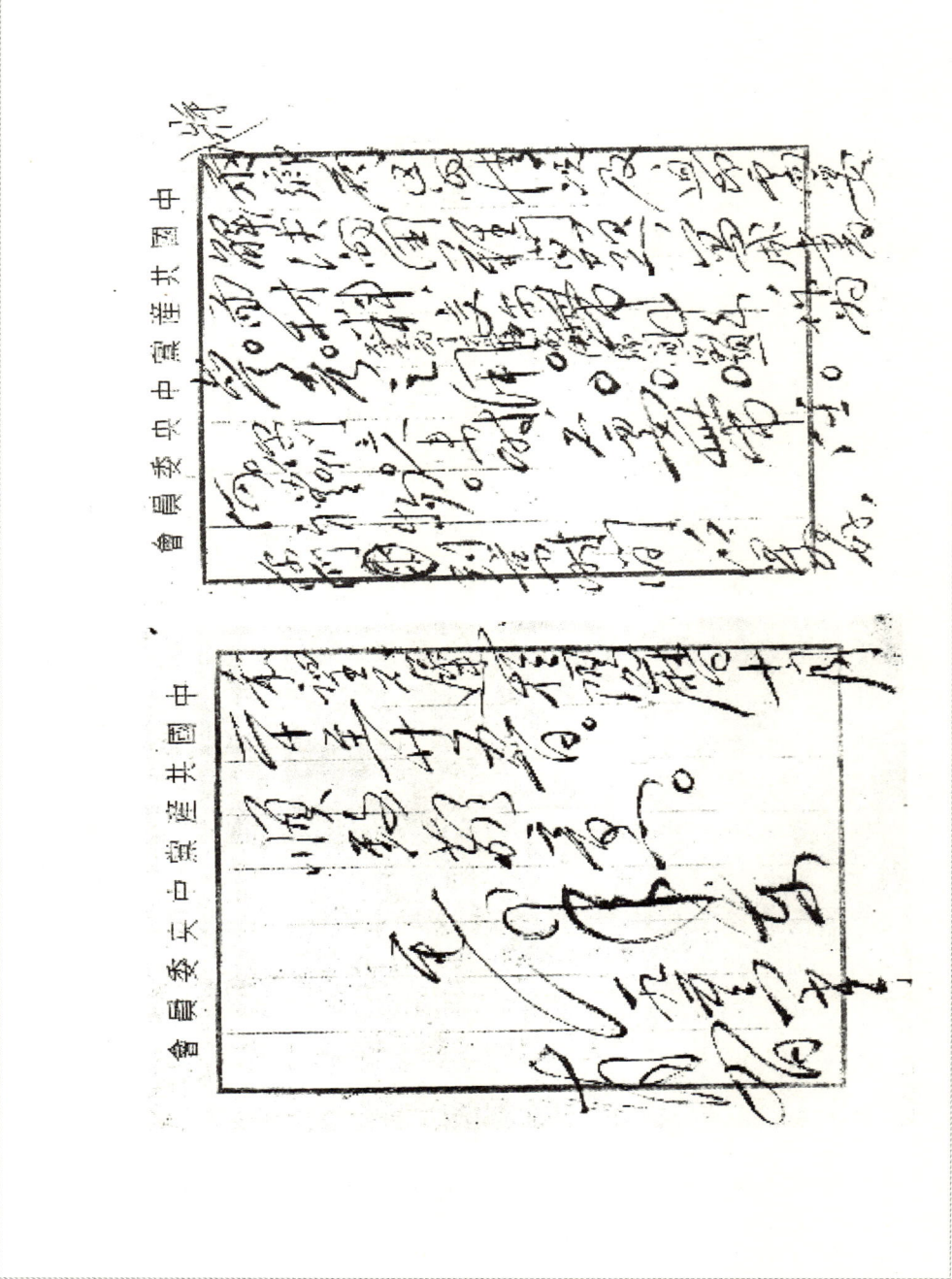

毛仙梅

> 毛泽东的族兄。在早年受毛泽东的影响,积极参加韶山的农民运动;在晚年则与毛泽东一起乘坐专机,到杭州游览风景名胜……

毛仙梅,派名泽治,号锡龄,1890年生于韶山,家族中排行第十,毛泽东的族兄。

毛仙梅与毛家大多数人一样,在大革命时代,受到毛泽东的影响,积极参加了当时的农民运动。1927年5月,革命形势紧张之时,不得不回到韶山,以种地为业。

1949年8月,湖南解放,毛仙梅欣喜若狂,多次打听毛泽东的情况,并写信请求能到北京见一见毛泽东,得到了毛泽东的同意。1954年12月18日,毛泽东在给毛泽嵘的信中说:"你的信收到了,你要求明年四月再来北京一次,我认为可以。还有毛仙梅想来,你可和他一道来。在北京住一个月回家。"毛泽嵘接到信后,立即与毛仙梅取得了联系,告知毛泽东的意思,两个人便开始筹备次年的北京之行。

1955年6月,毛仙梅与毛泽嵘一道来到北京,毛泽东亲切接见了这位族兄。他向毛仙梅询问了乡间的许多情况,毛仙梅借此机会,向毛泽东反映了家乡杨林蒋梯空烈士家属被错划分为地主成分、其亲属强烈不满的情况,并转交了蒋的胞兄蒋浩然写给毛泽东的一封信。蒋浩然的弟弟蒋梯空1925年协助毛泽东在韶山开展农民运动,并由毛泽东介绍入党,1927年11月牺牲。以后,蒋浩然东奔西走,生活贫困,土改中他被划为贫农。不久,当地有人公报私仇,又给他家改划为地主成分。对此,蒋浩然当然非常气愤。毛泽东听后,详细询问了蒋浩然家中的具体情况,毛仙梅据实反映。后来,毛泽东要求当时的湖南省委书记对此进行查实,很快弄清了事情的真相。经修正,蒋浩然被改划为"小土地出租者",并给其颁发了"光荣烈属"的牌匾。

在北京的日子里,毛泽东还派人陪同毛仙梅观赏了北京的名胜古迹,并与毛泽东一起乘坐专机飞往浙江杭州,游览了著名的西湖、钱塘江、六和塔等风景点,然后从浙江返湖南。

临分手时,毛泽东对他说:"这里有一口箱子,里面有一点东西,一点小意思,就送给你了。"毛仙梅接过皮箱,内心非常感激。回到家里,他把皮箱打开,发现里面放着一床鸭绒被和100元钱。对于毛泽东的细心关照,毛仙梅津津乐道了一辈子。

1960年,毛仙梅因病去世,终年70岁。

毛华初

"文化大革命"期间,他被打成"走资派"。毛泽东没有忘记这位敢说实话的侄子,在湖南视察时,曾两次打听他的下落……

毛华初,又名毛远怀,原名王华初,1921年3月出生于浏阳县大光乡。据韶山《毛氏族谱》记载:"泽铭抚子远怀,字式彰。"这里说的泽铭,就是毛泽东的弟弟毛泽民;远怀,即是指毛华初。

毛华初的生母罗醒,出身贫苦,曾就读于进步民主人士创办的平民学校,受到新文化思想的影响,于1926年参加革命。同年,北伐军进入湖南,浏阳县的工农革命运动蓬勃发展,罗醒被推选为大光乡妇女界联合会会长,10月加入中国共产党。1927年"马日事变"后,罗醒被反动派列为捕杀对象,她只好带着孩子转移到长沙市中山路,以替人洗衣服和做布鞋为生,并借此建立了党的地下联络站。1929年秋,罗醒被捕,敌人未能从她口中得到任何东西,便将她们母子送到长沙司禁湾监狱关押起来。

在司禁湾监狱,罗醒结识了毛泽民的发妻王淑兰等共产党员。共同的理想和遭遇,使她们的心连在了一起。在面对随时可能到来的死亡时,罗醒与王淑兰约定,今后无论谁牺牲了,活着的人就担当起抚养遗孤的重任。

1930年7月,红三军在彭德怀的带领下,攻占长沙,罗醒与女监党小组长王淑兰组织难友冲出牢房。越狱成功后,罗醒随红三军撤出长沙。临走时,她将儿子叫到被留下做地方工作的王淑兰面前,要儿子叫"妈妈",并说:"华初,以后王妈妈就是你的亲妈妈了,你要好好听话,别让王妈妈操心。"她还对王淑兰说:"华初有了你这个好妈妈的教养,我就放心了。"

1931年12月,反动军阀许克祥和当地武装围攻浏阳县大光乡苏区。罗醒不幸第四次被捕,被"枭首示众",身体也被砍为几段。

母亲牺牲后,王华初跟随王淑兰妈妈生活,改名为毛华初。由于生活所迫,他自食其力,讨过米、放过牛、砍过柴、种过田、做过工。先后在华容、韶山等地生活了8年时间,受尽了苦难和煎熬。

1938年7月,毛华初与胡觉民、毛泽普等人一起离开韶山,奔赴革命圣地延安学习。从此,走上了抗日救亡的道路。

到达延安之后,他遵照养母的嘱咐,见到了伯父毛泽东。当时,毛泽东住在凤凰山沟的北山坡腰间。毛华初在族兄毛慎义(毛新梅烈士之子)的带领下一起来到此处。初次见到毛泽东,毛华初激动不已,遵照妈妈王淑兰的嘱咐,喊了一声"伯伯"。毛泽东微笑着摸了摸他的头,端详着这个侄子说:"这里有书读,但敌人不让我们平平安安地读书,还要打仗,飞机随时可能来轰炸延安。这里条件艰苦,你都吃得消吗?"

面对伯父的询问,毛华初毫不犹豫地说:"我不怕苦,我讨过米,跟妈妈坐过牢,又给地主放过牛,什么苦都吃过。这些苦我吃得消!"毛华初坚定的表情使毛泽东一下子就喜欢上了这个侄子,他教育华初今后学习要刻苦,工作要认真,多吃些苦,只有这样,革命才能取得胜利。

到延安初期,毛华初先在抗大学习。一有机会,他就去枣园见伯父毛泽东。

1941年的夏天,毛华初在枣园见到了彭真和王若飞等首长,毛泽东指着侄儿向二人介绍道:"他是烈士的后代,是一个孤儿。过去一直由我大弟弟毛泽民的爱人王淑兰带着。别看他这么小,就做过长工、讨过米,还坐过牢,在中国革命的战争中,我们牺牲了很多同志,留下了很多这样的孤儿啊!"

在延安的生活,毛华初感到十分充实。经过短暂学习后,他被分配在延安搞机要工作。1945年8月15日,日本宣布无条件投降,8年抗战结束。当时,毛华初正在中央党校二部学习。党中央为了开辟新的根据地,决定派延安的部分干部分赴各地。毛华初积极报名,申请去东北解放区工作,不久便得到了组织的批准。10月,毛华初来到枣园与伯父告别。当毛泽东知道华初的工作调动后,非常高兴,他说:"啊!你要去东北。好!我赞成。"他转身对秘书说:"把我那件大衣拿来,东北天气寒冷,御御寒吧!"毛华初拿着大衣,心里暖暖地。

毛华初到达东北后,先后担任过区委书记、县委组织部部长、县委副书记以及省委组织部干部科科长等职。在工作中,他坚持原则,出色地完成了各项任务。1949年3月,毛华初与韩瑾行结婚。韩瑾行,1922年5月出生,黑龙江宁安县人。她的姑姑韩幽桐是著名法学家张友渔的夫人。张友渔曾任北京市副市长、市委副书记。

1949年,湖南解放,毛华初随南下工作团回到湘潭县,担任县委组织部部长。

1957年，毛华初以湖南省教育厅副厅长的身份到北京参加教育部举办的扫盲工作会议。毛泽东在中南海接见了他。当得知毛华初这次到北京是为扫盲而来时，毛泽东点点头说："这是一项有意义的工作，我们国家教育事业落后，回去要把它做好，要扫除文盲。"

1960年，毛华初调任湖南省档案局副局长之职。不久，毛泽东到长沙视察，得知他的工作又有变动后，便对他说："你年纪轻轻，还是多搞点调查研究，档案工作可以让那些年纪大的同志去搞。"后来，毛泽东便向当时的湖南省委书记张平化建议，由省委成立一个政策研究机构，省委当即照办，并调毛华初任调研组长。后来，省委政策研究室正式成立，毛华初担任副主任一职，并兼省农林水办公室副主任。

1961年春，毛泽东发动全党大兴调查研究之风。中央派田家英、胡乔木等分别到浙江、湖南、广东等地进行调查。胡乔木率领中央调查组到湘潭韶山和湘乡大坪等公社进行调查。为了协助中央调查组开展工作，省委特地派毛华初陪同胡乔木一行。

当时，群众普遍反映公共食堂不好，对刮"共产风"颇有意见。毛华初陪同胡乔木在韶山东茅塘和大坪唐家圫等处进行深入细致的调查研究，获得了丰富的第一手资料。毛华初写了一份关于东茅塘解散食堂的材料，送给毛泽东批阅。

毛泽东此时正在长沙视察工作，住在省委蓉园。毛华初到长沙后，毛泽东在蓉园约见了他。

见面以后，毛泽东开门见山地说："你们的报告，我全看过了。你能具体给我谈谈乡里的情况吗？"

毛华初如实地向毛泽东反映了乡下办公共食堂造成的严重后果，以及农村经济受到破坏，农民因缺少粮食，患水肿病，非正常死亡增加等情况。

毛泽东听了毛华初的汇报，心情非常沉重，他吩咐说："你回去后，告诉胡乔木同志，看来公共食堂的确存在问题，我同意你们的意见。不过，关于全国整顿食堂的问题，我一个人不能决定，须经中央讨论决定后，再正式行文。"

毛华初走后不久，毛泽东便将毛华初的材料转给张平化，并批示道："我看可以印发给你们的三级干部会议各同志，予以讨论。"

回到韶山，毛华初将毛泽东的指示传达给胡乔木。三天后，作为试点，韶山公社的食堂被全部解散。接着，全国各地的公共食堂也先后解散。

1961年，毛华初还寄给毛泽东一个调查材料，主要是反映农村人民公社的金融管理、自留地和市场等问题的。1962年元月,毛泽东在上海,他派人给毛华初打电话,让毛华初来上海。见面之后,毛泽东详细询问了湖南生产和群众生活状况,毛华初一一作了汇报。毛泽东再次强调了调查研究的重要性,并对如何搞好农村调查研究工作,作了一些具体指示。

上海一别,毛华初再也没有见过毛泽东。"文化大革命"期间,毛华初被打成"走资派",但是毛泽东没有忘记这位敢说实话的侄子,在湖南视察时,曾两次打听毛华初的下落。

1976年9月,毛泽东逝世后,毛华初作为家属,曾到北京参加追悼会,向毛泽东遗体告别。

1982年,毛华初离休,享受副厅级待遇。

毛宇居

他是毛泽东的堂兄,也是少年读私塾的老师。新中国成立后,他为毛泽东处理了许多家乡亲戚朋友的琐碎事务,使毛泽东能集中精力操持国事。

毛宇居,派名泽启,又名毛蕊珠、毛禹珠、毛禹居,字先甲。生于1881年阴历六月三十日,是毛泽东的堂兄,也是他少年读私塾时的老师。

毛宇居原住韶山冲东茅塘,后迁蔡家塘,与毛泽东共太高祖。据韶山《毛氏族谱》记载:毛宇居和毛泽东的太高祖父为毛际耀,毛际耀生有四个儿子,其中长子毛祥焕是毛泽东的高祖父;四子毛祥玕,即是毛宇居的高祖父。

毛宇居出身于书香门第,曾祖父毛兰芳酷爱诗书,家藏不少古籍。父亲毛福生系前清国子监,与毛泽东的父亲毛顺生青年时同住在东茅塘,过从较密。毛顺生与文七妹结婚时,毛福生曾帮助操办婚事。1919年,毛泽东曾将父亲毛顺生和伯父毛福生接到长沙,并和弟弟毛泽覃与二老一起合影留念。

毛宇居自小打下了很好的古文功底,他的诗文和书法都很有名气,被当地的人们称为"韶山一支笔"。1906年秋,毛泽东来到距韶山冲上屋场约5华里的井湾里,在毛宇居的私塾里读书。毛泽东天资聪慧,读私塾时,毛宇居非常赏识他。但是毛泽东也是以"淘气"出名的。有时毛宇居在上面讲课,他便在下面看旧小说。刚开始,毛宇居对此也很生气。后来,他渐渐为毛泽东的聪颖、机智所折服,决定因材施教,顺着毛泽东的思路去悉心引导他。对于过去的私塾生活,毛泽东后来曾有过一段回忆。他说:"我熟读经书,可是不喜欢它们。我爱看的是中国旧小说,特别是关于造反的故事。我很小的时候,尽管老师严加防范,还是读了《精忠传》《水浒传》《隋唐》《三国》和《西游记》。"这里的私塾老师,就是指他的堂兄毛宇居。

1910年夏,毛泽东要去湘乡东山学堂读书时,遭到了父亲的反对。毛宇居曾专门来到上屋场,说服堂叔毛顺生一定要继续送子念书。他向毛顺生极力称赞毛泽东聪明好学,如果进了"洋学堂",前途将会更加远大。正是在他和其他一些老师以及湘乡亲友们的说服下，毛顺生终于同意了儿子的要求。

1919年10月，毛泽东回乡料理母亲的丧事，悲痛之中写了两幅灵联和一篇《祭母文》。毛宇居将其笔录下来，保存了30多年，极为珍贵。

1921年春和1925年上半年，毛泽东两次回乡，均到东茅塘去拜访毛宇居，并多次将家里的私事托付给他照料。

1927年1月，毛泽东在湖南各地考察农民运动，再次回到家乡，毛宇居率家乡父老在毛震公祠召开了热烈的欢迎会。1927年大革命失败后，毛宇居与党组织、毛泽东失去了联系。但在内心里，他时时惦记着毛泽东的安危。在腥风血雨的白色恐怖下，毛宇居秘密保存了毛泽东在湖南第一师范的听课笔记《讲堂录》和《伦理学原理》的批语，共一万多字。这成为研究毛泽东早期生平的珍贵资料。后来，在国民党派兵来韶山挖毛泽东的祖坟时，毛宇居又积极组织族人进行了护坟斗争。

抗战爆发后，国共开始重新合作。1938年5月10日，毛宇居给毛泽东写信，告诉他老家的一些情况，包括毛泽覃的妻子周文楠、儿子毛楚雄以及毛楚雄的外婆周陈轩在韶山生活困难等情况，信中还询问了毛宇居自己的侄子毛远耀等人在延安的学习和工作情况。毛泽东很快就复信给毛宇居。

宇居兄左右：

五月十日信收读。谭季余以不来为上。楚雄等已寄微款，尔后可略接济一点，请督其刻苦节省。周先生留居韶山甚好，应看成一家人，不分彼此。此复。即颂

时绥！

毛泽东
五月二十六日

远耀等在此甚好。

1940年，毛宇居等人一起在家乡第四次修订韶山毛氏族谱，其中诗赋多出于毛宇居之手。在评价毛泽东本人及毛泽东一家时，给予了极大的赞赏，称毛泽东"闳中肆外，国尔忘家"。在当时的环境和条件下，他这样做是要冒很大风险的。

湖南解放后不久，毛泽东接见了从家乡前来看望他的堂弟毛泽连等人，便给毛

宇居捎信，请他来京，游览参观，叙旧话今，并请他帮助解决家乡亲友的各种问题。

1950年，毛宇居写信反映，毛泽东少年时的私塾同学和邻居邹普勋家境困难。毛泽东回信一封说：

宇居兄：

迭接数函，极为感谢。乡间情形，尚望随时示知。邹普勋（享二）如十分困难，病情又重时，如兄手中宽裕时，请酌为接济若干，容后由弟归还。另纸请交邹普勋为祷。即颂

健康

毛泽东
一九五〇年五月十五日

毛宇居收到信后，立即拿出自己的钱，先解了邹普勋的燃眉之急。

毛宇居曾三次进京看望毛泽东。第一次是1951年9月，毛泽东捎信到韶山，请他和表兄文枚清以及少年时的朋友木匠张有成一起到北京叙旧。他们在北京受到了毛泽东一家的热情接待。吃饭的时候，毛泽东将他们向孩子们一一作了介绍，让孩子们称他们为"伯父"。在京期间，毛泽东还安排毛宇居等人出席了国庆观礼和国庆宴会，并游览了首都名胜，使之大开眼界。离京前，毛泽东又在中南海含和堂前，与他们合影留念，并送给他们皮箱、衣服、鞋帽等礼物。知道毛宇居牙齿不好，还特地送他到医院安装了假牙。这些都令毛宇居等人大为感动。

1952年，毛泽东又几次给毛宇居写信，请他帮助处理家里的事务。其中七月份的一封信里这样道：

宇居兄：

归去后来信均收到，甚慰。有复邹普勋一信，请代转交。接毛泽连的信，六婶病故，他自己又跌断了脚，不知实际情形如何，脚尚有诊好的希望否？他未提到要钱的话，不知他的生活尚过得去否？暇请查明见告。接张有成兄的信，乡里粮缺猪贱，不知现在好些否？方便望将乡情赐告？为了了解乡间情况，拟待秋收以后邀请李淑清、邹普勋二位来京一游，请你征求他们二人意见告我为盼！

顺致敬意！

> 毛泽东
> 七月十一日

不久，毛泽东又给毛宇居写信说：

宇居兄：

来信收到，李淑清老先生及邹普勋兄前曾表示，希望来京一游，我认为可以同意，借此了解乡间情况。但请你向他们二位说清楚：（一）须他们自己下决心，出远门难免有风险；（二）到家住一至两个月即还家乡。如他们同意这两点，则可于阳历九月动身北京。到长沙湖南省委统一战线部刘道衡部长处接洽，领取来京路费，办理乘车事宜。介绍信一件，请予转致李、邹二位。其余要来京者，今年不便招待。

顺候近安

> 毛泽东
> 一九五二年八月廿一日

在韶山，毛宇居为毛泽东处理了许多亲戚朋友的琐碎事务，使毛泽东能集中精力操持国事。对这样一位堂兄和老师，毛泽东是感激不尽的。

1952年冬，毛宇居受韶山乡政府的委托，第二次到北京，请毛泽东为学校题写校名。他于11月9日到达北京。第二天，毛泽东即在中南海接见了他。毛宇居对毛泽东说："乡政府对教育很重视，特地委托我来向您汇报，希望您能给学校起个校名。"

毛泽东听说家乡要办学校，兴致很高，认为叫"韶山学校"最好。他解释说："现在办小学，以后学校还要发展，还可以办中学、大学，反正都是学校，这一次不就全写好了吗？"校名定下来之后，毛宇居又请毛泽东题写校名，毛泽东当即便拿出纸笔认真地写起来。他写了几纸"韶山学校"，供毛宇居选择。毛宇居便将几张题字都小心地收藏起来。

这次的北京之行，毛宇居前后住了近3个月，于次年2月2日动身返回韶山。5月份，韶山学校新建竣工，并被列为湖南省省属重点学校。1959年毛泽东回故乡韶山，曾特地到这所学校视察，并与全校师生合影留念。

1958年，湘潭县委想创办湘潭大学，决定派毛宇居老人再次上北京去请毛泽东题写校牌。当时毛宇居老人已经77岁高龄，为了家乡人民的期望，他欣然从命，于9月份专程赴京。

毛泽东再次热情接见了毛宇居。一开始，他并不知道需要题写校牌的事。闲谈之中，毛宇居谈起了湘潭大学的筹备情况。毛泽东非常关心，详细询问学校校址、生源、师资、经费等情况。毛宇居一一作了汇报，毛泽东频频点头。看到时机已经成熟，毛宇居马上说明了来意："主席，你的翰墨写得好，家乡人民都很喜爱。我这次来，是受湘潭县委的委托，特意来请你为湘潭大学题写校牌的，请主席一定答应我这个要求。"毛泽东听后，欣然答应。几天后，他派秘书到毛宇居住的宾馆，送来亲笔题写的"湘潭大学"，并同时也为湘乡东山学校题写了校牌，此外还有一纸便信，上面写道：

禹居兄：

　　遵嘱写了湘潭大学校名二纸，请转致选用为盼！另致东山学校一纸，亦请转致。

毛泽东
九月十日

1959年6月25日，毛泽东回到阔别32年的故乡，毛宇居闻讯，不顾近80岁的高龄，立即从所住的蔡家堂赶到韶山招待所——松山一号寓所。毛泽东听说毛宇居老人来了，赶忙起身相迎。二人相见，分外亲切。当晚，毛泽东留他在韶山招待所休息，并参加了乡亲们在松山寓所的座谈。

第二天下午，毛宇居陪同毛泽东到韶山冲视察田间生产。在毛震公祠，毛泽东面对过去摆放祖宗牌位的地方三鞠躬。随后，毛泽东拉着毛宇居的手说："1927年1月，你们在这里敲锣打鼓欢迎我。"毛宇居非常惊异，他怎么也没有想到，毛泽东居然还记得这么久以前的事情。更让他惊奇的是，毛泽东还背出了当年毛宇居的欢迎词："毛君泽东，年少英雄，到处奔走，为国为民，今日到此，大家欢迎。"毛泽东的超凡记忆，令在场的乡亲大为钦佩。

回到寓所，毛泽东宴请当年的老共产党员、老赤卫队员和革命烈士家属。他特意将毛宇居安排在上桌，并第一个向他敬酒。毛宇居激动不已，连忙躬身迎接说："主席敬酒，岂敢岂敢！"毛泽东回答说："敬老尊贤，应该应该！"毛泽东对于老师的情意,在韶山一时传为佳话。

  1964年9月29日,毛泽东的堂兄兼塾师毛宇居在韶山逝世,享年83岁。

毛纯珠

> 毛泽东的远房兄弟。在得知毛泽东答应接见他的消息后兴奋不已。种了一辈子地的他没有想到主席对种地、养猪这些事情还这么有兴趣……

毛纯珠,派名毛泽堂,生于1896年12月,是毛泽东的远房弟弟。

毛纯珠兄弟三人,大弟毛泽全,曾任山西省军区顾问等职,1989年3月7日病逝于太原。小弟毛泽满,字润珠,曾在湖南永新矿务局工作过,后来退休。

毛纯珠自幼家境贫寒,没有受过正规的教育,长期在家务农,性格温和,老实本分。1925年,毛泽东回乡闹革命时,毛纯珠也曾积极参加了农民运动。大革命失败后,依旧回乡种地,一生贫困,没有享受过什么富裕的生活。

1956年4月,胞弟毛泽全邀请毛纯珠来北京团聚,他一生第一次离开家乡,非常高兴。时任总后勤部军需生产部生产管理处处长的毛泽全,对待大老远来看望他的哥哥,尽心款待。当发现哥哥有些心事时,他非常关心,反复询问。毛纯珠吞吞吐吐地道出自己的想法:以前母亲邹氏和舅舅邹普勋均到北京见了毛主席,自己也很想有这个机会,了却夙愿。泽全知道了哥哥的心思,连忙通过电话与中央办公厅取得了联系。

4月20日这天晚上10点,中南海毛泽东办公室给毛泽全打来电话,通知其一家和毛纯珠一起去见毛泽东。获此消息,毛纯珠高兴极了。

毛纯珠与弟弟毛泽全、弟媳徐寄萍,还有两个侄女远慧、远平一同乘车来到中南海。毛泽东正在办公室看文件,见毛纯珠等到来,立即热情地起身表示欢迎,并同他们一一握手。

"我刚睡醒,现在精神很好,大家先吃些夜宵,再拉拉家常。"毛泽东微笑着说。大家早已用过晚餐,见毛泽东兴致很高,也就没有推辞,一起坐在饭桌旁,桌上摆着几个小碟,非常简单,无非是些苦瓜、西红柿、青椒等家常蔬菜。

毛泽东边招呼大家吃饭,边向毛纯珠询问家乡韶山的农业合作化情况。

"农民对合作化喜欢不喜欢?"

毛纯珠想了想说:"喜欢。"

"真喜欢,假喜欢?"毛泽东严肃地问道。

"真喜欢。"毛纯珠肯定地回答。

毛泽东舒了一口气,接着又问起农户家庭副业方面的情况,毛纯珠一一作了仔细的回答。种了一辈子地的毛纯珠没有想到主席对种地、养猪这些事情还这么有兴趣,两人谈兴渐浓。毛泽全夫妇在旁也聚精会神地听着农村的新鲜事。

饭后,工作人员为大家斟了几杯茶,毛泽东问:"婶母身体还健吗?"婶母是指毛纯珠的母亲邹氏,她是毛泽东的启蒙老师邹春培先生的女儿,邹普勋的亲姐姐,目前年岁已大,在乡下还替儿子干些家务活。两年前的1954年,邹氏受到过毛泽东的接见。

毛纯珠没有想到主席对母亲还这么关心,赶忙回答说:"她老人家身体健康,已经76岁了,但还能喂猪喂鸡,平时帮了我们很大的忙。"

毛泽东一听,点了点头,然后说:"替我带两百块钱给婶母补补身体,她老人家一辈子不容易呀!"

"另外,我给宇居大哥也写封信,请你带回去。"毛泽东说完,坐到办公桌旁,飞快地草书一封,只见信上写着:

宇居兄:
　　迭次惠书,均已收到,甚为感谢!今借纯珠兄之便,敬致问候之意。有祝兴居康吉!

毛泽东
一九五六年四月二十日

毛泽东将信交给毛纯珠,然后对毛泽全的妻子徐寄萍说:"寄萍,咱们一起拍个合影留念吧!"大家一听,非常高兴,站起来和主席合影。后来,这张照片成为毛纯珠的一件永久性纪念品。每次见到它,毛纯珠都会想起那年初夏的美好相逢。

毛远志

> 毛泽东唯一的亲侄女。她的童年是在颠沛流离中度过的,但伯父毛泽东却对她提出了严格的要求……

毛远志,1923年5月5日(阴历3月20日)生于韶山冲,父亲毛泽民,母亲王淑兰,她是毛泽东唯一的亲侄女。

毛远志的童年是在颠沛流离中度过的。1921年父亲随毛泽东参加革命后,长期在外,难得回家。母亲王淑兰忙于革命工作,也没有多少时间关照她。在这样环境中,毛远志打小就像一个男孩,活泼淘气,伯母杨开慧称她为"野妹子"。

1927年,大革命失败后,毛远志与母亲被迫离开韶山,在乡亲们的掩护和党组织的护送下,到了长沙。为了生活,她跟随母亲讨饭、打工,历经了无数的苦难。后来,革命意志坚强的母亲以乞讨为掩护,继续从事党的地下交通联络工作。

1929年夏,王淑兰的革命活动暴露,被敌人逮捕,刚满6岁的毛远志随母亲被关押在长沙陆军监狱,艰苦的监狱生活,使她一下子长大了许多。1930年7月,红军攻打长沙,王淑兰带着女儿与难友们一起获救。

出狱后,毛远志随母亲奔波于长沙、华容等地。1931年冬,她随妈妈以及妈妈收养的哥哥毛华初一起去上海,寻找党中央和父亲毛泽民,但却与父亲失之交臂。淞沪抗战爆发后,组织上鉴于形势紧张,安排他们返回湖南。母女三人不得不再次回到华容。为了一心一意地工作,王淑兰迫不得已将毛远志送给一户人家当了童养媳。

直到1937年,多年杳无音信的父亲来信,要远志去延安学习和工作。这年年底,王淑兰将毛远志送到长沙八路军驻湘通讯处,组织上安排她和表姐章淼洪同行。临行前母亲再三叮嘱:伯父干的是大事,你到延安后要少去打扰他,小孩子要靠自己奋斗。1938春,她们一行辗转来到延安。

到延安的时候,毛泽民因为身体原因已经前往苏联治病,父女俩没有见上面,好在伯父毛泽东热情地接待了这个远道而来的侄女。毛远志拿出母亲托她带来的两斤云片糕送给伯父,毛泽东看了非常高兴,一边吃,一边询问远志这些年的生活情况。听着侄女多年来的遭遇,毛泽东心里不禁泛起一股不可名状的酸楚。当得知16岁的远志从来没有上过学时,毛泽东便决定送她进延安保育小学学习。

毛远志在延安期间,一直牢记着离家前母亲的嘱咐,在延安7年半的时间里,为了避免打扰伯父,她去伯父那里的次数很少。毛泽东很喜爱远志,见到她,常常要同她谈起家里的事情,并且每次见面总要问远志的学习和生活情况。当得知远志在学习中,由于底子差,非常费力时,便鼓励她不要被困难吓倒,刻苦攻读。

刚到延安时,毛远志由于吃不惯北方的小米饭,加上常年艰苦生活留下的胃病,便经常到食堂找米饭锅巴泡水吃。毛泽东身边一位秘书见此情景,给了她一块钱,叫她每天花5分钱买粥喝。毛泽东知道后,语重心长地对远志说:"你能不能学习吃小米饭呢?不吃饭要饿肚子的。"面对伯父的批评,远志开始锻炼吃小米饭,并很快适应了这里的生活环境。

出生在一个革命家庭,从小受到革命思想和实践的熏陶,来延安后,毛远志一直渴望能早日成为一名共产党员。她把自己的想法告诉了伯伯,毛泽东叫她先加入抗日民族先锋队。毛远志不知道"民先"是什么组织,便对伯伯说:"我不参加'民先',我要加入中国共产党!"毛泽东耐心地告诉她:"'民先'是党的外围组织,无论加入共产党还是加入'民先',都是为党工作嘛。"

毛远志听了伯伯的教诲,1938年7月加入了抗日民族先锋队。但她暗下决心,一定要成为一名合格的共产党员。由于政治表现突出,思想觉悟不断提高,同年10月,不到16岁的毛远志就被批准为中共预备党员。1941年转为正式党员。

毛远志学习刻苦,仅用了一年多的时间,就补习完了小学课程。1939年,由于工作需要,她被分配到中央军委二局任机要秘书。由于她工作积极,对同志热情诚恳,能够严格要求自己,密切联系群众,从不计较个人得失,曾先后被评为"模范妇女"、"先进青年"和"优秀党员"。

1945年10月,毛远志与新婚的丈夫曹全夫去看望伯伯,提出两人一道去东北工作的要求。毛泽东很高兴,当即表示同意,并鼓励他们努力进取,多为人民做工作。毛泽东还给他们留下了珍贵的临别赠言:"一、无论到哪里,都不要希望人家鼓掌;二、无论到哪里,都要团结;三、无论到哪里,都要和群众打成一片,不要有任何特殊。"

新中国成立后,毛远志因为工作需要,多次调动,先后在江西省妇联、中南军区司令部、中组部交通干部处、中央工业交通干部处等单位工作过,但她从无怨言。多年来,无论她在什么单位,都始终坚持原则,认真贯彻执行党的干部路线和政策。

1982年12月,毛远志离休。此后,她便开始积极收集、整理资料,编写父亲毛泽民和母亲王淑兰的传记。

毛远志离休后不久,就诊断出身患癌症。在病中,她还将与伯父相处的亲身经历作了回忆,为研究毛泽东留下了不可多得的珍贵资料。

毛远志一辈子勤勤恳恳地为党工作,从不计较个人得失,也从不愿意显露自己的家世。每逢毛泽东诞辰和逝世纪念日去毛主席纪念堂瞻仰遗容时,她总是带领全家,悄悄地来到伯父身边,默默地表示对他老人家的敬仰与缅怀,为了不引起注意,她从来没有在签字簿上留下过她的名字。

1990年7月6日,毛远志在北京病逝,终年67岁。党组织对她的一生给予了充分的肯定,赞誉她为"中国共产党的优秀党员、忠诚的共产主义战士、党的好女儿"。

遵照毛远志的遗言,去世后,遗体葬在母亲身边。现在,她静静地躺在韶山这片生她养她的故土上,默默地陪伴着她的祖父、祖母和母亲等亲人。

毛远悌

> 毛泽东的远房侄子。他将伯父毛泽东手书的两封信镶嵌在大镜框里,时刻鞭策自己……

毛远悌,字乙夫,生于1924年8月,是毛泽东的远房侄子。毛远悌的父亲毛泽癸在大革命时期曾参加过农民协会,后在外谋生,再也没有回来,失去了消息。毛远悌和哥哥毛远孝、弟弟毛远忠从此与母亲相依为命,生活过得十分艰难。

1935年,11岁的毛远悌与全家一起背井离乡,到长沙一带捡破烂、卖报纸,过着半流浪的生活。抗日战争爆发后,长沙形势日见危急,小远悌在毛浦珠的帮助下回到韶山,进入毛震公祠的震东学校读书。1940年,毛泽普的同学介绍他到耒阳的《力报》社做工,抗日战争结束前后,该报社迁到长沙,他再次来到长沙,继续在印刷厂工作。1946年,在报社党组织的影响下,毛远悌光荣地加入了中国共产党,从此他利用工作掩护,积极参加革命活动。

1949年8月,湖南解放,毛远悌参加湖南省总工会,接管了印刷厂,担任经理。在新的革命形势下,毛远悌深深地感到没有文化工作很吃力,他十分渴望能有个读书的机会。考虑再三,他先后给毛泽东写了两封信,汇报工作、生活、学习方面的情况以及家乡的变化,并将自己的苦恼告诉了毛泽东,希望能有一个在北京读书的机会。不久,毛远悌收到毛泽东的亲笔复信。毛泽东婉言拒绝了他的要求。信中写道:

远悌贤侄:

　　两次来信都收到了,很高兴。你做印厂工作极好,应将此项工作做好,不要来北京。学习的事将来有机会时再说。远翔是否尚在革大,有一信请转交。远翔略历我忘记了,便时请告我。

　　此祝

　　进步!

毛泽东
一九五〇年五月十二日

  毛远悌收到毛泽东的信后，仔细考虑了自己的实际情况，也渐渐理解了毛泽东的意思，决定打消去北京读书的念头，安心在印刷厂边工作边学习。

  1950年5月，毛岸英回到湖南看望外婆以及乡亲们，在长沙见到了毛远悌。毛岸英将临来时父亲托付的口信转达给毛远悌，嘱咐他好好学习，安心工作，努力为人民服务。毛远悌对于毛泽东的惦记，非常感激，立即向毛岸英表示："一定不辜负主席伯父的期望。"

  1951年冬天，毛泽东的六婶毛陈氏在儿子毛泽连的陪同下到长沙治病，住在毛远悌家。毛远悌见毛陈氏病情严重，家境困难，于是便给毛泽东写信，反映了毛泽连家境困难的实际情况，并提出想送六婶到北京治病。毛泽东接信后，于12月1日亲笔复了信：

泽连、远悌：

  来信收到。

  慰生六婶及泽连均不要来京，也不宜在长沙住得太久，诊病完了即回韶山为好，现在人民政府决定精简节约，强烈反对浪费，故不要来京，也不要在长沙住得太久。

  泽连家境困难，待将来再设法略作帮助，目前不要靠望。远悌在印刷厂工作，可在工作余暇进行学习，请你们代我问六婶好！

  祝你们都好！

毛泽东
十二月十一日

  毛远悌接到信后，深受教育。他再次决心按照伯父的教导，少给组织添麻烦，多为人民服务。他将伯父手书的两封回信镶嵌在一个长方形的大镜框里，时刻鞭策着自己前进。毛远悌曾担任过湖南省医药管理局办公室主任等职，后来离休在家。

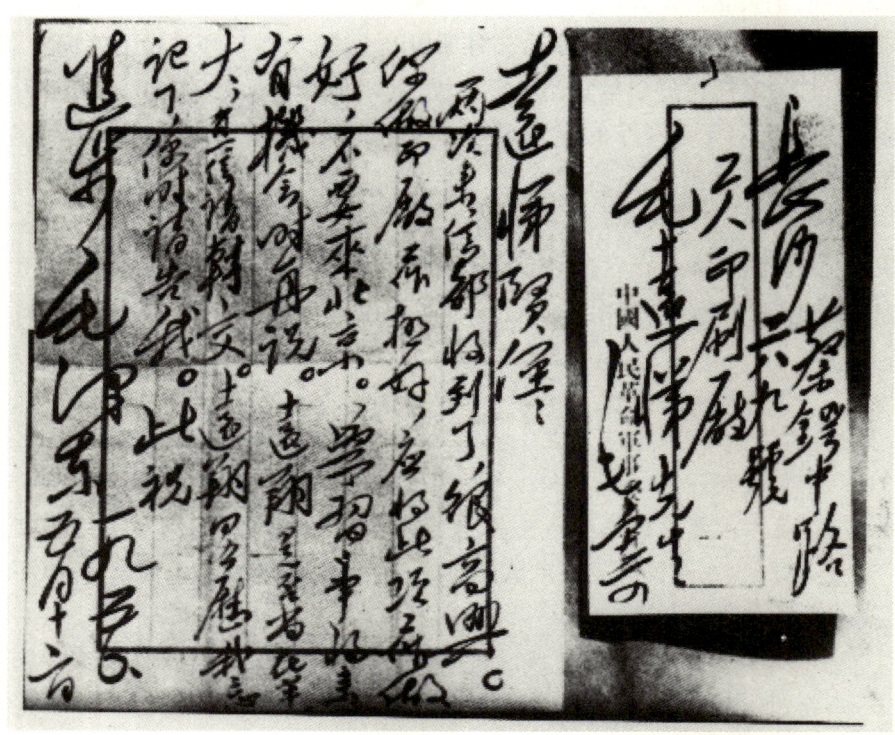

毛远翔

1949年，第四野战军路过韶山时，派人寻找毛泽东的亲属，他们最早找到的，就是这位毛泽东的族侄。

毛远翔，又名毛毅，号立夫，1924年7月8日出生于韶山蔡家塘，是毛泽东的堂兄毛智珠的第三个儿子。

1925年毛泽东回韶山开展农民运动，常去东茅塘和蔡家塘等处活动。毛远翔的大哥毛远耀在毛泽东的影响下，参加了革命工作。毛远翔自幼受到大哥的熏陶，始终同情和支持革命。

1944年秋，毛远翔受党组织的派遣，在银田寺秧田小学以教书为掩护，发展党员。1945年4月4日，在其努力之下，建立了中共桃花塘支部。1949年夏，湖南和平解放前夕，毛远翔担任韶山毛震公祠办的震东小学校长，积极在小学教师中进行活动，宣传革命道理，迎接和平解放。

1949年8月9日，人民解放军进驻湘潭县城，湘潭宣告和平解放。第四野战军47军向西挺进，路过韶山时，派人寻找毛泽东的亲属，他们在震东学校找到了毛远翔。毛远翔心情非常激动，连忙带着解放军去东茅塘找到毛泽东的堂弟毛泽连以及其他亲人。

10月，毛远翔进入中国人民革命大学湖南分校学习。此后，他多次给毛泽东写信，介绍父亲、哥哥的情况，并简单叙述了自己参加革命和进入"革大"学习的经过。不久，毛泽东就给他回信说：

远翔贤侄：

　　十月十五日来信收到，很高兴。

毛泽东
十一月十四日

毛泽东的信很短,但却令毛远翔感到无比的幸福。

从"革大"毕业后,毛远翔分配在湖南省交际处工作。工作中,他感到了自身知识的欠缺,产生从未有过的求知渴望,又一次给毛泽东写信,希望能够去北京学习和工作,并寄去父母的照片。1950年5月12日,毛泽东托人给毛远翔带信,信是这样写的:

远翔贤侄:

　　两次来信收到,甚为高兴。你应在湖南设法求得工作,不要来北京;这里人浮于事,不好安置,你的文字已通顺,用力学习,当会有更大的进益。

　　此复,即问

　　　　近佳!

毛泽东
一九五〇年五月十二日

你父母的相片收到,请你代我问候他们。

毛远翔收到此信后,遵照毛泽东的教诲,从此安心在湖南工作。

1956年,毛远翔担任长沙市协裕织布厂公方代表兼厂长,参加对资本主义工商业的社会主义改造。同年11月,毛远翔前往北京参加全国公私合营工商代表大会。在京期间,他给毛泽东写了一封信,希望能见见主席。

会议将结束时,大会秘书处通知毛远翔,叫他留下来等候主席接见。12月5日晚8时,毛泽东派秘书田家英接毛远翔和大哥毛远耀、大嫂胡觉民一同去中南海。

"主席!""三叔!"兄弟俩用不同的称呼喊道。

毛泽东满面笑容向他们走来,并同他们热情握手。毛泽东的和蔼,消除了毛远翔的拘谨,他忙自我介绍道:"我是远翔。"毛泽东端详了片刻,笑着说:"啊,你是远翔,我看到了你的照片和信。"

那天毛泽东谈兴很浓,谈话内容很广,他不停地问起家乡的情况,亲戚们的生活,还谈及毛远翔的父亲毛智珠。毛泽东记忆力很强,他说:"智珠兄五一年来北京住过一个时期,还去过秦皇岛。"谈到毛远翔的母亲赵氏,毛泽东说:"你母亲是什么样子?我记不太清楚了。后来接到你寄来照片,我才记起来了。她是一个非常忠厚的人。"

不知不觉就到了吃饭的时间,工作人员走进来告之饭菜已经备好。毛泽东招呼大家落座。席间,毛泽东依旧侃侃而谈,他讲城市里搞公私合营,农村里搞合作化,这些做法,目的就是要使大家共同富裕。他还谈到国际问题、经济问题和哲学问题。

毛泽东的谈话,在毛远翔的记忆中留下了深刻的印象。在以后的岁月里,他始终没有辜负毛泽东的教诲,勤勤恳恳地在自己的工作岗位上努力工作。

1976年9月9日,毛泽东与世长辞。噩耗传来,毛远翔悲痛万分。1977年10月,他踏上了北上的列车代表亲友们来到北京。在毛主席纪念堂里,他瞻仰了毛泽东的遗容。

此次北京之行,毛远翔感慨万分。回到家中,他激动地写下了一首《浪淘沙》,以缅怀叔父毛泽东:

> 汽笛划长空,一线沉沉,缅怀往事记犹新。此次重来酬夙愿,瞻仰遗容。苦海闹翻身,笑语融融,坟园张望竹林情。忆昔屡聆教诲,热泪沾襟。

毛远新

> 毛泽东的侄子。毛泽东曾严厉地批评他说:"你们这些孩子是吃蜜长大的,从来不知道什么叫苦……"

毛远新,毛泽民和朱丹华之子,毛泽东的侄子,1941年2月生于新疆乌鲁木齐。

1941年1月,国内、国际形势发生逆转,国民党发动皖南事变,全国上下弥漫着反共气焰,新疆军阀盛世才在蒋介石的策反下,于1942年9月,撕毁了与中共达成的统战协约,将在新疆工作的许多共产党人逮捕,投入监狱。于是,只有一岁半的毛远新和父亲毛泽民、母亲朱丹华一起开始了暗无天日的铁窗生活。1943年9月,毛泽民和陈潭秋、林基路等共产党员被盛世才秘密杀害,毛远新从此失去了父亲。母亲朱丹华带着他继续在监狱中与敌人作斗争。1946年7月在张治中将军的帮助下,5岁的毛远新才随母亲和其他100多位难友一道回到延安,开始了新的生活。在延安期间,毛远新被送到中央幼儿所抚养。

新中国成立后,朱丹华借着在北京开会的机会,到中南海看望了毛泽东。她向毛泽东讲了远新想在北京读书的愿望。毛泽东出于对大弟毛泽民的怀念,答应毛远新留在自己身边,待他像亲生儿子一般。在毛泽东家庭的子女中,毛远新年龄最小,深得哥哥姐姐的宠爱,他们都叫他小豆豆。江青对他也十分溺爱,几乎是有求必应,双方从未闹过大的矛盾。

1960年,中学毕业后,毛远新考上了当时培养军队人才的最高学府——哈尔滨军事工程学院,这是一所全国重点大学。在大学期间,毛远新读书用功,成绩优秀。1965年大学毕业,他曾下连队接受基层锻炼,当兵半年。

平时,毛泽东对毛远新的生活是非常照顾的,但是对他的思想成长要求却很严。一旦发现他有不正确的心理,当即进行批评。有一次,毛远新陪毛泽东下水游泳,这一天天气很凉,毛远新上岸后,感到有点冷,打着哆嗦,脱口说道:"还是水里舒服些。"毛泽东听到后,非常不满意,批评他道:"你就是喜欢舒服,怕艰苦。过去你父亲、母亲在敌人面前坚毅不屈,丝毫不动摇,就是因为他们是为多数人服务的,心中有崇高的理想。要是你,还不得双膝跪下,乞求饶命?唉!你们这些孩子是吃蜜长大的,从来不知道什么叫苦,将来你不做右派,当个中间派我就满足了。"毛远新听了伯父的话,脸一下子就红了。

本来,在伯父毛泽东的严格教育下,毛远新的成长应该是不成问题的。但是,1966年,史无前例的"文化大革命",改变了毛远新的一生。他一步步走入泥潭,且越陷越深,直至不能自拔。

"文化大革命"全面发动后,中央作出规定:凡系1965年毕业的大学生,可以回校参加运动。毛远新获知这一消息后,立即返回哈军工,组织"红色造反团",并将矛头对准校党委。由于毛远新的特殊背景,该校许多师生争先恐后地参加了这一组织,连校外的造反派也纷纷加入,后来形成了黑龙江造反派的联合组织。

这时,辽宁省沈阳市的形势也异常混乱,造反派多次炮轰东北局第一书记宋任穷。毛远新刚巧回北京,就立即向毛泽东汇报了东北的造反情况。毛泽东叮嘱他回去要多留意一下辽宁的形势。毛远新回到东北后,令红卫兵将这次谈话整理印刷成传单,题为《毛主席和侄子毛远新的谈话》,散播到东北全境。从此,毛远新的大名开始为世人所知。

1968年,毛远新担任辽宁省革委会副主任、沈阳军区政治部副主任、军区政委等职,日益骄横起来,逐渐成为"东北之王"。

1973年,各大学校恢复招生,毛远新搞出一桩所谓张铁生"交白卷"的反潮流事件。在他的支持下,张铁生被奉为"反潮流英雄"。不久,"反潮流"斗争的风暴席卷了全国。张铁生在毛远新的帮助下,居然获任四届人大常务委员会委员之职。与此同时,毛远新还着手炮制所谓"朝农经验",想以此在全国树立教育样板,培养"反潮流"之风。

此时,江青同毛远新的关系已非同寻常。她对毛泽东与杨开慧、贺子珍的子女毛岸青、李敏都非常冷淡,但对毛远新却视若己出,关怀备至。尤其令人不解的是,江青对待毛远新的感情,甚至比对她的亲生女儿李讷还要好。

毛远新34岁时仍未成婚。在他的婚事上,毛泽东与江青产生了极大的分歧。江青希望毛远新能找一个门当户对的高干子女为偶,但毛泽东对毛远新要求很严,和江青的主张相反,他特意叮嘱毛远新不要找高干子女做对象,而要到普通群众中去寻找。1975年,毛远新与上海一家织袜厂的女工全秀凤结婚。全秀凤长相清新、秀美,毛远新一见钟情。江青见后也表示满意,给了毛远新1.5万元钱让其操办婚事。

1975年,毛泽东病情日见严重,讲话吐字开始含混不清,不便于会见客人。经过江青的多方走动,毛远新被调到北京担任毛泽东同政治局的"联络员"。从此,毛远新的汇报,成为毛泽东了解政治局势的重要途径。毛远新也俨然成为"最高指示"的"发布官",而江青则把毛远新当成了自己的传声筒。

1976年9月9日,毛泽东逝世。毛远新参加了治丧工作。10月,"四人帮"被粉碎,毛远新也被拘留审查。后来,在审判江青反党集团一案时,毛远新被判处有期徒刑17年。刑满释放后,他在组织的安排下,回到上海工作。从此,开始与妻子、女儿一起过上了平凡而温馨的平民生活。

毛远翥

> 毛泽东的族侄。他千里迢迢来到延安,毛泽东却安排他到印刷厂当学徒……

毛远翥是毛泽东族兄毛智珠的第二个儿子,1918年出生。他的大哥毛远耀很早就参加了革命,在家庭的熏陶下,毛远翥的思想倾向进步,对革命充满了热情和向往。

1937年10月,毛远耀与毛远翥、毛泽青、毛泽全一行四人到达延安,见到了在中华工农民主政府国民经济部当部长的四叔毛泽民,毛泽民安排他们在延安住下。到延安后的第三天,毛泽东听说家乡来了客人,兴奋不已,立即邀请四人来到凤凰山的住处。毛远翥看到毛泽东穿着灰军装,头戴八角帽,眼睛炯炯有神,忙喊道:"三叔!"

"三哥!""三叔!"其他几位也跟着喊了起来。

"你们来了!好哇!"毛泽东笑着朝他们走过来,同他们分别握手,并一一辨认说:

"你是泽青——万才老弟。"

"你是泽全。"

"你是远耀。"毛泽东握着毛远耀的手说。

"你是远翥,是远耀的弟弟吧。"毛泽东还记得毛远翥的名字。

"家里人还好吗?"刚刚坐下,毛泽东又开口问道。

"都好!谢谢三叔。"毛远翥只觉得心里热乎乎的,分别十多年了,三叔还记得自己的家乡和家乡的亲人。

"来延安,你们愿意干什么?"

毛泽东突然的问话,使得在场的四个人一时不知怎样回答,他们只知道到延安就是来干革命的,具体做什么工作,却有些茫然。

"我们听叔叔的安排嘛。"毛远翥终于答了一句。

"听党的安排!"毛泽东纠正道。他指着毛远耀、毛泽全说:"你们二人去抗大学习。"

"你们俩去中央印刷厂做学徒。"毛泽东又对毛远翥和毛泽青说。

毛泽东做完安排后,便解释说:"你们去工厂,去抗大,都是一样的,都是为了革命,都是为人民服务,为劳苦大众谋利益。学习的目的是为了将来更好地工作,更好地干革命。"

见毛远翥和毛泽青不开腔,毛泽东以为他们不愿意,就耐心地说:"你们两人去印刷厂,可以边工作边学习,将来还有专门学习的机会。"

毛远翥听从了三叔的意见,在中央印刷厂工作了三年。在此期间,他经常去三叔家探望。每次去,毛泽东总是热情地接待,同他谈印刷工作,谈政治学习,谈思想问题,对他的成长和进步十分关心。毛泽东多次教导毛远翥说:"共产党人干革命,不是为了个人做官发财,而是为了替穷人闹翻身,求解放,为人民服务。"毛泽东的这些话对毛远翥的教育很深。此后几十年来,他工作勤勤恳恳,任劳任怨,不求名利,也不计较个人得失。

毛远翥在中央印刷厂当了三年学徒工后,曾先后调到安塞八路军印刷厂、八路军兵工厂等单位工作。1944年春,党组织把他送到中央党校第五部学习。同年冬,他随王震、王首道三五九旅南下支队南下。离开延安前的一天晚上,毛泽东把毛远翥请到窑洞吃晚饭,特意为堂侄饯行。

"部队明天就要出发,做好准备了吗?"毛泽东关切地问。

"做好了。"毛远翥高兴地回答说:"我早就想到南方去了!"

"是不是想家了?"毛泽东笑问道。毛远翥点点头。

"去吧,到家乡去看看父母,看看乡亲们,顺便也代我问问他们好。""你们这次去南方,会遇到很多困难的。因此,要充分依靠白区的党组织,团结群众,发动群众,壮大我们的力量。"毛泽东叮嘱道。

毛远翥认真地听着,记着,不时地点一点头,他要将三叔的教诲作为自己以后工作、生活的行动指南。

新中国成立后,毛远翥曾担任湘潭地区盐业公司经理、岳阳地区石油公司副主任等职,1995年,因病去世。

毛远耀

毛泽东的堂侄。早年就积极投身革命，是从湖南走出来的一位"高官"，多次到中南海拜见毛泽东……

毛远耀，字卓夫，号振国，1912年10月18日生于韶山东茅塘，是毛泽东的堂侄。毛远耀自幼受过良好的教育，父亲毛智珠尽量让他多读书。1925年，毛泽东回乡开展农民运动时，才13岁的毛远耀就参加了儿童团，并光荣地加入了共青团，经常协助农会站岗放哨。

1927年大革命失败后，小小年纪的毛远耀只能东躲西逃，避免国民党的迫害。待到形势转趋缓和后，他才回乡一边务农，一边随伯父毛宇居读书，后来在毛氏宗祠小学担任了几个月的教师。

1929年冬，毛泽民派人到韶山，接毛远耀和族侄毛特夫去天津帮助筹建党中央领导的秘密印刷所。不久，毛远耀在毛泽民的介绍下加入了中国共产党。

毛远耀、毛特夫因为工作出色，于1931年2月奉命去上海中共中央出版部工作。他俩负责技术，从事排印宣言、传单、党报及各种秘密书籍等工作。由于顾顺章的叛变，印刷厂被国民党政府查禁，毛特夫转移去赣东北苏区工作，毛远耀则留在上海与妻子胡觉民一道继续参加党的地下活动。

1936年秋，由于形势紧张，在上海活动的毛远耀与党组织失去了联系，不得不携妻子回到韶山，到毛氏宗祠小学以教书为业，掩护开展地下活动。

七七事变后，毛远耀、胡觉民通过毛泽民妻子王淑兰，得知了毛泽民的下落，立即去信联系。毛泽民接信后，回信通知他去南京八路军办事处找党组织。11月，南京失陷，毛远耀辗转重庆，历尽千辛万苦，终于到达延安。

到延安后，毛远耀在毛泽民、钱希钧的帮助下与党组织恢复了联系，进入抗大学习。1938年，他被分配到中央军委秘书处工作。生活和工作上，经常与毛泽东接触，毛远耀感到非常幸福愉快。

毛泽东对这个侄子的成长也非常关心，经常勉励他努力学习、好好工作。对他的每一点成长和进步,毛泽东都感到十分欣慰。

1940年3月,毛远耀担任八路军总后勤部政治部军事工业科科长,随后,又担任八路军军事工业局第一兵工厂厂长。毛泽东告诫他,要注意搞好团结,对于有不同意见的同志,要宽容,以大局为重,在党内营造出和睦团结的气氛。毛远耀带着毛泽东的嘱咐与期望,严于律己、宽以待人,在工作中兢兢业业,为兵工生产做出了很大的贡献。

抗日战争胜利后,毛远耀随王震领导的三五九旅南下。后根据形势的需要,他所在的南下支队二梯队在挺进河南后,转赴东北开展土改工作。毛远耀在东北的几年中,时刻牢记着毛泽东对他的教诲,勤勤恳恳,任劳任怨,先后担任旅大公安总局总务科长、处长,大连市公安局长,旅大公安总局督察处长等职。

1949年春,在东北的解放军挥师南下。毛远耀奉命从东北旅大率领一个干部大队进关,途经天津时,他与妻子胡觉民前往北京香山看望毛泽东。毛泽东见到他们,非常高兴,亲切地询问他们离开延安后的情况,语重心长地说:"现在全国形势逐渐明朗,南方很快就会解放,但那里党去的干部很少,人力不足,你们一定要好好开展工作。那些地方是革命老区,有我们地下党的力量,有良好的群众基础,还有一大批民主党派和开明的进步人士,把他们团结起来,同心协力,是能把新区工作干好的。"毛远耀夫妇认真地听取毛泽东的意见和建议,两人表示一定好好完成主席交给的任务。

告别毛泽东后,毛远耀等日夜兼程,于1949年9月到达湖南。10月9日,接管的干部队伍由城北进入衡阳市区。随即,成立了衡阳市军事管制委员会,毛远耀担任副主任一职。后来,他还相继担任了衡阳市人民政府市长、中共衡阳市委书记兼市委统战部部长、中共湖南省委委员、湖南省工业厅厅长、化工部办公厅主任、武汉测绘学院党委第一书记等职。

1953年6月,毛远耀调北京化工部任职期间,他多次去中南海拜见毛泽东。

1956年12月初,在中南海颐年堂,毛泽东接见了毛远耀、胡觉民夫妇及毛远耀的胞弟毛远翔。毛泽东亲切地和他们谈起家乡的人和事,共同回忆了韶山的许多老人和地名。他深情地谈到毛远耀的父母,说:"你父亲我还有印象,你母亲我可不记得了。"对于毛泽东的怀旧情结,毛远耀兄弟深为感动。

1989年10月,在庆祝衡阳解放四十周年纪念的时候,毛远耀满怀深情地写下了《江城子·衡阳解放四十周年纪念》一词和《庆祝衡阳解放四十周年》一文。词中写道：

"大军浩荡卷三湘,旧衡阳,忒荒凉。青草桥圮,牛角巷成塘。仰仗当年群众力,勤建设,布新纲。"

2013年6月20日,毛远耀因病去世,享年101岁。

毛岱钟

> 他是毛泽东的族叔，自小与毛泽东一起求学、参军，结下了深厚的友情……

毛岱钟，派名毛贻僖，学名毛宪，号亚超，生于1890年12月28日，长毛泽东3岁，是毛泽东的族叔。

毛岱钟的父亲毛简臣颇有些学问，因此他自幼受父亲的熏陶，学习刻苦，很有天赋。

毛泽东在韶山毛简臣私塾读书的时候，毛岱钟与毛泽东两人互帮互助，关系甚为密切。两人时常在闲暇之余，谈天说地，互相勉励。1936年，毛泽东在延安窑洞向埃德加·斯诺谈起青少年时代的往事时，曾提到毛简臣、毛岱钟父子。

1911年春，毛泽东前往湘乡驻省中学堂读书，经常受到比他早到长沙的毛岱钟的关照。这年年底，辛亥革命爆发，两人相邀参加了湖南新军，响应武昌起义。

1912年，毛岱钟离开部队，进入法政学堂读书。在念书期间，毛岱钟非常刻苦，他希望通过多学习世界先进的政治制度，为千疮百孔的苦难中国谋一条崭新的道路。毛岱钟从这所学校毕业以后，便开始了他的律师生涯，曾辗转长沙、贵州、云南等地工作，后来因为战争局势日趋紧张，他暂时失去了工作。

1925年，毛岱钟的父亲毛简臣病逝，当时毛岱钟在贵州工作，无法回家料理丧事，是毛泽东帮助举办了隆重的丧仪，不仅报答老师对自己的关心和爱护，也报答了毛岱钟对他的深情厚谊。

1926年，毛泽东在广州担任第六届农民运动讲习所所长，当时毛岱钟在广州革命政府审计室任职，两人时常在一起讨论时局，关系非常密切。当时，毛岱钟利用自己的专长，到农民运动讲习所给不识字的农民讲授过法律知识。

1927年春天，毛泽东与毛岱钟在武汉再次见面。毛泽东当时正在湖南一带搞农民运动，他劝毛岱钟一起从事农民革命。而毛岱钟也有自己的想法，他认为自己所学的知识更适合到政府部门工作，两人都不能说服对方，于是只能按照各自的世界观去选择人生的道路。但即便如此,毛岱钟还是在毛泽东经济拮据的情况下,伸出了援助的手,他给毛泽东一笔钱,帮助毛泽东渡过了暂时的难关。

这年的4月15日,广州的国民党右派发动了大屠杀,当时广州城笼罩在白色恐怖之中。毛泽东的弟弟毛泽覃、弟媳周文楠和周文楠的母亲周陈轩就是避居毛岱钟家里,才逃过了敌人的魔爪。

宦海沉浮,毛岱钟多年在外奔波,后来曾担任南京国民政府监察院调查专员,居住在南京。因为革命受到了牵连的韶山毛家子弟,有许多都到南京投奔毛岱钟,才勉强度过了那段风雨如磐的艰难岁月。

1936年,毛岱钟因病去世,年仅46岁。

毛岳乔

> 他父亲曾与毛泽东的父亲一起做过谷米生意，毛泽东的父亲曾想把儿子介绍到他家的"粮行"去当学徒……

毛岳乔，派名泽裕，号星朗，1892年生。因在家族中排行第二，又比毛泽东年长一岁，故毛泽东称他为"二哥"。

毛岳乔祖居湘潭县韶山冲，距毛泽东家所在的上屋场不远。清光绪年间，他的父亲毛槐林迁居湘潭城，在一家粮行当学徒。出师后，便在湘潭城内开设了一家"宽裕粮行"。

毛槐林其人交游甚广，脑子比较精明，不几年，在商界就小有声誉。当时毛泽东的父亲毛顺生在韶山冲耕田，家里也渐渐由穷变富。毛槐林经营的谷米，大多是毛顺生自韶山运去的。正是由于这层关系，两家走得很勤。

1909年，毛泽东已经长成了英俊潇洒、身材高大的翩翩少年，在塾师毛麓钟处读了一年私塾后，毛顺生便决定送儿子到湘潭拜毛槐林伯父为师，学习经营。由于毛泽东执意不从，并发动亲戚、老师数人在父亲面前说项，毛泽东才终于达到了去东山学堂读书的目的。正是这种改变，使得毛泽东最终没有成为"宽裕粮行"的学徒。

在湘乡东山学堂读了半年书后，毛泽东转到长沙读书。假期回家时总会路过湘潭，便时常在"宽裕粮行"落脚，每次毛槐林父子都殷勤招待这位胸怀大志的年轻人。不仅如此，毛槐林还时常接济毛泽东读书，以减轻毛顺生的负担。

1912年秋，毛槐林患病不起，英年早逝。儿子毛岳乔继承了家业，但是由于毛岳乔不善经营，没有几年，"宽裕粮行"便倒闭了。从此以后，毛岳乔只能靠帮工维持一家的生活。

1926年11月，毛泽东由广州回到湘潭，特地来到毛岳乔家，看到二哥一家生活惨淡，毛泽东心里非常难过。他不断安慰与鼓励毛岳乔勤俭持家，度过艰难的岁月。

大革命失败后，毛泽东领导秋收起义，在井冈山开辟革命根据地。从此他与家乡的亲戚失去了联系，但内心却时常记挂着这位族兄。

　　1937年抗日战争爆发，国共第二次合作。毛泽东在延安收到了毛岳乔的来信。毛岳乔在信中告诉毛泽东自家生活的困难，希望能让弟弟毛岳生到延安学习，参加革命。毛泽东接到来信，立即从延安写回信给毛岳乔，表示同意。

　　毛岳生于1938年8月独自去延安，工作十分出色。1945年夏，他不幸被敌人逮捕，1949年12月被枪杀于成都郊外，年仅33岁。

　　新中国成立后，毛岳乔因家庭困难，不得不写信给毛泽东，希望能帮助解决工作问题。毛泽东在1950年2月15日回信说：

岳乔兄：

　　二月八日来信收到，以前的信则未收到。你的生计困难，甚为系念，但我不便有所介绍，仍望在原地自己设法解决。此复

　　顺颂清吉

　　毛泽东虽然没有给毛岳乔介绍工作，但顾念其家庭确有困难，就给他寄来了200元钱，帮助他渡过难关。此后，毛岳乔没有再去麻烦政府，一直靠摆小摊和喂猪自食其力。

　　1954年9月，毛泽东主席在中南海丰泽园会客厅里接待族侄毛特夫时，曾询问过有关毛岳乔的情况。毛泽东道："二哥还在吗？家里还好吗？"

　　毛特夫回答说："还在，他身体比过去差了一点。家里人还好，后人都不错，都参加了革命工作。"

　　毛泽东听到这些情况，感到十分满意，并让毛特夫回去代他向毛岳乔全家问好。

　　1957年春，毛岳乔病逝于湘潭，享年66岁。后来，毛泽东知道毛岳乔去世的消息，立即嘱咐中办秘书室寄去200元钱，作为毛岳乔的安葬费用。

毛岸龙

> 他是毛泽东与杨开慧的第三个儿子。在他不满周岁时，毛泽东上了井冈山，便再也没有见过这个儿子。他4岁时不幸夭亡。

毛岸龙于1927年4月4日出生于武汉，是毛泽东与杨开慧的第三个儿子。出生后没几天，国民党就发动了四一二反革命政变。当时，毛泽东因与陈独秀在党内意见相左而受到排挤和打击。中共中央在武昌召开第五次全国代表大会，毛泽东被剥夺了大会的表决权。大革命失败后，毛泽东决定让杨开慧带刚出生的毛岸龙和岸英、岸青回长沙板仓。自己则发动秋收起义，拉着队伍上了井冈山。从此他再也没有见过这个儿子。

1927年，随母亲从武汉回长沙后，毛岸龙一直住在北门外沈家大屋旁的北冶门楼，后又回到长沙县板仓外婆家。这一时期，一家人生活虽然艰辛，但尚算安定。岸龙在母亲、外婆、舅舅、舅母的照料下，无忧无虑地成长着。

1930年，杨开慧被敌人杀害。毛岸龙与两个哥哥一起被外婆、舅妈辗转送到上海，来到叔叔毛泽民、婶婶钱希钧的身边，住在中国互济会办的大同幼稚园里。

1931年5月的一个晚上，小岸龙患上了严重的痢疾，上吐下泻，送到医院时，已经奄奄一息，抢救无效死亡。

后来，毛岸英给父亲提起这位小弟弟时，心情非常沉重，他是在责怪自己没有照顾好弟弟。侥幸的是还有一张当年大同幼稚园小朋友们的合影存世，透过那张泛黄的照片，小岸龙充满稚气的脸依稀可见。

毛岸红

> 他是贺子珍和毛泽东的第二个孩子,小名"毛毛"。长征前,毛泽东夫妇把他交给留下来打游击的毛泽覃,但是……

毛岸红,1932年11月出生于福建长汀。他是贺子珍和毛泽东的第二个孩子。因为是个男孩,毛泽东把他和杨开慧的三个孩子并列,取名岸红。岸红出生不久,母亲贺子珍得了疟疾,医生怕影响孩子的健康,不让她喂奶,毛泽东便又托人给孩子找了个奶妈。

奶妈是江西人,她们喜欢把小孩子叫"毛毛"。入乡随俗,毛泽东与贺子珍也就很快跟着奶妈称毛岸红为"小毛毛"了。

小毛毛生得眉目清秀,大大的眼睛,见到生人也不害怕,周围的人都很喜欢他。毛泽东中年得子,自然非常宠爱,每次来医院,都要从奶妈手里把小毛毛抱过来,又是亲,又是摸,半天都不肯放手。有时孩子睡熟了,他就把孩子放在贺子珍身边,静静地凝视,怎么也看不够。

毛毛两岁多时,学会了走路,并且开始说一些简单的话。毛泽东每次出门,总是要亲亲这个小不点儿。几个小时不见,小毛毛就要站在门口,翘首张望,等爸爸回来。聪明伶俐的毛毛给了在战争年代的毛泽东夫妻俩极大的安慰。

1934年,第五次反"围剿"失败,红军被迫长征,毛泽东夫妇考虑到孩子还小,不能经受长时间的急行军,便商量把他交给留下来打游击的毛泽覃和贺怡夫妇。临行前,贺子珍从邻居那里要来些棉花,将自己的一件灰布军装拆开来,一针一线地给儿子缝制了一件厚实的小棉袍。

很快,苏区陷入了敌人的重重包围之中,毛泽覃担心走漏消息,小毛毛的生命会受到威胁,就把他秘密转移到瑞金一个警卫员的家里。1935年4月,毛泽覃在一次战斗中不幸牺牲,小毛毛的下落也从此没有人知道了。

新中国成立前夕,为完成毛泽覃的遗愿,也为了帮助姐姐贺子珍重新找回生活的勇气,贺怡曾回到江西一带寻找过毛毛。

后来,贺怡又转赴江西吉安,继续为寻找毛毛而奔波,途中不幸遭敌人暗算,车祸遇难。从此以后,毛岸红的下落成了一个谜。

毛岸英

> 毛泽东的长子,年幼时即亲身经历监狱生活并痛失母亲;10岁时流浪街头,饱尝人间的酸甜苦辣;在抗美援朝战争中以身殉职,毛泽东听到这个消息后……

毛岸英,又名远仁,曾用名杨永福,1922年10月出生于长沙清水塘。那天,正是父亲毛泽东领导的长沙泥木工人罢工斗争取得决定性胜利的一天,毛泽东和杨开慧为此非常高兴,特意将孩子取名为岸英,希望孩子的未来能够卓尔不凡,英华盖世。

毛岸英自小随父母四处奔波。1924年,一家辗转到了上海。1925年,父母由于工作的需要,又将他带到韶山,随后又南下去了广州。1927年北上长沙、武汉。大革命失败后,父亲将他送回外婆家——长沙板仓。小小年纪,没有过一天的安宁日子,足迹踏遍大半个中国。

1930年,年仅8岁的毛岸英和母亲杨开慧被反动军阀何键投进监狱,亲身经历了惨无人道的监狱生活。一个七八岁的孩子能有什么罪过?就因为他是毛泽东的儿子。

在狱中,毛岸英见母亲屡次被敌人打得遍体鳞伤,伤心不已。他轻轻地摸着母亲的伤口,说:"妈妈,你不要害怕,等我长大了,一定将这些坏蛋统统打死,谁让他们欺侮我们。妈妈,我一定要牢牢记住这些,将来好告诉爸爸,为你报仇。"看到儿子稚气的小脸,母亲欣慰地笑了。

对此,毛泽东曾感叹地对人说:为了革命事业,这些孩子从小就吃百家饭,走万里路啊!的确,像岸英这样的孩子,是比一般的小孩经历得更多、更苦,幼小的心灵里已种下了对敌人仇恨的种子。

1930年11月14日,阴风怒号,妈妈惨死在军阀何键的屠刀之下。毛岸英在乡亲们的解救之下出了监狱,回到母亲的家乡板仓。1931年,外婆与舅妈李崇德将毛岸英及两个更小的弟弟——岸青和岸龙,送到毛泽民夫妇身边。当岸英见到叔叔、婶婶时,禁不住眼泪扑簌簌地掉了下来,他悲愤地给亲人叙述母亲罹难的经过,并发誓长大后,要学习母亲,在敌人面前不屈不挠、坚忍不拔。

叔叔、婶婶因为工作的需要,将岸英兄弟三人交给大同幼稚园抚养。1932年,由于上海地下党组织遭到破坏,岸英兄弟所在的大同幼稚园被迫解散,他与弟弟们无人照管,开始流浪在上海街头。他们卖过烧饼,拾过破烂,捡过烟头,过着乞讨的生活,还时常遭到坏人的毒打,饱尝了人生的酸甜苦辣。新中国成立后,有一次岸英看《三毛流浪记》,禁不住泪流满面,三毛的遭遇简直就是他们兄弟三人的翻版,除了偷和当资本家的干儿子以外,他们什么没经历过?

1936年春,上海地下党组织经过几番周折,终于找到了岸英、岸青两兄弟。

这年11月,根据地下党的安排,岸英、岸青随同东北义勇军的李杜将军从上海到达法国。兄弟俩在法国待了三个多月后,转道到达苏联。这时,化名杨永福的岸英和化名杨永寿的岸青,住进中共驻共产国际代表团的宿舍里。

刚开始,岸英在莫斯科市郊的一所中学学习俄语。到1938年底他进入莫斯科市郊的莫尼诺共产国际第二儿童院学习,后又转到共产国际第一儿童院学习。1940年,贺子珍从莫斯科东方大学毕业,分到第一儿童院教中文。于是,她常把岸英、岸青接到身边,同刚到苏联的女儿娇娇一起,在异国他乡组成了一个临时家庭,使岸英享受到了近十年未能享受到的母爱。也是在这里,岸英加入了苏联列宁主义青年团。

1938年,毛岸英托人将兄弟俩的照片带给父亲,毛泽东一时之间喜出望外,看到失散多年的儿子在逆境中成长起来,他感到非常欣慰。立即提笔写信说:

亲爱的岸英、岸青:
　　时常想念你们,知你们情形尚好,有进步,并接你们的照片,十分喜欢。现因有便,托致此信,也希望你们写信给我,我是盼望你们来信啊!我的情形还好。以后有机会再写信给你们。
　　祝你们健康,愉快,进步!

毛泽东
三月四日

毛泽东对儿子的眷顾之情跃然纸上。以后,岸英、岸青也经常给父亲写信,向爸爸汇报自己在苏联的学习情况。毛泽东常对他们的学习给以鼓励和指导。儿子们的每一次进步，都给远方的父亲带来欢乐和慰藉。

1941年1月31日，毛泽东给两个儿子写了一封较长的信，对他们的学习与发展方向提出了自己殷切的希望。他在信中说：

> 很早以前，接到岸英的长信，岸青的信，岸英寄来的照片本，单张相片，并且是几次的信与照片，我都未复，很对你们不起，知你们怅念。
>
> 你们长进了，很喜欢的。岸英文理通顺，字也写得不坏，有进取的志气，是很好的。惟有一事向你们建议，趁着年纪尚轻，多向自然科学学习，少谈些政治。政治是要谈的，但目前以潜心多习自然科学为宜，社会科学辅之。将来可倒置过来，以社会科学为主，自然科学为辅。总之注意科学，只有科学是真学问，将来用处无穷。人家恭维你抬举你，这有一样好处，就是鼓励你上进，但有一样坏处，就是易长自满之气，得意忘形，有不知脚踏实地、实事求是的危险。你们有你们的前程，或好或坏，决定于你们自己及你们的直接环境，我不想来干涉你们，我的意见，只当作建议，由你们自己考虑决定。总之我喜欢你们，望你们更好。
>
> 岸英要我写诗，我一点诗兴也没有，因此写不出。关于寄书，前年我托西安林伯渠老同志寄了一大堆给你们少年集团，听说没有收到，真是可惜。现再酌捡一点寄上，大批的待后。
>
> 我的身体今年差些，自己不满意自己；读书也少，因为颇忙。你们情形如何？甚以为念。

1946年1月，毛岸英回到延安，这是父子离别19年后的第一次重逢，激动之情，自不待言。在延安清凉山麓的王家坪，毛泽东意味深长地告诉岸英："你在苏联长大，国内生活不十分熟悉。你在苏联大学读书，住的是洋学堂。我们中国有个学堂，就是劳动大学，过些时候，我替你找个校长，住劳动大学去。"

毛岸英立即明白了父亲的意思，爽快地答应去农村锻炼。临行前，毛泽东又嘱咐儿子："岸英，你要和老乡们同吃、同住、同劳动，从开荒一直到收割后，再回来。"50多天后，毛岸英回到父亲身边时，头上扎着白羊肚手巾，穿着灰土布褂子，胳膊又黑又壮，俨然一个陕北农民后生。毛泽东摸了摸儿子的手，说："这就是你在劳动大学的毕业证书!"

与此同时,毛泽东对儿子的学习也始终保持着极大的关心。他知道岸英苏联文学学得好,但中文特别是古文基础较差。为此,特请了一个老师教他学习古汉语。

1946年12月,是毛泽东53岁寿辰,岸英专门写信给父亲为他祝寿。毛泽东立即给儿子回信说:"信写得好,这表示你较之你初回国时,文学有进步,思想品质也有进步。你们那些工作是好的。坚持读文章的计划,很有必要,再读一年书也是好的。"

次年,岸英在中宣部工作时,毛泽东嘱托儿子要系统地学习哲学、历史,每天要坚持记学习笔记。岸英均一一照父亲所说的做了。

在生活上,毛泽东要求儿子生活俭朴,将自己视为普通老百姓中的一员,从不允许儿子搞特殊。岸英一从苏联回国,毛泽东就将他交给警卫员高富有,说:"以后,岸英归你管。让他到机关大灶上吃饭,和你们一样。"从此,岸英同警卫战士一起吃大食堂。岸英本人也始终遵照父亲的教诲,为人谦逊、朴实。

1947年3月,岸英随中央机关到达西柏坡,参加了中央土改工作团。在那里,他耳闻目睹了大量的你死我活的阶级斗争,非常震惊。毛岸英和工作组的同志齐心合力,做了大量的工作,终于将群众发动起来,分田分地,完成了组织交给的任务。

这年,毛岸英与烈士刘谦初的女儿刘思齐在接触中渐渐有了感情。后经邓颖超和康克清撮合,毛泽东的同意,他们于1948年确定恋爱关系。1949年10月15日,两人的婚礼在中南海举行。毛泽东将自己在重庆谈判时穿的一件黑色夹大衣送给儿子、儿媳作为结婚礼物,他风趣地说:"我没有什么贵重礼品送给你们,就这么一件大衣,白天让岸英穿,晚上盖在被上,你们俩都有份。"听了这一席话,在场的人都哈哈大笑起来。

新中国成立后,毛岸英主动要求到基层锻炼。毛泽东非常支持儿子这一举动。1950年春,在周恩来的亲自安排下,毛岸英来到北京机器总厂,担任厂党总支副书记。

1950年6月,朝鲜战争爆发,岸英响应党的号召,毅然报名参加志愿军,入朝作战。当时,中央一些领导同志劝毛泽东别让岸英去朝鲜了,毛泽东断然拒绝,并说:"谁叫他是毛泽东的儿子!他不去谁去?"

岸英到朝鲜后,被安排在志愿军总部任俄语翻译兼作战机要室秘书,分管收发电报和整理会议记录。1950年11月25日,志愿军总部遭美军飞机轰炸,岸英以身殉职。

岸英的消息传到北京,毛泽东沉思良久,不停地吸烟,叹息了一声:"哎!谁让他是毛泽东的儿子呢?"

他的妻子刘思齐曾要求将岸英的遗骨运回中国,中央一些领导也曾建议把岸英的遗骨运回国内安葬。毛泽东都一一拒绝了,他满含悲痛地说:"那么多志愿军战士牺牲在朝鲜,就地安葬,为什么我毛泽东的儿子就特殊?我还是那句老话:青山处处埋忠骨,何必马革裹尸还。"

毛泽东的豁达气魄,深深感动了儿媳刘思齐,她含泪点了点头……

毛岸英——毛泽东最心爱的儿子,就这样,永远长眠在朝鲜平安南道桧仓郡的中国人民志愿军烈士陵园里。毛岸英的墓前立着一块三尺高的花岗岩石碑,碑的背面刻着:

> 毛岸英同志原籍湖南省湘潭县韶山冲,是中国人民领袖毛泽东同志的长子。一九五〇年他坚决请求参加中国人民志愿军,于一九五〇年十一月二十五日在抗美援朝战争中英勇牺牲。毛岸英同志的爱国主义和国际主义的精神将永远教育和鼓舞着青年的一代。毛岸英烈士永垂不朽!

碑的正面刻着七个大字:

> 毛岸英烈士之墓。

毛岸青

> 毛泽东的第二个儿子，孩提时代，便过着颠沛流离的生活，面对黑暗的社会，他愤然写了"打倒帝国主义"六字，为此遭受毒打，留下了脑震荡的后遗症……

毛岸青，又名远义，曾用名杨永寿。1923年11月23日出生于长沙东乡板仓——母亲杨开慧的老家。当时，正值初冬来临，毛泽东远望着大自然的景象，便给第二个儿子起名叫岸青。这个名字，包含了他对儿子的爱，同时也蕴含着对生活的坚定信念和执著追求。

孩提时代的毛岸青与哥哥一样，很少享受安定的生活，小小年纪就随父母东奔西走，颠沛流离，生活艰辛，自不待言。

1927年，他4岁的时候，父亲因领导秋收起义，不得不离妻别子。没想到，这一别就是21年之久。

1930年11月14日，母亲杨开慧英勇就义，7岁的岸青已经初懂人事，幼小的心灵受到严重的创伤。好在外婆、舅舅一家尽力给予他照顾。这年冬天，他和哥哥岸英、弟弟岸龙来到上海，由地下党组织照顾他们的生活。1932年，上海地下党组织遭到严重破坏，兄弟三人只好流落街头，相依为命，以卖报、捡废报纸、捡烟头为生。不久，弟弟毛岸龙与他们失散。

1935年的一天，岸青正在街头卖报。忽然，他听到不远处一个报童边跑边叫："看报了，看报了，赣南残匪已完全肃清，师长毛泽覃被击毙，第九师在会昌俘匪千余。"

岸青当时就惊在那里，一动不动，好长时间，才躲到一边，大哭起来。妈妈惨遭敌人杀害，小叔现在也牺牲了，心爱的弟弟下落不明，爸爸又有很久没有见面，这个世上还有很多人在受冻挨饿……他仇恨这个社会，他要反抗，于是掏出口袋里的半截粉笔，在电杆上写下了六个大字："打倒帝国主义！"

正在这时，一个巡捕突然飞跑过来，抓住他的头就往电杆上撞，接着又是一顿拳打脚踢。虚弱的岸青躺在湿淋淋的地板上，嘴里依然喊着："就是要打倒帝国主义！"

当在远处的岸英发现弟弟挨打跑过来时，岸青已经昏死在地上，鼻孔、嘴角还在流血。

这次的毒打，严重地损害了岸青的身体，他被打成脑震荡，耳膜破裂，听不清声音。从此，他的头经常隐隐作痛。

1937年初，在地下党组织的安排下，岸青同哥哥一道，到达苏联。先后在莫斯科郊外的共产国际第二儿童院、第一儿童院学习，并在1938年同已分别11年多的父亲取得了联系，他终于看到了父亲那慈祥而又刚毅的照片。

1945年底，哥哥岸英先期回国。毛泽东更加惦念远在异国他乡的岸青，每次收到儿子的来信，他总要抽出时间回信。在这封信中，他写道：

岸青，我亲爱的儿：

  岸英回国，收到你的信，知道你的情形，很是欢喜。看见哥哥，好像看见你一样，希望你在那里继续学习，将来学成回国，好为人民服务。你妹妹（李讷）问候你，她现已五岁半。她的剪纸，寄你两张。

  祝你进步，愉快，成长！

毛泽东
一九四六年一月七日

听岸英介绍，毛泽东知道岸青年幼时被敌人毒打留下了后遗症，身体不好，所以特别关心这个儿子。

1947年，毛岸青同贺子珍一道回到哈尔滨。毛泽东知道后，掩饰不住内心的喜悦，马上给大儿子岸英写信，说："告诉你，永寿回来了，到了哈尔滨。要进中学学中文。我已同意，这个孩子很久不见，我想看见他。"不久，他就将岸青接到了自己身边。

新中国成立初期，毛岸青被分配在中宣部马列主义著作编译所从事翻译工作，曾参加过斯大林的《马克思主义和语言学问题》这一著作的翻译，他的俄文功底深厚，因此事业起步非常顺利。

1950年11月25日，哥哥毛岸英不幸牺牲的消息传来，岸青不能承受这一打击，旧病复发，并且日益严重，再也无法坚持正常的工作。父亲立即将他接到自己的身旁，进行治疗，但是病情未见好转。在专家的建议之下，毛泽东将他送到苏联。可是，岸青始终郁郁不乐。1957年，他从苏联治疗回国后，在青岛疗养，但病情仍时好时坏。对此，毛泽东十分牵挂，多次去信询问，安慰他，给予他精神上的鼓励与关心。

1960年，毛岸青病情渐渐好转，开始与嫂子刘思齐的妹妹邵华谈恋爱。毛泽东知道这一消息，极为高兴，立即给岸青写了一封信。信中说：

岸青我儿：

前复一封信，谅收到了，甚念。听说你的病体好了许多，极为高兴。仍要听大夫同志和帮助你的其他同志的意见，好生静养，以求痊愈。千万不要性急。你的嫂嫂思齐和她的妹妹少华来看你，他们十分关心你的病情，你应好好接待她们。听说你同少华通了许多信，是不是？你们是否有做朋友的意思？少华是个好孩子，你可以好好同她谈一谈。有信，交思齐、少华带回。以后时时如此，不要别人转。此外，娇娇也可以转。对于帮助你的大连市委同志、医疗组织各位同志们一定要表示谢意，他们对你是很关怀的，很尽力的。此信给他们看一看，我向他们表示衷心的谢意。

祝愉快！

父亲

在毛泽东的支持和关怀下，1962年，岸青与邵华在大连结婚。婚后，夫妻俩互敬互爱，生活幸福美满。1970年，邵华生下了一个儿子，毛泽东亲自为他取名为"新宇"，寄托了他对孙子的期望。

此后，在父亲的关心劝慰和妻子的体贴爱护之下，岸青得到了信心和力量，身体进一步得到恢复。

毛岸青始终对父亲非常敬重和崇拜。毛泽东的每句话，他都深信不疑。毛泽东教育儿子要时刻不要忘记烈士母亲，不要忘记家乡，不要忘记关心家乡的人民。1962年，岸青和邵华结婚不久，毛泽东就嘱托他们俩到湖南老家看看，并风趣地说："新媳妇总该去认认家门，让外婆和朋友们看看嘛！顺便也给你妈妈扫扫墓。"

毛岸青将父亲的话牢牢记在心上。他没有忘记爸爸的嘱咐，没有忘记故乡的山山水水，每隔一段时间，都要回韶山一趟，代父亲到坟前祭拜祖父母，看望家乡的父老乡亲。

1976年，父亲去世后，毛岸青心中非常悲痛。次年春，他们一家三口，共同将一棵青松栽种在毛主席纪念堂前，以表示对父亲的怀念与崇敬。现如今，青松已亭亭如盖。

毛岸青的家安在北京西郊，朴素、幽静，很适合修养。他平时就在这样一个小天地中读书、学习。有时，还弹弹钢琴，哼哼小曲。每当兴致盎然时，便邀请妻子、儿子与他一起合唱苏联歌曲《莫斯科郊外的晚上》、《红莓花儿开》等，一家三口，生活怡然自得。

2007年3月23日凌晨毛岸青因心脏病在北京301医院逝世，享年84岁。

毛泽民

> 毛泽东的大弟弟,从小能写会算,跟随哥哥毛泽东参加革命后,他亲手筹备了苏维埃国家银行。1943年在新疆惨遭军阀盛世才杀害。

毛泽民,又名泽铭,字润莲、咏莲,毛泽东的大弟弟,1896年4月3日(清光绪二十二年二月二日)生于湖南省湘潭县韶山冲。

毛泽民性格憨厚、老实,在父亲的监督下,自小就与哥哥在田间劳作。他不像哥哥那样凡事总与父亲对着干,父亲吩咐的事,即便不合理,他也不去反驳。因此,父亲毛顺生在管理家务时,便时常让他帮助经营、打点。

由于毛泽东很早便离家外出求学,毛泽民只念了几年私塾就停学在家务农,帮助父亲持家理财。在父亲的指导和监督下,他十几岁就学会了许多种农活,而且能写会算。

1919年10月至1920年1月,父母相继去世,哥哥在外求学,参加革命活动,毛泽民便挑起了家庭生活的重担,通过少时所学的勤俭持家的本领,把家事处理得井井有条。

1921年正月,毛泽东回到故乡韶山。第二天夜里,他把家人召集在一起,要他们跟他一起外出参加革命。在昏暗的油灯下,他做着细致的思想工作:"你们不要舍不得离开这个家。为了建立更美好的家,让千千万万的人有一个好家,我们只得丢掉自己这个家了,舍小家为大家,为国家嘛!"

毛泽民听了哥哥的话,沉思了许久。他想到自己一年来辛辛苦苦劳作,也只能勉强维持家里的生活状况,村里还有那么多人不能保证温饱,看来,这世道不变是不行了。哥哥的话,多么令人向往,但是家里这摊子事,是父亲去世时交付给他的,就这样离开,对得起父亲吗?

毛泽东看出了弟弟的顾虑,他劝说道:"我们可以把栏里的猪都卖了。牛,就送给村里没有牛的穷人吧,田也让给村里人种;别人欠我们的账,就一笔勾销算了。父母死了,他们留下的被子、衣服,就送给那些最困难的人家用。至于房子嘛,就给那些没有房子的人住吧!润莲两口子就随我去长沙,边做事,边读书。"

尽管毛泽民、王淑兰夫妇对这个家仍然依依不舍,但最终还是被哥哥那"舍小家为大家"的大道理折服了,他们毅然决定投入到革命的熔炉之中去。

毛泽民到长沙后,首先在毛泽东任主事的湖南省立第一师范附小搞校务,负责管理全校师生的伙食。毛泽民为改善师生生活,想尽办法,到外地采购廉价的肉食、蔬菜,还发动大家种菜、养猪,以增加收入、减少开支。

1921年秋天,毛泽东在长沙创办了湖南自修大学,第二年毛泽民转到该校做庶务,同时还兼任省学联的庶务。由于经费紧张,毛泽民处处精打细算,节省开支,把为数不多的经费用得恰到好处。在此期间,毛泽民还参加了自修大学的学习,通过看书读报,他迅速成长起来,提高了革命觉悟,增加了斗争阅历。

1922年10月,长沙笔业工会成立,毛泽民担任该会秘书。他和其他同志一起领导笔业工人,积极开展斗争,经过40多天的斗争,罢工取得了胜利。

这年冬天,毛泽民加入了中国共产党。不久,中共湘区委员会指派他到江西安源路矿发动工人运动。临行前,毛泽东叮嘱他:"你到了安源后,首先要深入到工人群众中去,深入调查研究,了解他们的疾苦,把他们团结起来,同资本家作斗争。"

毛泽民到安源后,遵照大哥的指示,深入井下和最贫困的工人家里做发动工作,与工人们一道写标语,做横幅,搞调查,组织工人骨干开会,并且利用自己理财的特长,创办工人消费俱乐部,方便工人生活,减轻资本家的中间盘剥,圆满完成了党组织交给的任务。

1925年2月,毛泽东与杨开慧带毛泽民一道回韶山开展农民运动。毛泽民协助兄嫂,积极发动组织乡亲们参加农会,开展斗争,积累了丰富的农民运动的经验。

这年冬季,毛泽民被派往上海,担任中共中央出版发行部经理,并主持党创办的上海书店工作。毛泽民接管中央出版社发行部时,发行部只发行《向导》一种刊物,资金非常有限。经过他的努力,扩大了市场,书报供不应求。报社在解决发行部本身开支的基础上,渐渐有了盈余。

随后的几年,毛泽民在汉口、上海、天津等地从事出版发行工作,以各种身份作掩护,继续领导党的地下宣传工作。

1931年7月,毛泽民到达闽粤赣革命根据地后,一直从事自己擅长的经济工作。1932年3月,毛泽民亲手筹备的国家银行正式成立,他担任第一任行长。他着手统一财政，印制中华苏维埃共和国国家银行银币券。在此同时，他还大力发展苏区生产，开展对外贸易。

毛泽民一贯严于律己、宽以待人，在为苏区理财的过程中，廉洁奉公，勤勤恳恳，从不搞特殊化，受到组织上和同志们的一致好评。

1934年，长征开始，国家银行全体人员编入第十五大队，毛泽民任大队长。一、四方面军会合后，他任总供给部副部长，管理运输，筹集粮款，努力保障红军给养。

在长征途中，毛泽民身体不好，工作任务很重，但是，他始终保持着农民的本色，与普通红军战士一道，严格要求自己。1935年，历经千难万险，毛泽民、钱希钧夫妇一同到达陕北。

1936年初，毛泽民担任中华工农民主政府国民经济部部长，主要任务是发展生产，保障供给，以最大限度的财力支援前线。

这年秋天，各国工人阶级为支援中国革命，筹集了一大笔款子，由法国秘密汇到上海。中央决定派富有地下活动经验的毛泽民负责去取钱。1937年4月，他与钱之光等四人化装去上海，通过上海地下党，将这笔外汇分批兑换成国统区法币，藏在特制皮箱的夹层里。随后，装扮成做生意的商人，携款途经几千里，运到西安。然后，在八路军驻西安办事处负责人林伯渠和叶剑英等的安排下，终于将这笔巨款安全地运到延安。

1937年冬天，恶劣的天气使得毛泽民的支气管炎再次发作，并日渐严重。党中央鉴于他的身体状况，决定让他转道新疆去苏联治疗疾病。1938年，毛泽民行至新疆迪化时，因中苏边境鼠疫蔓延，交通陷入中断，他不得不滞留在迪化八路军驻新办事处。军阀盛世才假意挽留毛泽民主持新疆财政。党中央为了做好盛的统战工作，遂决定毛泽民化名周彬，担任新疆财政厅副厅长，代理厅长一职。随后，又担任了一段时间的民政厅长。

毛泽民在新疆期间，大力整顿财政机构，培训财政干部，实行"废两改元"的货币制度改革。与此同时，他还顶住来自新疆地方势力的巨大压力，进行税制方面的改革。为了筹集建设资金，他将新疆省立银行改组成官商合办的商业银行，以吸收商股和社会游资，扩大银行资本，使银行在扶助农牧业的发展、调剂金融、稳定物价、改善人民生活等方面，发挥了重要的作用。在毛泽民的努力下，新疆财政状况较之以前大有起色。

在新疆期间，毛泽民于百忙之中，仍抽出时间阅读大量马列经典著作。1938年4

月，他写信给毛泽东，要哥哥给他寄些理论书籍，以便在工作中能自如地运用革命理论知识。他在信中写道：

> 某些书报可否寄给我一份，不然，会使我对世界与全国的政治模糊。尤盼毛泽东同志的唯物辩证法的后一段，中华革命史、战略学、中国的马列主义三本书，是否在编印？如有，无论如何给我各一份。

1941年，蒋介石制造反共摩擦，掀起第二次反共高潮，加上国际形势急转直下，德国法西斯大举进攻苏联，盛世才遂决定与国民党达成反共协定。1942年9月，他背信弃义，将陈潭秋、毛泽民等共产党员软禁在"刘公馆"，冠以所谓的"共产党阴谋暴动案"的罪名。在敌人的严刑拷打面前，毛泽民始终没有忘记哥哥多年的教育与培养，大义凛然地面对敌人的刑讯逼供，毫不动摇。

1943年9月27日，迪化警务处处长李英齐一伙带着盛世才下达的秘密处决令，来到当时关押毛泽民等人的迪化第二监狱。指挥9名刽子手，将陈潭秋、毛泽民、林基路等用棒子打晕，然后用绳子勒死，装入麻袋，埋在荒郊野外。几天后，为了向国民党方面邀功请赏，盛世才又派人将他们的遗体挖出，一一拍照，送给重庆的蒋介石。

毛泽东在延安听到毛泽民等同志牺牲的消息后悲痛欲绝，他多次给自己的亲人和身边工作人员讲述弟弟的生平事迹，表达了自己对弟弟、对革命烈士的深深怀念之情。

毛泽民烈士之墓至今依然屹立在乌鲁木齐市南郊燕儿窝的革命烈士陵园的苍松翠柏中，每年清明时分，来自天山南北的群众汇集陵园，凭吊毛泽民等革命先烈，缅怀其可歌可泣的英雄事迹。

毛泽全

> 毛泽东的堂弟,曾任总后勤部军需生产部生产管理处处长。在北京工作期间,与毛泽东一家来往甚密。

毛泽全,字鼎甲,号荣珠,韶山冲东茅塘人,生于1909年4月28日。父亲毛喜生,母亲邹氏。兄弟三人,他排行第二,上有哥哥毛纯珠,下有弟弟毛润珠。因叔父毛贻治无子,毛泽全从小过继给他为嗣。

毛泽全自幼家贫,青少年时代在家务农,做过长工。曾娶妻庞氏,为人老实、质朴,与毛泽全生有一女。后来,毛泽全投奔南京本家堂叔毛岱钟,在他手下当收发员。1936年毛岱钟病逝于南京监察院调查专员任上,毛泽全失去依靠,便返回故乡韶山。

1937年,国共第二次合作,毛泽全在苏北投奔了新四军,从此走上了革命道路。1937年11月加入中国共产党。这年冬天,他来到延安,找到一直敬佩的兄长毛泽东。在党组织的安排下,先进入抗大学习,后转入中央党校。

1938年,毛泽全从中共中央党校毕业后,分配到新四军皖南岩寺兵站担任政治指导员。不久,因为工作的需要,毛泽全改名王勋,调到繁昌兵站当指导员。半年后,他又担任过马兴兵站站长兼指导员。

1942年春,王勋在苏中新四军一师二旅任供给部副部长,与供给部会计股长徐寄萍相爱并结了婚。在随后的几年中,他先后任过新四军三纵队供给部部长和第三野战军二十三军后勤部长。

新中国成立后,王勋恢复了他原来的名字毛泽全,担任华东军区后勤部生产部部长。

1950年夏,毛泽全到北京开会,打电话给中央办公厅求见堂兄毛泽东。毛泽东听说堂弟来了,立即派车把他接到中南海。自1938年8月在延安分别后,他们已经12年没有见面了,这次的重逢,两人都非常高兴。

毛泽东问他:"泽全,延安分别后,你到哪里工作去了,怎么一直没有听到消息?"

"我改名王勋,到苏北新四军兵站搞后勤去了。"毛泽全回答到。

毛泽东一听,笑着说:"好嘛!王字的笔画端端正正,不像毛字底下还有一个尾巴呢。"

说罢,俩人哈哈大笑。

接着,毛泽东又问他:"你成家没有?"

"1942年春结的婚,爱人叫徐寄萍,也在部队工作。现在已经有三个女儿了。"毛泽全回答说。

紧接着,毛泽全还向堂兄汇报了年初回乡探亲时所了解的家乡亲友的近况,并告知伯父母和嫂子杨开慧的墓地情况,毛泽东不由有些黯然。俩人都沉默起来。

良久,毛泽东抬头看着窗外,眼角闪着泪花,感慨地说:"可惜他们不能活到今天,革命的胜利,来之不易呀!几十年来,有多少烈士,死在敌人的刀下。我们家,就有开慧、泽民、泽覃、泽建等人。现在,我们取得了伟大的胜利,但以后的革命道路绝不是一帆风顺的,这需要我们大家同心协力,共创未来。"

1952年,毛泽全调到总后勤部军需生产部生产管理处任处长,举家由南京迁往北京,爱人徐寄萍也调到总后勤部工作。

这年10月3日,中秋节的下午,毛泽东派来一辆小车,接毛泽全一家去中南海,欢度中秋。毛泽全非常高兴,带着母亲邹氏、妻子徐寄萍及女儿远慧、远玲、远平一齐上了轿车。车子开进毛泽东居住的丰泽园菊香书屋,老远就见毛泽东坐在凉棚下的藤椅上看材料,衣着俭朴,精神饱满。

毛泽东见这么一大家子都来了,十分高兴,笑盈盈地走上前,搀着邹氏说:"婶婶,还记得润之吗?"老太太仔细地端详着毛泽东,激动地说:"怎么能不记得。你可是我看着长大的呀!"毛泽全、徐寄萍夫妇赶忙上前与毛泽东握手。孩子们也走上前来喊:"伯伯好!"

"好,好,娃娃们好!"毛泽东高兴地应着,并招呼大家落座。这是毛泽东第一次见徐寄萍,便关心地询问她的家庭和工作情况。徐寄萍一一做了回答。然后,毛泽东又问了孩子们的上学情况。

夜色四合,毛泽东留毛泽全一家吃晚饭,作陪的有毛泽东的姨表兄王季范,还有几位从韶山来的乡亲李漱清、毛泽全的亲舅舅邹普勋等。吃饭时毛泽东专门吩咐厨师做了颇有湖南特色的四菜一汤即苦瓜、茄子、辣椒之类,米饭则是红糙米、小米加碎青菜做的二米饭。席间,大家谈笑风生,满座皆欢。

1954年深秋,毛泽全的母亲邹氏再次来到北京看儿子、媳妇、孙女。毛泽全将母亲来到北京的消息打电话告诉了中央办公厅。

一天下午,毛泽东派秘书叶子龙到总后勤部大院来接毛泽全和他的母亲到中南海。一见到婶婶,毛泽东就埋怨毛泽全说:"泽全、寄萍,婶母到北京这么久了,怎么不早告诉我?"

毛泽全说:"怕打扰您的工作。"

毛泽东摇摇头说:"没关系,亲戚总是有时间见的嘛!"说完便亲自扶着邹氏走进客厅。这一天,毛泽东的家里来了许多人,有毛泽民的爱人钱希钧,毛泽东的表兄王季范及其子女,毛泽全的嫡堂侄毛远耀和爱人胡觉民,毛泽全的舅舅邹普勋,再加上湘乡文氏兄弟几人,好不热闹。

吃饭时,客厅里开了两大圆桌,大人一桌,青年人和娃娃们一桌。饭仍是二米饭,菜却比较丰盛。席间,毛泽东指着邹氏对毛泽全说:"泽全,你父亲死得早,你母亲是个好人,带着你们受了很多苦,现在你们要好好照顾她过一段好日子。"紧接着,毛泽东还给大家讲起了一段往事:"大革命时期,我到韶山调查,婶婶见我脚上的鞋破了,连夜赶做了一双布鞋给我穿。那双鞋,我一直穿到广州。"老太太见毛泽东将当年这样一件小事,记得这样清楚,不仅感动万分。

1956年10月,毛泽东再次邀请毛泽全与其兄毛纯珠一起来到中南海。毛泽全等人一进门,毛泽东便招呼大家说:"大家先吃饭,饭后我们叙叙。"

饭后,毛泽东先向毛纯珠询问了家乡农业合作化的情况及其母亲的身体状况。接着,毛泽东又问毛泽全:"你现在工作任务紧吗?"毛泽全回答说:"现在正参加总后办的干部哲学学习班学习。"

毛泽东听后,说:"你学习完以后,向总后领导请个假,到湖南跑一趟,了解一下农业合作化的情况和问题,回来向我汇报。"毛泽全点了点头。饭后,毛泽全夫妇及孩子们与毛泽东一起合影留念,这张合影成为他们这次见面的珍贵纪念。

1957年秋,毛泽全调到总后内蒙古集宁办事处任副主任。此后,又几经调动,历任总后大同办事处参谋长、副主任,总后太原办事处副主任,山西省军区顾问,山西省第四届政协委员等职,1981年4月离职休养。

1976年毛泽东逝世后,毛泽全在鲜花松丛中再次见到了堂兄的遗容,不禁悲痛欲绝,老泪纵横。

毛泽全没有辜负毛泽东的希望,几十年如一日,任劳任怨,当了一辈子的后勤工作干部。他对子女要求严格,从不搞特殊化。在毛泽全夫妇的精心培养和教育下,六个子女都能自强自立,没有给毛家抹黑。

1989年3月7日下午2时,毛泽全在太原病逝,享年80岁。

毛泽庆

> 毛泽东的族弟。他离开家乡参加革命近十年,一直未与家中联系,毛泽东托人多方打听他的情况……

毛泽庆,字有升,毛泽东的族弟。世居韶山,父辈迁居湘潭县姜畲镇,做了几年生意,家里小有积蓄。1910年9月,毛泽庆出生于姜畲镇泉映村颜家湾。读了几年私塾后,便在家务农。

1925年,湖南的革命气氛逐渐高涨,他也接受了一些新思想,开始在家乡创办新式学校,以教书为生。

1938年,毛泽庆在抗日热潮的鼓舞下,离开身怀有孕的妻子与未满周岁的儿子,来到长沙,转道延安,进入延安抗日军政大学学习。在校期间,他学习刻苦用功,工作积极肯干。后来,因其成绩优异,加上扎实的理论素养,组织决定留下他担任学校的教育参谋。战争岁月的磨砺,使毛泽庆很快成长为八路军的一位优秀干部,并光荣地加入中国共产党。

在延安学习期间,毛泽庆曾多次聆听族兄毛泽东的教诲,并受到毛泽东的亲切接见。

1945年抗日战争胜利后,毛泽庆随部奉命开赴东北,参加解放区的"土改"工作,担任合江省北满军区参谋长。由于长期的勤奋工作,加上战争年代营养的匮乏,使得毛泽庆积劳成疾,不幸于1947年在合江病故,终年37岁。

毛泽庆离开家乡近10年,一直没有与家中取得联系。其妻宋氏在家带着两个孩子,艰难度日。新中国成立后,她多方打听毛泽庆的下落,依然音信渺茫。在不得已的情况下,宋氏来到韶山冲,请人写信给毛泽东,询问毛泽庆参加革命后的情况。毛泽东接信后,立即让身边的工作人员以及亲戚朋友,打听了解毛泽庆的有关情况,然后于1950年5月8日给宋氏亲笔回信。信中非常惋惜地说:

宋女士：

　　去年十二月来信收到。毛泽庆同志情形不甚清楚，只知其在东北工作，听人说他已病故。他是一个努力工作的同志，极为可惜。此复。

　　顺祝

　　　　健吉

　　　　　　　　　　　　　　　　　　　　　　　　毛泽东
　　　　　　　　　　　　　　　　　　　　　　　　五月八日

　　宋氏接到这封信后，当即泪流满面，她简直无法接受这个现实，家中的顶梁柱倒了，困难的生活如何度过，她有些不知所措。在万般无奈的情况下，她便拿着毛泽东的信向上级有关部门反映情况。不久，毛泽庆被追认为革命烈士。同年7月16日，湘潭县人民政府拨大米200斤、现款500元救济烈士一家的生活。以后，地方政府一直关注着毛泽庆烈士遗属的生活。毛泽东也从自己的稿费中寄来300元钱，帮助她解决家庭困难。

谈笑人依旧

毛泽连

> 他自记事起就很崇拜堂兄毛泽东。对于毛泽连一家的生活状况，毛泽东始终放在心上……

毛泽连，字润发，生于1913年9月26日，是毛泽东的堂叔毛蔚生的次子。毛泽连自小家境贫寒，父亲没能活到40岁就因为积劳成疾，撒手人寰。母亲含辛茹苦地带大毛泽连几个兄弟，其中甘苦，自不待言。

毛泽连很小的时候，堂兄毛泽东就去了长沙，两人亲近的机会并不很多。但是毛泽连自记事起，就很崇拜这位兄长。

1925年春，毛泽东回韶山开展农民运动，毛泽连带头参加了儿童团，站岗放哨，传递消息。在此期间，毛泽连还参加了哥哥、嫂子办的农民夜校，认识了不少的字，并在哥、嫂的熏陶下，懂得了许多革命道理。

1927年，大革命失败，毛泽东离开韶山。国民党当局得知毛泽连是"共匪"要人毛泽东的堂弟后，命令湘潭县警察局派兵查抄毛泽连全家。乡亲们知道这个消息后，连忙给他通风报信，一家人才得以安全转移。

流落在外的毛泽连，从此只好四处打工。因为他身材魁梧，财主们都愿意请他帮工，但当他们知道这位壮汉是被通缉的人犯时，便只要他帮工，而不提供住宿。毛泽连不得不长期过着风餐露宿的生活。因为成年累月受蚊叮虫咬，他患上了"热眼病"。由于没钱治病，久而久之，最终导致右眼失明，左眼也仅能看到微弱的光线。

1949年8月，人民解放军第四野战军一支队伍途经湘潭，过韶山时，打听到毛泽东亲属的下落，便把毛泽连与毛泽东的表弟李轲接到湘乡县城，再由湘乡经湘潭到长沙，送他去见毛泽东。10月初，毛泽连到达北京。毛泽东闻讯后，马上把他接到家中。毛泽连走到哥哥的身边，哽咽地叫道："主席三哥，我是泽连呀！"毛泽东端详片刻，紧紧地握住毛泽连的手，说："你是六叔的儿子，我多年没有见过家乡的亲人了，你来了，真想念你们呀！"毛泽东兴高采烈地与他聊起家乡的情况，询问家乡的各位父老乡亲。当他看到毛泽连的眼睛几近失明，便提出留他在北京治病。

12月初，毛泽连在医院治好眼睛后，动身回到湖南。临行前，毛泽东和他一起合影留念，送给他一些礼物，包括皮箱、衣服和钱。此外，还让毛泽连给毛宇居、毛泽嵘等捎去信件等物，并叮嘱毛泽连说："回去以后，尽量不要以我的家属自居，有什么困难，我今后会帮你解决。你是我的亲属，凡事要做出表率。"

毛泽连始终铭记着堂兄的教诲，即使在最困难的时候，他都坚持自己设法解决。倒是湘潭县委见他生活困难，主动将他患病的母亲送到湘潭县医院治疗。为此，毛泽连非常感激党和政府的关怀。1950年冬天，他的母亲又转送到长沙湘雅医院，但是病情没有明显的好转。1951，毛泽连与远房侄子毛远悌商量后，写了一封信给毛泽东，希望能带母亲上北京治病。不久，毛泽东回信说：

泽连、远悌：

　　来信收到。

　　蔚生六婶及泽连均不要来京。也不宜在长沙住得太久，诊病完了即回韶山为好。现在人民政府决定精简节约，强调反对浪费，故不要来京，也不要在长沙住得太久。

　　泽连家境困难，待将来再设法略作帮助，目前不要靠望。

　　远悌在印厂工作，可在工作余暇进行学习。

请你们代我问六婶好！

　　祝你们都好！

毛泽东
十二月二十一日

不久后，毛泽东便给毛泽连寄来200元钱，说明专门作为六婶治病之用。

1952年5月，毛泽连在一次劳动中，从山上摔落下来，腿部受了重伤，卧床不起。田里的庄稼等着人打理，母亲身体还很虚弱，他心急如焚，经过治疗的眼睛又红肿发炎，变得看不见东西。在万不得已的情况下，毛泽连只好又给毛泽东写了一封信，说明眼病复发，自己又跌断了脚，表示想再次到北京治病。毛泽东收到信后，立即回信说：

润发贤弟：

五月八日的信收到。

　　你的眼病脚病未好，甚念。仍以在家养治为宜，不要来京。因为湘雅医院诊不好，北京也不见得能诊好。此复。

毛泽东
六月廿三日

　　这年6月，毛泽连的母亲病逝，家中困窘，母亲无法安葬，毛泽连只好再给三哥写信。毛泽东知道这个消息后，非常关心，给堂兄毛宇居写信说：接毛泽连的信，六婶病故，他自己又跌断了脚，不知实际情形如何，脚尚有诊好的希望否？他未提到要钱的话，不知他的生活尚过得去否？暇时请查明见告。

　　后来，毛泽东又告知毛宇居，说：毛泽连来信叫苦，母尚未葬，脚又未好，兹寄人民币300万元（指旧币），以100万元为六婶葬费，200万元为泽连治病之费。请告他不要来京，可到长沙湘雅医院诊治……

　　此后，毛泽东每年都要给毛泽连家寄款200元，作为困难补助。到了20世纪60年代，政府鉴于毛泽连是烈士家属，每月发给他20元生活补助费。毛泽连一家在毛泽东与当地政府的资助下，总算渡过了难关。

　　对于毛泽连一家的生活状况，毛泽东始终放在心上。1971年，他在病床上叮嘱长女李敏说："娇娇，家乡还有两个叔叔连饭都吃不饱，你们要经常回去看看。"这两个叔叔，其中之一指的就是毛泽连。毛泽东的话语充满真情，听了让女儿心情沉重。此后，李敏牢记着父亲的话，每次回韶山，总不忘记去看看叔叔毛泽连。

　　毛泽东对亲情的处理方式，深深感动着堂弟毛泽连。他经常教育子女要听主席伯伯的话，不能随便给政府添麻烦，更不能打着伯伯的牌子去要各种照顾。他有三个孩子，其中两个儿子至今没有离开韶山，做了普普通通的农民。一个女儿虽然在1972年入伍当了兵，但复员也只是在一个工厂当了一名普通统计员。

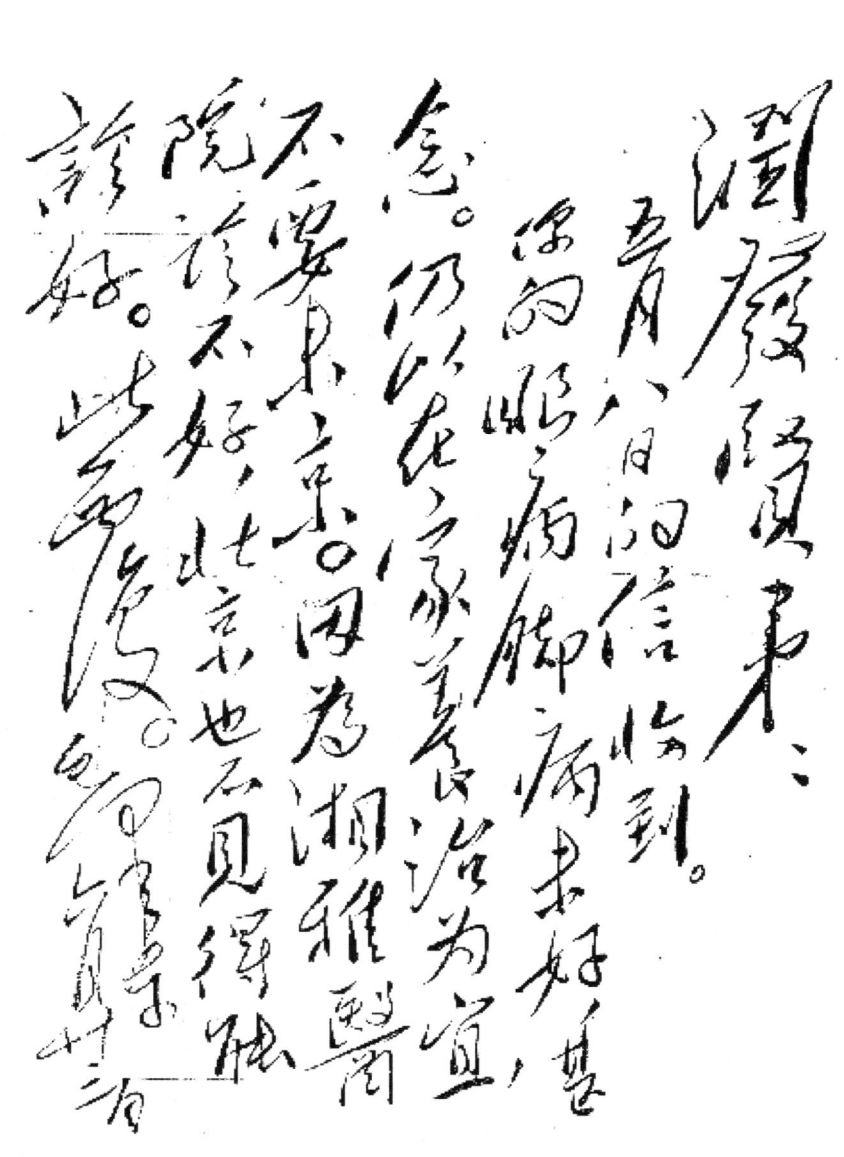

毛泽建

> 她是毛泽东的堂妹，过继给毛泽东的母亲做女儿，是毛泽东为她解除了封建婚约，带她到长沙读书，并最终走上了革命的道路。

毛泽建，乳名菊妹子，1905年10月出生于韶山冲东茅塘。父亲毛蔚生，是毛泽东的堂叔。毛泽建出生时，家境贫寒，父母每年辛辛苦苦，有时还不能维持温饱。

毛泽东的父母，虽生有五男二女，但活下来的只有泽东、泽民、泽覃三兄弟，女儿一个也没有长大。毛泽东的母亲文七妹非常希望有一个女儿，见"菊妹子"聪明可爱，勤劳懂事，就提出把她过继给自己做女儿。毛泽建的父母满口答应，因为他们知道嫂嫂文氏贤惠、善良，菊妹子过去是不会受苦的。这样，毛泽建就在6岁那年，正式从东茅塘搬到了上屋场。当时，她与农村的许多女孩子一样，只有乳名而无书名，"毛泽建"这个名字就是过继到上屋场后，由三哥毛泽东给她起的。

毛泽建不幸的出身，使她打小就性格坚毅、倔强。来到上屋场没多久的一天，她一个人在家，不料来了几个强盗，拿棍子逼她说出家里贵重东西放在哪里，但她拒不作答，最后强盗用棍棒将她打得鼻青脸肿。

1919年，毛泽东的母亲不幸因病去世。第二年伯父毛顺生也去世了。当时，毛泽东正率领驱张代表团远在北京，14岁的毛泽建只好又从上屋场回到了东茅塘自己的家。

这时，毛泽建的父亲毛蔚生也已经于1919年12月19日去世，家里的境况更不如从前了。母亲的眼睛几乎全部失明，4个弟妹，大的不到10岁，小的只有1岁多，生活十分艰难。实在没有办法，毛泽建的母亲便听从了一个远房亲戚的劝说，把她送到杨林乡一肖姓人家去当童养媳。

在那个年代，童养媳的生活如同牛马，苦不堪言。年纪尚小的毛泽建在肖家每天要干很繁重的家务活，农忙时，还要到田里干活。

1921年春节，毛泽东从北京返回长沙。当他从婶婶那里了解到妹妹毛泽建的处境后,立即让人将她从肖家接了回来。当泽建一见平时疼爱她的哥哥回来了,马上扑过去,伏在哥哥肩上失声痛哭。两年不见,妹妹神情呆滞、面容惨淡,毛泽东不由鼻子一酸。他提出,要将妹妹带出苦海,送她去长沙念书。

毛泽建知道哥哥的想法后,心里非常激动,使劲摇着毛泽东的手说:"哥,这次你可一定要带我去长沙读书,带我去干革命,肖家我是再也不回去了。"

第二天,毛泽东就去找泽建的母亲商量,要解除泽建的婚约。六婶开始有些害怕,后来,经毛泽东一再劝说,认为侄子读了几年书,见过世面,想来不会错的,再考虑到菊妹子一生的幸福,于是便点头答应了。

随后,毛泽东即带泽建到了肖家,提出要解除菊妹子的婚约。开始肖家不同意,说:"我们已经送了礼钱,不能说走就走,如果想解除婚约,必须赔偿礼金。"毛泽东考虑再三,决定请毛氏家族的长者出面来协调解决这门亲事。经双方多次协商,最后毛家退赔了彩礼钱,解除了毛泽建的婚约。

毛泽建随哥哥到达长沙后,先后就读于长沙城内建本和崇实两所女子职业学校。后来,又在毛泽东创办的湖南自修大学补习学校半工半读了一段时间。

在毛泽东的帮助下,毛泽建的思想迅速成熟起来。她利用课余时间,协助嫂子杨开慧做一些力所能及的事情,主动为文化书社递送书籍和报刊,为在清水塘秘密召开的会议站岗放哨,帮助工会刻印传单、张贴标语等等,工作非常努力,深得毛泽东的赏识。

1921年年底,毛泽建加入了社会主义青年团;1923年上半年,又成为一名光荣的共产党员。

1923年夏,毛泽东奉命调到当时的党中央驻地——上海工作。离开之前,他将妹妹介绍到衡阳学习,最后经夏明翰推荐,考入了省立第三师范读书。在这段时间里,毛泽建一面学习,一面参加革命工作,进步很快。由于思想觉悟不断提高,工作能力逐渐增强,她担任了学校的学生党支部书记、湖南学生联合会的代表。

在此期间,毛泽建经常给哥哥毛泽东写信,汇报自己的生活和工作情况。毛泽东在关心菊妹子学业的同时,还特别关心她的婚事,曾几次问她是否已有意中人。但毛泽建每次回信都不置可否。

1925年,五卅运动爆发,毛泽建在组织领导学生运动时,结识了衡阳省立第三中学的共产党员、学生干部陈芬。陈芬口才出众,博学好思,革命意志坚定。俩人互敬互爱,于1925年冬结成连理。

1926年初,衡阳县县长陈其祥逮捕了湘南学联的一个代表。毛泽建发动和组织衡阳县的广大师生举行示威游行,她在游行中高喊:"立即放出学联代表!"并带头冲进县衙门。陈其祥被迫接受了学生提出的条件,释放了被关押的学联代表。

毛泽建在组织领导学生运动中,英勇机智,表现出坚强的革命意志和出色的组织才能,赢得了同学们的尊敬和信任。由于毛泽建在每次斗争中总是站在斗争的最前列,因此同学们称她为"女先锋"。

1926年夏,北伐军开进衡阳后,毛泽建离开学校,来到衡阳县从事农民运动,担任中共衡阳县委妇女运动委员。她发动和领导农民建立农民协会、农民自卫军;发动妇女成立女界联合会,教育妇女放脚、闹祠堂;组织儿童团站岗放哨;协助农民协会开办农民夜校,并亲自讲课。毛泽建在群众中的威信进一步树立了。

1927年2月,毛泽建作为衡阳县的代表,到长沙参加省妇联召开的妇女工作代表大会。随后,她贯彻党中央的指示,在衡阳县观音堂举办了两期农民运动骨干训练班。两期农训班共培训了400多名学员,其中还发展了20多名党员,为深入开展农民运动培养了一批骨干力量。这年5月,"马日事变"爆发,湖南各地的反动势力纠集起来,残酷镇压革命群众,衡阳顿时血流成河。在对形势进行深入的分析之后,毛泽建立即在钟家花园、罗家坪、白露坳一带发动群众,组织了几千农民自卫军,伏击前来"清共"的国民党反动军队。这次战斗打得异常成功,敌人仓皇逃回衡阳城。

10月底,在革命形势异常紧迫之下,毛泽建和陈芬改组、重建了中共衡山县委。由陈芬任县委书记兼军委书记,毛泽建任县委妇运委员。这一时期,毛泽建除领导妇女运动外,还兼管县委通讯联络等重要部门的工作。她还多次指挥游击队到县城、南岳、白果等地贴布告、撒传单,破坏敌人的电讯设备,用土炸弹炸县政府,使敌人惶惶不安。

1928年3月,毛泽建积极参加领导了在南岳举行的一次武装暴动。南岳战斗后不久,中共湘南特委遭到敌人的破坏,衡山县委因此同上一级党组织失去联系,处于十分困难、危险的境地。毛泽建和陈芬等冲破敌人的重重封锁,于1928年3月来到耒阳县,参加了朱德、陈毅领导的湖南暴动队伍。

朱德、陈毅率领湘南起义部队上井冈山与毛泽东的秋收起义部队会师后,毛泽建根据斗争需要仍然留在耒阳工作。她组织了一支游击队,亲自担任游击队长,白天分散活动,侦察敌情,晚上集中兵力,打击敌人,使得敌人闻风丧胆。

1928年初夏,毛泽建和陈芬领导的游击队在耒阳县夏塘铺的一次战斗中,陷入敌人重围，终因寡不敌众，两人都身负重伤，先后被捕。不久，年仅25岁的陈芬在耒阳敖山庙惯武桥上英勇就义。灭绝人性的敌人还把陈芬的头割下来装在木笼子里，挂在耒阳城头"示众"。

反动武装将毛泽建关押在夏塘铺团防局。井冈山革命根据地得知这一消息后，派来部队袭击了耒阳县团防局和夏塘铺团防局，将毛泽建和陈芬的姐姐陈淑元营救出狱。敌人不甘心失败，派部队追击。当时毛泽建身负重伤且怀有身孕，只好留下来，隐藏在夏塘铺一个孤老太婆家里。没有多久，毛泽建生下了一个男孩，她给孩子取名叫艰生。

敌人在搜山时，听到婴儿哭声，很快就找上门来，毛泽建和陈淑元又一次被捕，刚出生的艰生也一道被关进了牢房。不久，陈淑元被保释出狱，她把艰生带出监狱。由于没有奶吃，几个月后，孩子便不幸夭亡。

1928年8月20日，毛泽建在衡山县城关马王庙坪英勇就义，时年24岁。

临死前，毛泽建给陈淑元写了一封信，信中说："人民总归要做主人，共产主义事业终究要胜利。只要革命成功了，就是万死也无恨。到那天，我们还会在九泉之下开欢庆会的。"毛泽建被害后，国民党反动派张贴布告，限令三天不准收尸。但是，就在当天晚上，几个码头工人冒着生命危险，把烈士的遗体偷了出来，悄悄地葬在湘江之畔的西溪桥头，半年后，又将烈士墓迁移到衡山县金紫峰麓的雷打石山上，并刻有石碑，上面写着："民国十八年刊，毛达湘（毛泽建当时的化名）女士墓，原籍湘潭人氏。"

新中国成立后，衡阳县委没有忘记毛泽建这位令人景仰的烈士，他们多方寻找墓地的准确位置。1966年11月，毛泽建的墓穴重见天日。1969年8月，在衡山县金紫峰麓，修建了毛泽建烈士陵园，陵园周围松柏常青，百花怒放，墓前的两块石碑上，镌刻着毛泽建敬爱的哥哥毛泽东的诗句："为有牺牲多壮志，敢教日月换新天。"

谈笑人依旧

毛泽青

> 毛泽东的堂弟。曾因毛泽东送他的钱物在"三反五反"中被打成了"老虎"……

毛泽青,号咏才,又叫万才,生于1916年6月,家族中排行第十,他是毛泽建的胞弟,毛泽东的堂弟。

毛泽青幼年时家境贫寒,没有上过几天学。1925年他才9岁时,毛泽东回到韶山组织农民运动。在三哥毛泽东、姐姐毛泽建的影响下,他参加了儿童团,帮助农会站岗放哨。

大革命失败后,毛泽青回家务农,苦度岁月。1928年,姐姐毛泽建在衡阳被国民党反动派杀害,对他的打击很大,仇恨的种子埋藏在他幼小的心中。

1937年10月12日,毛泽青告别父老乡亲,离开韶山,与堂兄毛泽全等一起来到延安。在延安,四哥毛泽民安排他们去见三哥毛泽东。毛泽东听说一下子来了这么多亲戚,十分高兴,连忙抽时间接见了他们。随即,毛泽青在兄长的安排下,来到陕北公学学习。毕业后,被分配到延安解放印刷厂和抗大七分校工作。1938年,进步很快的毛泽青光荣地加入了中国共产党。

在延安的几年中,毛泽青努力学习文化知识,并跟着四哥毛泽民学会了打算盘。1939年,组织上决定派他去西安做生意,他欣然答应。这样,他便化名毛万才前往西安,以"商人"的身份出没于古城的大街小巷,将部队所需的布匹、食盐、药品、牛、羊等物资源源不断地运往延安,为保障解放区的物资供应尽了自己最大的努力。

1949年新中国成立后,在西安工作的毛泽青与堂侄毛岸英取得了联系。毛泽东从儿子那里了解了堂弟的生活后,便嘱咐他回乡去看看父老乡亲,顺便也捎去自己对家乡亲友的问候。

这次回家,意外地解决了毛泽青的终身大事。原来,早在1937年,毛泽青离开家乡的时候,母亲将一个年仅6岁的小女孩收养下来,给他当童养媳。当时,他急于去延安,并没有将此事当真,但阔别家乡12年后,当年的小妹妹已经长成了大姑娘,一直帮助母亲操持家务,仍旧孤身一人的毛泽青非常感激,一场封建包办婚姻,居然获得了喜剧的结果,这是令人始料不及的。

毛泽青带着新婚的妻子,返回西安部队。1950年初,随部队来到东北工作的毛泽青,携妻子庞氏南下来到北京会见分别已久的三哥。当时,毛泽东因为公务缠身,只好委派儿子毛岸英和亲家张文秋等到车站前去接待。毛泽青在北京住了一个时期,来不及与三哥见上一面,便匆匆赶回部队去了。

因妻子出身农村,毛泽青全家常年仅靠他一个人的工资维持生活,日子过得比较艰苦。毛泽东知道十弟一家的生活情况后,十分关心,经常给他们寄钱,以资接济。毛泽青虽然对三哥的援助十分感激,但他从不在外炫耀。

1952年,毛泽东又给他寄来300元人民币,他拿这些钱还了家里借的旧债,并买了一件大衣、一床毛毯、一块手表。不久,全国开展了大规模的"三反五反"运动,有人觉得毛泽青最近生活有些反常,财路不明,甚至怀疑他利用工作之便,贪污公款。最后,他终于被打成了"老虎",遭到隔离审查。

在这种情况下,他只得将自己与毛泽东的关系以及毛泽东多次给他寄钱的情况说出来,并把毛泽东的亲笔信给人们看。到这时候,人们才知道冤枉了毛泽青。事后,许多人感叹地说:"要不是这次打'老虎',我们还不知道毛万才是毛主席的堂老弟哩!"

毛泽青从部队转业后,曾担任阜新市新火电一公司的科员,抚顺市市政工程处预制件厂支部书记,并当选为市政协委员。他一生兢兢业业、克勤克俭,从来没有利用是毛泽东亲属的身份,搞过特殊化。

毛泽嵘

他第一次去北京,堂哥毛泽东送给他一件青蓝色呢子大衣,这件呢子大衣他穿了几十年,直到1986年去世才传给孙子。

毛泽嵘,又名泽荣,乳名宋五,又称逊五,字冬青,是毛泽东的堂弟,家族中排行第五。他生于1897年,比毛泽东小四岁,因此称毛泽东为三哥。

毛泽嵘居住在韶山冲东茅塘,家境贫寒,打小在家务农,是个颇有经验的庄稼把式。1927年,毛泽东回到韶山开展农民运动,遍访周围十里八乡的农民,毛泽嵘的家是他经常光顾的地方。在农民运动的影响下,毛泽嵘也积极参加农民协会,并担任了农会通讯员。大革命失败后,国民党政府到处捉拿毛泽嵘,他被迫逃出家乡,改名毛冬青,在外地以种田为生。

1937年,抗日战争爆发,国共开始第二次合作,毛泽嵘才得以回到老家韶山,日子过得依然清苦难熬。

1949年,新中国宣告成立,毛泽嵘欣喜地迎接新的社会,得知毛泽东当上了人民共和国的主席,他便时常给三哥写信,报告乡间民情和家庭生活情况。毛泽东对这位堂弟,也是非常关心的。1949年10月,毛泽东就曾向进京看望他的堂弟毛泽连、堂表弟李轲询问过毛泽嵘的情况。当得知毛泽嵘生活困难后,立即给他写了一封信,并托他们带一件皮衣料送给毛泽嵘。毛泽嵘接信后,欣喜若狂。随即,他多次提出要去北京,看望三哥。

1952年4月底,毛泽东给毛泽嵘回信,希望他暂时不要来京。毛泽嵘虽然有些失望,但是能够再次接到三哥的手书,仍然觉得十分的荣耀。

毛泽嵘常年在乡间劳作,身体一直不好,他多次托人写信,向毛泽东陈述家庭生活困难等情况。毛泽东收到他的信后,于1952年10月2日写信给毛宇居,寄上人民币200元,请他转交给毛泽嵘,"助其家用"。

1953年4月9日,毛泽嵘给毛泽东寄去家乡的茶叶、火焙鱼等土特产,并再次要求进京相会。5月2日,毛泽东复信给毛泽嵘,请人带回韶山。

泽荣贤弟:
　　四月九日给我的信及惠赠食品,均已收到,谢谢你。因你眼睛有病,路上行动恐怕不方便罢,似乎不必来京看我。你有困难,可以相告,替你设法解决。此复。祝你身体健康!

毛泽东
一九五三年五月二日

这年10月25日,考虑到毛泽嵘进京心切,毛泽东便写信给他的表侄文九明(文泮香之子),让文九明带没有出过远门的毛泽嵘一起赴京。这年冬,毛泽嵘在北京见到了阔别20余年的三哥毛泽东,两人相见分外亲切,情绪都很激动。毛泽东向毛泽嵘详细询问了家庭生活情况,又询问了家乡人民的生产和生活情况。毛泽嵘给毛泽东谈起了大革命失败后,国民党曾派兵到韶山去掘毛泽东家的祖坟,是乡亲们拼死保护,才得以保存下来,当时毛泽嵘也参加了这一对敌斗争。毛泽东听了,对乡亲们非常感激。

中午,毛泽东留毛泽嵘在家吃饭,吃的是毛泽东惯常享用的粗茶淡饭,没有什么美味,只不过饭后加一点水果。毛泽嵘对于主席三哥的俭朴生活非常不解,便说:"三哥,您是主席,要管许多事,身体很重要,生活要过得好一点。"毛泽东听了,哈哈大笑说:"我的身体不是很好吗?我们国家穷,人民的生活不富裕,我们当干部的不能只顾自己贪图安逸和享受呀!"

在北京待了一段时间后,毛泽嵘回到韶山。临行前,毛泽东送给他一件青蓝色呢子大衣、一套被子、蚊帐、一口皮箱,还有300元人民币。这件呢子大衣,毛泽嵘穿了几十年,直到1986年去世才留给了孙子。

1954年秋,毛泽嵘带养子毛绘华第二次去北京。当时毛绘华刚从部队转业,他希望毛泽东能向政府说情,帮忙找个工作。毛泽东见堂弟、侄子到来非常高兴,立即让秘书拿出300元钱交给侄子,叫他添置一些生活必需品。但是对于介绍工作的请求则婉言谢绝了。毛绘华没有辜负伯父的期望,从北京回来后,通过自己的努力参加了工作,先后在岳阳的农场、银行、教育等部门工作,20世纪90年代从岳阳市教育局的领导岗位上退休。

毛泽普

> 他是毛泽东的堂弟。1937年奔赴延安，投身革命。新中国成立后，他一直在湖南工作。

毛泽普，字新甲，号月珠，生于1919年12月，家住韶山东茅塘。父亲毛麓钟，是毛泽东的堂伯父兼塾师，曾被毛泽东称为"韶山冲里唯一的秀才"。

1920年父亲毛麓钟去世时，毛泽普年仅1岁。临终前，毛麓钟对妻子说："一定要送儿子读书，做一个有文化的人。"母亲始终牢记父亲的嘱托，含辛茹苦将毛泽普拉扯大，送他读书，最终把儿子培养成韶山冲少有的"知识分子"。

少年毛泽普时常从母亲那里，听说堂兄毛泽东在父亲身边读书的故事，对毛泽东的才华与魄力，推崇备至。

1937年冬，18岁的毛泽普从湘潭中学毕业，回到韶山。当时，国共两党再度合作，湖南的革命形势有了好转。毛泽普回乡后，听说堂兄毛泽东从延安给家乡亲友写信，捎来了问候。同族的毛泽全、毛泽青、毛远耀等人也先后去了延安，参加革命。因此，毛泽普冒昧地给三哥毛泽东写了一封信，要求去延安。一个月后，毛泽东回信，表示同意他去延安，并嘱咐他去长沙八路军驻湘通讯处找徐特立同志联系。

就这样，毛泽普拿着毛泽东的亲笔信去长沙找到了徐老。随后同毛华初、胡觉民等一起离开长沙，途经武汉、西安，到达延安。

毛泽普到达延安的第二天，就迫不及待地要去见三哥。毛泽东见家乡来了亲人，非常高兴，连忙关心地问毛泽普路上走了多长时间，韶山的情况怎样。毛泽普一一做了回答，并自豪地说家乡还有许多进步青年向往革命圣地，敬仰毛泽东，想来投奔延安。

毛泽东听了风趣地说："无湘不成军嘛！"

"但是干革命要过两关：一不怕苦，二不怕死。有些人经不起考验，就离开了革命队伍，你们可要做好思想准备呀！"毛泽东严肃地告诫堂弟。

毛泽普认真地听着，心里早就有这样的准备了，到延安来，他就是下定决心来投身革命的。听了兄长的话,他更加坚定了革命的意志。

不久,毛泽普被编入延安抗日军政大学学习。1939年,转入延安马列主义学院。他有很强的求知欲,但刚开始时,由于理论底子差,学习非常吃力。在这种状况之下,他便去请教毛泽东。毛泽东语重心长地对他说:"读书要发狠、肯钻,抓住重点。先由浅入深,要根据各自的情况来读。对你来说,应先读易懂的书,增强理解能力,啃不懂马列主义原著时,可先读些通俗读本。"

说完,毛泽东起身从书柜里取出两本书递给毛泽普,一本是《经济学入门》,一本是《唯物史观浅说》,毛泽东的这次教诲,给毛泽普留下了深刻的印象。

当时,为了打破国民党反动派的封锁,陕甘宁边区军民掀起了大生产运动。毛泽普所在的马列主义学院也组织了开荒队,在延河东西两岸的山头上开荒种地。1940年7月的一天,开荒收工后,忽然暴雨倾盆,毛泽普浑身上下被雨水淋湿了。当他从毛泽东窑洞走过时,正好被毛泽东看见了,连忙招呼他进屋躲雨,并留他吃晚饭。

晚上,毛泽普就在毛泽东住的窑洞里借宿。他向毛泽东汇报了学院开荒竞赛和步行百里运柴的情况。毛泽东问这样累不累,毛泽普老老实实地回答:"有点累,不过我们受得住。"毛泽东点点头,说:"敌人卡我们,我们不能等着饿死。困难只是暂时的,我们要用双手制伏它。"

1944年冬,毛泽普得知王震、王首道将率八路军三五九旅南下支队到湖南建立抗日根据地时,欣喜万分。他向毛泽东汇报了自己想回家乡继续革命的想法,毛泽东当即表示同意。11月上旬,三五九旅南下支队一万余人,在延安飞机坪接受毛主席和朱总司令的检阅。随即,毛泽普随部队一起离开延安,向南方挺进。

毛泽普南下到湖南后,易名戈楷。新中国成立后他一直在湖南工作。

1958年,身为省计委副主任的戈楷到北京参加全国计划工作会议,顺便去看望毛泽东。毛泽东看到他后十分高兴,仔细询问了分别几年中他都从事些什么工作。当得知毛泽普目前正在计委工作时,便关切地问:"你搞计划工作几年了?"

"三四年了。"毛泽普答道。

"那你给韶山解决什么具体问题了吗?"毛泽东又问。

"我们准备建一个柘溪电站。"毛泽普如实回答。

毛泽东听了很高兴,当即肯定了毛泽普的想法,并指出:"水利大大小小都要搞,要长藤结瓜。水利可是农业的命脉,这是关系到国计民生的问题。你这次可以顺便到北京密云水库看看。"

毛泽东还向毛泽普询问了一些韶山的情况,最后,他还悄悄地表露出想要回家乡韶山看看的心愿,希望毛泽普转告当时湖南省委第一书记周小舟,在韶山建一个简便的房子,有个卫生设施就行了。这年冬,省委着手筹划,在韶山故居西南对面风景秀丽的松山上,建起了一座小平房,取名韶山招待所。1959年6月,毛泽东回故乡时,便住在这里。

1967年,毛泽东视察长沙时,接见了湖南省委负责人黎原、华国锋等人,曾问到了戈楷的情况。华国锋说:"在省科委任副主任。"当大家问及戈楷与毛泽东的关系时,毛泽东说:"是我的堂弟,原来叫毛泽普,比我小20多岁,他的父亲毛麓钟,是当时韶山仅有的一个秀才,是我小时候的塾师。"言语之中,流露出对毛麓钟老人一家的深厚情谊。

1969年,毛泽普任韶山区革命委员会主任,后曾任中共韶山区委书记、湖南省委委员、省科委副主任、省科委顾问、湖南省委顾问委员会会员等职,1991年退休。

毛泽覃

> 毛泽东的二弟，从小追随哥哥毛泽东闹革命。红军长征时，他留在中央苏区坚持游击战争，最终献出了自己年轻的生命……

毛泽覃，又名泽淋，字润菊，毛泽东的二弟，生于1905年9月25日。

童年时代的毛泽覃，是在韶山度过的，六七岁开始读书，先后在韶山清溪寺、瓦子坪和湘乡东山学堂等地读书。他天资聪颖，学习刻苦，经常得到私塾先生和长辈们的夸奖，毛泽东也非常喜爱这个有点"顽皮"、有点反抗精神的小弟弟。

1918年春节，毛泽东从长沙第一师范毕业，回到韶山过年。一个晚上，兄弟几个围在火炉边烤火。毛泽东高兴地向弟妹们谈起了发生在外面的新鲜事情。弟妹几个听得津津有味，年仅13岁的毛泽覃一改昔日的活泼，手支着头，若有所思地看着哥哥。然后，他摇着哥哥的手，恳切地说："哥哥，你带我到长沙去读书，让我也见见世面，好吗？"

面对弟弟的请求，毛泽东笑着点了点头。他决定带弟弟去长沙，由自己供养，让他读书，增长知识，拓宽见识。

1918年春，毛泽覃以优异的成绩考入毛泽东任主事的一师附小。在长沙，毛泽东经常对小弟传授新思想、新观念，毛泽覃尊敬老师，团结同学。从进入一师附小到离开长沙的长达5年的时间里，毛泽覃一直生活在大哥身边。在毛泽东的熏陶之下，他思想进步很快，时常与同学们讨论国家大事，抨击腐败的北洋军阀统治。1921年，他加入了中国共产主义青年团。

1922年秋天，毛泽覃进入毛泽东创办的湖南自修大学下属的补习学校学习。在此期间，他一边继续学习科学文化知识，一边与同学们走访工厂、农村，访贫问苦，进行社会调查。同时，他还效仿哥哥在长沙码头创办工人夜校，参加长沙矿工的罢工运动。

"二七"惨案后，全国工人运动暂时处于低潮。但湖南地区的工人运动在毛泽东领导下，仍在继续发展。11月，水口山铅锌矿工人成立俱乐部，为了引导工人运动，中共湘区委员会和毛泽东为了锻炼毛泽覃单独工作的能力，决定派他到水口山从事工人运动。

1923年3月下旬，毛泽覃与几个进步青年前往衡阳，毛泽东亲自到码头送行。他语重心长地告诉弟弟："泽覃，这是你第一次独立工作，一定要注意工作方法。在斗争中要提高警惕，思想切勿掉以轻心，行动上积极主动，但不可莽撞。注意团结工人，好好在斗争中锻炼自身。"

分别前，他拉着弟弟的手，又一次叮嘱毛泽覃等人："你们到水口山后，要注意认真学习工人们的优秀品质，使你们这些穿长衫的人与穿短衫的人融合在一起。"

毛泽覃握着哥哥的手，重重地点了点头。在这次革命行动中，他没有忘记哥哥的教诲，在党组织的安排下，担任工人俱乐部教育委员，并兼任工人学校教员。在工作之余，他经常去工地参加劳动，体验生活，与工人交朋友，向他们宣传革命道理。实践的考验，使他思想更趋成熟了。这年10月，他光荣地加入了中国共产党。不久，回到长沙，开始担任中国共产主义青年团长沙地委书记处书记。

毛泽覃从一个13岁的少年，经过短短几年的时间就成长为一名坚定的共产党员和社会主义青年团的骨干，他前进的每一步，都离不开哥哥的帮助和教育，也离不开哥哥的严格要求。

1925年秋天，毛泽覃按照大哥的意见，来到广州。他先后在广州黄埔军校和广东区委、广东省农民协会和省港大罢工委员会从事革命活动。在此期间，他同周文楠相识并结婚。

1927年，四一二反革命政变后，毛泽覃奉党中央指示，与妻子周文楠乘船从上海转移到武汉。在武昌都府堤找到了哥哥毛泽东、毛泽民，兄弟三个短暂相聚后，又各自奔赴新的工作岗位。毛泽覃被派到国民革命军第四军政治部工作，授上尉军衔。

当听到八一南昌起义的消息后，毛泽覃立即赶到南昌，但起义部队已经南下，他又马上尾追到临川，终于赶上了部队。周恩来等安排他到以叶挺为军长的十一军政治部工作，后随陈毅等转战湘粤赣三省交界的大余、汝城、韶关一带山区。很快，在得知大哥率领秋收起义的部队上井冈山的消息后，毛泽覃受朱德委派，去井冈山与毛泽东联络。

1927年初冬，毛泽覃身着国民党军服，化名覃泽，顺利通过国民党一道道关卡，巧妙躲过敌人的多次盘查,胜利到达井冈山,向毛泽东汇报了朱德、陈毅所部艰苦转战、到达湘南的情况。

1928年年初,毛泽覃参加了由毛泽东亲自指挥的攻打遂川的战斗。战斗胜利结束后,他随部队留在遂川,担任团政治部代理主任,并任遂川县委委员和县游击大队党代表。

这年春天,井冈山革命根据地在接连打了几个大胜仗的形势下,得到了巩固和扩大。毛泽东委派毛泽覃率领特务连,在湘南找到朱德、陈毅所部,将毛泽东对于形势的分析,告知朱、陈。4月,两支红军会师井冈山,宣告红四军的成立。

1928年年底,毛泽覃在大庾战斗中负伤,被留在地方担任赣西南特委委员和东固区委书记,一边养伤,一边工作。

在艰苦的岁月里,毛泽覃逐渐积累了丰富的战斗经验。他作战勇敢,指挥有素,办事机警而果断,成为一名足智多谋的红军将领。1930年年初,黄公略任红三军军长,毛泽覃任政治部主任,代行政委职权,率领部队在赣水流域,进行土地革命,开展游击战争,巩固革命根据地。

第一、二次反"围剿"期间,毛泽覃负责赣西南后方办事处,筹集粮草,聚集物资,从事军工生产。毛泽覃领导下属兵站、兵工厂、被服厂几百号人,为反"围剿"的胜利做出了不可磨灭的贡献。

1931年6月,永(丰)、吉(安)、泰(和)特委(后又改为中心县委)成立,毛泽覃任书记,兼红军独立师政委。第三次反"围剿"期间,他和师长萧克一道,率领该师配合主力部队作战,在富田一带牵制了陈诚、罗卓英的增援部队,胜利完成歼敌任务。不久后,黄公略军长不幸在吉安的一次战斗中中弹牺牲,中央建议由毛泽覃任独立师师长。

在这期间,毛泽覃与贺子珍的妹妹贺怡结婚。他任公略县县委书记,贺怡则任县委妇女部长。

中共六届四中全会后,以王明为代表的"左"倾教条主义错误,在党内取得统治地位。1933年初,王明一伙发动所谓反对"罗明路线"的斗争。在中央苏区,他们给邓小平、毛泽覃、谢唯俊、古柏四位同志扣上"罗明路线在江西的执行者"的帽子,积极推行反对邓、毛、谢、古的斗争。

毛泽覃面对王明"左"倾教条主义错误毫不畏缩,坚持自己的正确意见。他的态度令"左"倾教条主义错误领导者大为苦恼,他们指责毛泽覃等人"进行反中央局"

的活动,"形成一种秘密的结合",责令毛泽覃等作出检查,遭到毛泽覃的拒绝。

1933年5月上旬,"左"倾教条主义错误执行者在宁都召开的"江西省委工作总结会议",通过了《江西省委对邓小平、毛泽覃、谢唯俊、古柏四同志二次声明书的决议》,会议还决定给他们以处分,全部或部分地撤销了他们在红军、地方和党的机关的重要职务,并在会上当众缴了他们的枪。

在此逆境中,毛泽覃没有退缩与消沉,他随"靠边站"的毛泽东一起去农村调查。

1934年10月,中央红军退出江西根据地,进行长征。因为工作需要,毛泽覃留在中央苏区坚持游击战争,并担任中央苏区分局委员和红军独立师师长。此后,在艰难无援的岁月里,毛泽覃率领红军独立师和游击队,转战闽赣边界,运用多年游击战争的经验,粉碎了敌人的多次进攻。

1935年1月,毛泽覃根据中央分局的统一安排,率领独立师的一部前往福建长汀的四都,与福建省省委书记万永诚、军区司令龙腾云率领的部队会合整编,成立新的闽赣边界军区领导机构,毛泽覃是军区司令部的领导成员。4月上旬,部队战斗失利,伤亡惨重。

4月25日,毛泽覃率领一部分战士,到达瑞金黄鳝口附近一个名叫红林的山中。由于叛徒的出卖,被敌人毛炳文部包围,毛泽覃听到枪声后,立即冲到门口掩护战士撤离,一颗子弹击中他的前胸,毛泽覃当即献出了年仅30岁的宝贵生命。敌人从他身上搜出了浸沾着血迹的毛泽东和朱德的照片,还有中共党员证,证明了其身份。

毛泽覃从1923年3月下旬离开毛泽东赴水口山,从事工人运动,到1935年4月血洒疆场,他一直牢记着哥哥对自己的谆谆教诲,始终做到立场坚定、旗帜鲜明、英勇无畏。他没有辜负哥哥的期望,为了共产主义的伟大事业献出了自己的一切。

为了纪念毛泽覃烈士,十一届三中全会后,在瑞金县革命烈士纪念馆前建立了"毛泽覃烈士纪念碑",邓小平同志亲笔题写了碑名。

毛贻全

> 毛泽东的同族叔叔。当年他借银子给毛泽东做路费,支持革命;新中国成立后,毛泽东寄稿费给他的后人,解决他家的生活困难。

毛贻全,韶山乡韶源村人,是毛泽东的同族叔叔。

毛贻全少年时读过几年私塾,有些文化底子,后来一直在学校当教员。1925年,在革命形势的感召下,他加入了共产主义青年团。

1925年2月至8月,毛泽东携妻子杨开慧回到韶山开展农民运动,曾在毛氏宗祠开办了农民夜校。毛贻全与杨开慧一起担任夜校教员,教当地一些不识字的农民学习文化,并向他们宣传革命道理,启发他们的思想觉悟。不久,毛贻全加入了中国共产党。

1927年1月,毛泽东再次回到家乡,毛贻全与毛宇居等组织乡民好几百人,在毛震公祠迎接远道归来的毛泽东。毛贻全先后主持了当地农协的几次欢迎大会,请毛泽东讲关于农民运动形势的报告,受到极大的鼓舞。这年8月,毛泽东离开韶山时,毛贻全慷慨解囊,借给毛泽东10两银子(当时折合光洋13元),作为路费。

此后,在极其困难的形势下,毛贻全仍然积极参加农会等活动,一直是韶山一带较为活跃的革命分子。

新中国成立初期,毛贻全因病去世。其子毛泽益一家生活困难,万般无奈之下,请人给毛泽东主席写信,告之父亲病故的情形以及家庭生活困难的现状,请求政府给予救济。信中还提到了当年给毛泽东借款等事情。

毛泽东收到毛泽益的信后,深表同情,立即回信。信中写道:

泽益贤弟大鉴:
  来信收到。贻全亡故,深致悼意。借款之事,我已记不起了,大概是有

的。兹寄上人民币贰百伍拾万元,以应急需,收到时请告知为盼。此祝

  合家清吉

毛泽东

  250万元(旧币)在当时是一笔不小的数目,全是毛泽东从自己的工资和稿费中拿出来的。毛泽益一家人接到毛泽东的信和这笔款项,感激不已。随后,毛泽益用这笔钱还清了家中的欠账,渡过了生活的难关。

毛顺生

> 毛泽东小时虽然对父亲的自私、刻薄、专制不满,但从内心来讲,他一直是热爱自己父亲的……

毛顺生,生于1870年,派名贻昌,号良弼,人称"顺生大阿公"。10岁时由父母做主,与湘乡县唐家圫文芝仪的女儿文七妹订婚,15岁完婚,17岁开始独立持家,终年为温饱操劳。23岁时,毛顺生有了他的第三个孩子毛泽东。

毛顺生打从父亲毛恩普的手中接过家庭生活的重担之后,便起早贪黑地拼命苦干。田里种稻,地里种麦,还养猪、养牛。偶得空闲,便上山砍柴,下河捞鱼,贴补家用。劳作一天,黄昏归来,还要在昏暗的灯光下算收支账,打草鞋,其中的辛苦,自不待言。于是他同老父亲反复商量之后,一狠心,离妻别子,跟随乡人一起外出参加了湘军。那时军队每月给当兵的发几元饷银,寄回家去,也能使全家混个温饱。两年多的军旅生涯,颠沛流离,毛顺生始终没能混上个一官半职,只好打定主意回乡。好在积攒的饷银足够偿还家中的债务,于是他死心塌地的在家中一边种地,一边做起了小生意,开始半农半商的生活。

毛顺生体格健壮,精明强干,治家严谨。他早年读过一点私塾,人不笨,肯吃苦,外出当兵又开阔了眼界,学会了经营,平日里节俭、勤劳,恨不得一个钱掰成两个用。他把自家省吃俭用节约下来的稻谷加工成白米,挑到附近的集市上去做米生意,又把碾碎的米糠喂猪,猪肉好卖时,他马上改为贩猪。这样一来,没几年他就成为韶山一带远近闻名的当家好手。几年中积攒下的银钱,不仅赎回了其父当年典当出去的田产,而且还陆续购置了15亩地。

后来,毛顺生又在银田寺的"长庆和"米店入了股,并与湘潭、湘乡等地一些店铺有商业往来。随着生意越做越大,他便自己印制了一种叫"毛义顺堂"的纸票,与湘乡大平坳一家设有药材、肉食等好几个柜台的大商店"吉春堂"的纸票流通周转。为了紧紧拉住"吉春堂",毛顺生还与"吉春堂"赵掌柜指腹为婚,一手包办了小儿子毛泽覃与赵家幼女赵先桂的婚事。就这样一来二去,到1904年,毛家田产增至22亩,资本也大为增加,并雇佣了长工和短工。在贫穷的韶山冲,也算是数得着的富裕人家。

毛泽东很小的时候,毛顺生就送他进私塾读书,这是他比一般农民高明的地方,也是受湘乡岳丈家耕读传家的影响。

毛顺生性格暴躁,为人刻板,甚至对家人的要求都十分苛刻。他始终相信"吃不穷,穿不穷,人无算计一世穷"这句古话,看不得毛泽东、毛泽民两兄弟闲着。毛泽东兄弟读书的闲暇之余,毛顺生亲自教他们记账,训练他们双手打算盘的本领,并将平时经商的心得告诉他们,以使孩子们个个都能成为精打细算、勤俭持家的好手。

对于父亲的这种做派,毛泽东很反感。后来,他在与斯诺的谈话中,曾对此有所回忆:

> 我刚识了几个字,父亲就让我开始记家里的账。他要我学珠算。既然我父亲坚持,我就在晚间记账。他是一个严厉的监工。看不得我闲着,如果没有账要记,就叫我去干农活。他性情暴躁,常常打我和两个弟弟。他一文钱也不给我们,而且让我们吃最次的饭菜。每月十五对雇工特别开恩,给他们鸡蛋下饭吃,可是从来不给肉吃。对于我,既不给肉,也不给蛋。

毛泽东喜欢晚上看书,但每次都遭到父亲的训斥,骂他是败家子,耗费灯油。后来,毛泽东便想了一个法子,他用蓝布被子盖住窗户,使外面看不见灯光。

毛顺生对儿子的学习从来没有操过心。可是,儿子的倔强性格,却令他大伤脑筋。毛顺生送子读书的唯一目的就是为了发家,一旦发现儿子读书不是为了单纯的发财目的,就责骂他"懒惰"和"不孝",有时甚至不惜棍棒相加。

毛顺生一心想的是如何发财聚财,而毛泽东对父亲的发财梦则不以为然,他只想多看书,多学一些知识。这样,父子俩便常常发生口角。他要求毛泽东每天天不亮就出去干活,晚上很晚才回家。毛泽东当面总是应允父亲,但只要父亲一离开,就躲在古墓后面,或在偏僻的地方看书。久而久之,毛顺生发现儿子并没有遵照自己所说的去做,非常恼火,就抽空突然去查看。一次,他当场看到儿子正坐在古墓的石块上,手捧一本《西游记》,看得津津有味,并不时高声朗读,两只粪桶却空空地放在身边。见此情景,毛顺生立即火冒三丈,上去对着儿子的头就是一巴掌。父子俩顿时就在古墓旁你一言我一语地争了起来。

"你这个不争气的东西,田里的活不干,成天看这些破书,它能当饭吃?"毛顺生骂完之后,便顺势去抢儿子手中的书。毛泽东则紧紧抱着书,不肯放手。

"谁说我没干活,我只是歇会儿!"毛泽东理直气壮地回答。

"你今天一担都没挑,这么大一个人了,还要我白白养活你吗?"

"谁说我一担没挑,你说我一个上午要挑多少担?"毛泽东也有些火了。

毛顺生见儿子顶撞自己,更加恼火了,指着儿子的脸大骂:"多少担?你起码得担15担。否则,你就莫吃中饭,挑完15担,你再看那些破书。"

"好,爸!你就去看看吧,我现在可以自由自在地看书了。"说完,又坐了下来。

毛顺生目瞪口呆,简直不敢相信儿子说的,早饭后这么短的时间就挑了15担。他不相信地走在田埂上,认真数了起来。果然有15担。对于自己说出的话,他无法收回,只好摇了摇头回家去了。

毛泽东的母亲文氏夫人,是一位为人慷慨、心地善良的妇女,她经常接济穷苦的乡邻。但是,毛顺生是反对施舍的。每当毛顺生在场时,文氏就不敢把饭送给前来讨饭的穷人。为此,毛家经常发生争吵,逐渐"分裂"成两派。毛泽东后来在回忆中幽默地说:"我家分成两'党',一党是我父亲,是执政党;反对党由我、母亲、弟弟组成,有时连雇工也包括在内。"但文氏夫人只赞成用温和的办法来对付"执政党",毛泽东则主张公开的反抗。

对于父亲的责骂,毛泽东常以所学的经书作为武器,引经据典地加以反驳。有一次,毛顺生在家设宴款待生意场中的客人,让长子毛泽东出来招待,毛泽东却不肯出来。毛顺生火气又上来了,指着儿子的鼻子说:"你这好吃懒做的败家子,不忠不孝的东西。"

毛泽东见状,抬腿就跑出堂屋,一边走一边说:"我就不陪,经书上说的'父慈子孝',可见'父慈'在先,'子孝'在后,哪有父不慈而子能孝的呢?没见你这么不讲理的父亲。"这些话使得毛顺生不知如何反驳,气不打一处来。"什么,你敢顶嘴?"说着,拿起一把扫把就追了出来。

毛泽东见父亲来势汹汹,想到今天难免会有一场饱打,于是,干脆横下心来,几步跑到门前池塘边,当众说:"如果你再近一步,我就跳进池塘去淹死。"

"你……你……你……唉,真气死我了。"毛顺生放下了手中的扫帚,垂着两只手,不知如何是好。这时,毛泽东的母亲跑了过来,要求儿子向父亲赔个不是。

开始,毛泽东怎么也不肯认错,后来,在母亲再三劝导下,他才表示,如果父亲不再打他，他可以跪一条腿磕头。结果，双方达成了协议，一场父子之争才算平息下来。也就是这次"抗议"行动后，毛顺生对儿子们不那么专制了，态度也比以前好多了。毛泽东后来回忆说："我从这件事认识到，我如果公开反抗，保卫自己的权利，我父亲就软了下来；可是我如果仍温顺驯服，他反而打骂我更厉害。"

另外一件事对毛泽东的内心也触动很大。毛泽东的堂叔毛菊生，家境十分贫困，毛泽东和母亲都非常同情他，娘儿俩每到年关就背着毛顺生给他们送米、送腊肉。因家境困难，毛菊生想卖掉家里的7亩上等水田。毛顺生知道后，便决意买进。不想遭到了文氏和大儿子的极力反对。

"买菊生的田，恐怕不太合适吧，他可是我们的堂弟啊，没有田，他们一家怎么办呢？"文氏小心翼翼地劝丈夫。

毛顺生说："管他兄弟不兄弟，我是用钱买田。"

"叔叔要卖田，是因急着钱用。既然我们家有钱买田，为什么不先借给叔叔一点。难道你不怕人家说我们吗？"毛泽东在一旁帮腔。

毛顺生一听，沉下脸来，粗着嗓子说："什么兄弟不兄弟，我给他钱，他给我田，天经地义，我是拿钱买田，又不是抢，人家有什么话说？你们女人家和小孩子没事别瞎掺和。"

最终，母子俩没有说服毛顺生，他执意买进了毛菊生的7亩水田。

这件事在少年毛泽东脑海里留下了极深的印象。新中国成立后，毛泽东在与毛菊生的养子毛泽连谈起这件事时，说："旧社会那种私有制，使兄弟间也不顾情义。我父亲和二叔是堂兄弟，但是在买二叔那7亩田时，就只想着自己发财，全然不顾手足之情，谁的劝说都听不进去。我后来思考这些事，认清只有彻底改造这个社会，才能根绝这类事情，于是下决心要寻找一条解救穷苦农民的道路。"

1910年，长沙发生饥民暴动，这个消息很快传到了韶山冲，毛泽东抖搂了族长毛鸿宾倒卖粮食的行为，毛顺生对于儿子的做法，非常生气，他怕儿子再惹是生非，就送他到湘潭的一家米店做伙计，随便学学生意。然而毛泽东不愿意接受父亲的这种安排，他很想到外婆家附近的东山学堂学习新知识。毛泽东为了得到父亲的支持，就动员舅舅文玉瑞、文玉钦等人来做思想工作。起初，毛顺生坚决不同意，他认为儿子所学的知识足够做生意、养家糊口之用。后来，由于大家都站在毛泽东一边，毛顺生只好妥协，答应了儿子的要求。那一年，毛泽东16岁。

1910年秋，毛泽东第一次离开家乡到湘乡县东山高等小学读书。临行前，他抄录了一首诗赠给父亲:"孩儿立志出乡关,学不成名誓不还。埋骨何须桑梓地,人生无处不青山。"这表达了毛泽东远大的抱负和志向。

1911年,毛泽东在东山高等小学校毕业后,希望继续到长沙求学,但仍然受到父亲的阻挠,他再次请来舅父及以前的老师,劝说父亲让他读书。在大家的苦言相劝之下,毛顺生再次妥协,应允毛泽东到长沙就读湘乡驻省中学堂。后来,毛泽东又进入全省高等中学、湖南省立第四师范和第一师范求学。毛顺生承担起儿子读书的全部费用。

在一般人的眼里,毛顺生是一个干活不惜体力、办事喜好算计的人,对待乡邻各啬,即便对于妻儿也很苛刻。但仔细想想,这也难怪,旧中国的农民,穷苦怕了,有多少人愿意将自己辛辛苦苦积攒下来的钱财任意施舍。其实,毛顺生的骨子里也有他急公好义、热心公益的一面。

1919年,在韶河上捐资修建了一座"韶麓桥",在桥旁树立的一块石碑上,至今仍留有当时捐款修建此桥的7个集体和8位个人的名单,其中就有毛顺生的名字。他一共捐资4块银元,居个人捐款的第三位。毛顺生还是家族中的"修谱司事"之一,主管房修项目。到了晚年,三个儿子相继长大,毛顺生在家族中的地位逐渐开始变得举足轻重,他不仅热心于毛氏宗祠的活动,还倡议成立捐谷协会,作为族产,帮助穷苦的本族亲戚。

事实上,毛顺生身上的许多优点,如吃苦耐劳、勤俭持家、性格刚强、爱憎分明等,都给了毛泽东积极的影响。

毛泽东虽然对父亲的自私、刻薄、专制不满,但从内心来讲,他一直是热爱自己父亲的。他刚从湖南第一师范毕业那一年,就特地接很少出远门的父亲来长沙治病。

1920年,父亲因患急性伤寒病医治无效,与世长辞,年仅50岁。毛泽东因为组织湖南"驱张"代表团到达北京,未能回家奔丧。他只能把对父亲的哀悼深深埋在心里。

1959年6月26日,毛泽东回到阔别32年的故乡,第二天清晨,他踏着露水,到父母坟前拜祭,并对陪同他的罗瑞卿等人说:"我们共产党人是彻底的唯物主义者,不信什么鬼神。但生我者父母,教我者党、同志、老师、朋友也,还得承认。下次再来,我还要去看看他们两位。"

毛朗明

> 毛泽东的堂弟。1945年4月，中国共产党第七次全国人民代表大会在延安举行，他作为韶山的唯一代表参加了这次会议。

　　毛朗明，1912年生于韶山，派名泽淋，字月有，是毛泽东的堂弟。

　　1925年2月，毛泽东回到家乡，在他的倡导之下，韶山掀起了轰轰烈烈的农民运动。毛朗明的父母都是农会中的积极分子，年仅14岁的毛朗明整日跟着父母闹革命，先是当儿童团员，随即又加入了中国新民主主义青年团，成为农民运动的骨干。

　　1927年春，毛泽东再次回到湖南考察农民运动，家乡人民在毛震公祠集会迎接毛泽东的到来。那一天，气氛非常热烈，毛泽东在会上作了热情洋溢的讲话，这些情景一直深深地烙在毛朗明的脑海中。

　　这年5月，湖南的大革命失败，韶山党组织也遭到了严重破坏，毛朗明与大多数韶山的积极分子一样，失去了与党组织的联系。年纪尚轻的他只能将一颗火热的心收藏起来，回家务农。

　　这样的日子一晃就是10年，1937年6月，韶山的共产党员毛特夫、毛远耀、胡觉民、邹祖培等从外地回到韶山，重新开展党的活动。同年11月，他们在徐特立的直接领导下，重新建立了中共韶山特别支部。

　　1938年8月，毛朗明加入了中国共产党，先后担任中共湘潭乡区委组织委员、书记等职。1939年8月，毛朗明接任韶山区区委书记，并任中共湘乡县委委员。

　　这年12月初，毛朗明被选为中共"七大"代表。他把韶山区委的工作移交给毛浦珠，自己则带上中共潭、湘、宁中心县委书记袁学之写给桂林八路军办事处的信，前往桂林，辗转数千里，经过千辛万苦的跋涉，于次年12月底抵达延安。

　　到达延安的第二天，毛泽东、朱德、张闻天、林伯渠等中央领导亲切接见了各位代表，并在中央党校附近的一个大饭馆设宴款待。宴会开始时，毛泽东端起酒杯致欢迎词。毛朗明在餐桌上再一次见到敬爱的堂兄,听到他纯正的乡音,感到分外亲切。

当毛泽东端着酒杯到代表席上逐一敬酒并一一询问代表的姓名和籍贯时,毛朗明感到格外的激动。很快,毛泽东走到他的跟前,和蔼地问道:"你是哪里人,叫什么名字?"毛朗明起身答道:"我是韶山的,名叫毛朗明,派名毛泽淋。"

毛泽东听了,惊喜地问道:"呵!你是韶山哪个屋场的?"

"龙坝湾。"毛朗明响亮地答道。

"你父亲是哪个?"

"毛秋阶。"

"呵!你是秋阶二叔的儿子。好呀!好呀!你也当上代表了,这是我们韶山的光荣。"毛泽东异常高兴地说。

毛朗明见毛泽东对待家乡人那么的热情,连忙说:"主席,韶山的父老乡亲要我代表他们向您表示问候。我还有许多情况要向您汇报。"

毛泽东爽朗地笑着道:"你什么时候有空,到我家里来坐一坐吧。"

后来,毛朗明留在延安,暂时进入中央党校学习。不久后,他给毛泽东写了一封信,把自己来延安的情况大致介绍了一下,并详细汇报了韶山的党组织和乡亲们的生活情况。但是,不巧的是,毛泽东没有收到毛朗明的这封信。

1942年8月,毛朗明与来自韶山冲的堂弟毛泽普及另外两位乡亲一起去见毛泽东。毛泽东正在院内看书,见毛朗明等人来了,连忙起身迎接。毛泽东向毛朗明简单地询问了在中央党校学习的情况及学员的思想状况,然后又问起家乡各方面的情况。几个人一一做了回答。

一谈起韶山,毛泽东总是兴致勃勃,他记忆力超凡,对家乡的一些老人、一些事情记得很清楚。

谈话在轻松的气氛中结束,毛朗明高兴地回到了中央党校。

1944年上半年,党中央确立了在巩固和发展华北、华中等抗日根据地的同时,以一部分力量向北发展,以主要力量向南发展的方针。这年7月,王震、王首道率八路军三五九旅一部组成南下支队,准备开辟新的根据地。

毛朗明获知这些消息后,欣喜万分。他迫切希望能随部队回到家乡看看,于是与许多从湖南来的同志一起,要求跟随三五九旅南下开展工作。毛朗明下定决心以后,便去枣园见毛泽东。

毛泽东正在家中看文件,一见毛朗明,便高兴地招呼他坐下。毛朗明向毛泽东说明了来意,毛泽东当即表示同意,并勉励他回家好好工作。中午,毛泽东留毛朗明吃了午饭。

正当毛朗明做好南下的一切准备时,中央组织部帅孟奇大姐找他谈话,说党的第七次全国代表大会马上就要召开,他是湖南派来的代表,要求他暂不南下,等参加完七大后再说。1945年4月,中国共产党第七次全国人民代表大会在延安举行,毛朗明作为韶山的唯一代表参加了这次会议。

6月初,七大结束,毛朗明于11日离开延安,随三五九旅第二梯队南下,转战河南等地。8月15日,日军投降,毛朗明到了东北,11月抵达辽宁抚顺。此后,他历任东北民主联军保安旅一团二营教导员,县武装大队任副政委,1948年任县保安团副政委兼政治处主任。东北解放后,随部参加了平津战役。

新中国成立后,毛朗明曾在上海、浙江从事空运工作。1958年转业后调回湖南,先后担任湖南农业机械厂党委书记、湖南省总工会组织部长、湖南省动力机械厂革委会副主任等职。

毛浦珠

他是毛泽东的堂弟。得知他不幸病逝的消息,毛泽东十分惋惜地说:"浦珠很能干,20多岁就当上了地下党的区委书记……"

毛浦珠,派名毛泽合,字孟甲,1917年3月出生于韶山冲东茅塘一个农民家庭。父亲毛麓钟,是韶山毛氏家族唯一的秀才,阅历广博、思想先进,曾当过毛泽东的塾师。母亲张清文,具有坚忍不拔的个性,在丈夫去世后,独自带着两个幼儿,艰难地生活。在革命时期,这位豪爽的妇女还担任过韶山冲农协妇女主任。毛浦珠的弟弟毛泽普,思想进步,1938年去延安。

毛浦珠从小在母亲的熏陶下,性格开朗坚强,好打抱不平。父亲去世的时候,他才四五岁大,家中只有6亩薄田,生活十分困难,因此他只读了几年私塾,就不得不辍学回家种地。

1928年1月,地下党员邹祖培秘密回到韶山,在毛月秋家成立了中共湘潭特别支部,隶属省工委。十年国内战争时期,这批共产党员艰难地在白色恐怖笼罩的韶山一带宣传革命思想,发动群众与反革命军队作斗争。十来岁的毛浦珠每天晚饭后,即与好友毛朗明等一起听他们讲政治形势,阅读进步报刊。1935年,红军长征胜利到达陕北,延安逐渐成为进步青年向往的革命圣地。出于对毛泽东的崇拜,以及对革命的向往,毛浦珠开始参加地下党支部的活动,替党支部站岗望风,传递信息。1938年5月3日,经过几个月的考察,党支部同意吸收他为中共党员。

1938年8月,毛浦珠当选为中共韶山区委委员,负责组织工作。同年12月,毛朗明当选为中共七大代表,前往延安,毛浦珠接任书记。在毛浦珠的努力下,韶山地下党组织很快发展到6个支部,90多名党员。

1940年,毛浦珠孤身打入国民党内部开展地下工作。通过四处活动,他担任了清溪乡十六保保长。在此期间,他以保长身份结识乡公所一批下层工作人员,逐渐掌握了清溪乡大部基层政权。1944年6月,湘潭被日军占领,毛浦珠说服当时任清溪乡乡长的开明绅士毛国翘,将乡公所自卫队训练成一支抗日武装,由自己率领。随即,他与李勋启率领韶山自卫军袭击了驻扎狮子山的日伪维持会,有力地打击了日伪军的嚣张气焰。

1944年8月,根据省工委指示,在韶山成立了中共清溪区委,毛浦珠任书记。同年11月,王震、王首道率八路军三五九旅南下支队4000余人,向豫鄂湘粤敌后挺进,开辟新的抗日根据地。次年8月,部队进入湘潭境内,毛浦珠与毛楚雄、毛臻一同来到湖南汨罗白鹤洞,参加了八路军,被安排在支队政治部工作。不久,支队接到命令北上,与李先念率领的中原军区部队会合。

长期紧张的工作,加上战争年代得不到适当的营养补充和及时的医治,毛浦珠的身体变得十分虚弱,免疫能力低下。后来,在行军途中,他染上了痢疾和伤寒,病情日益加重。1945年10月中旬,毛浦珠终因医治无效,病逝于湖北孝感蔡店,年仅28岁。

新中国成立后,毛浦珠被追认为革命烈士。

1953年9月,毛泽东在北京接见毛远耀的儿子毛臻时,特意询问了毛楚雄与毛浦珠当时逝世的情况。毛臻悲痛地回忆了他们三人随王震三五九旅北上,转战中原,毛浦珠最终病逝于湖北孝感的经过。毛泽东听后十分惋惜地说:"浦珠很能干,20多岁就当上了地下党的区委书记,可惜死得太早了!要是活到现在,他很可能成为党的一名重要干部。"

感叹良久,毛泽东又叮嘱毛臻说:"世美,你如果回老家去,请代我看望几位父老乡亲,特别要问问浦珠的母亲好!"

毛爱桂

> 毛泽东的族叔、邻居。从小就为毛泽东的革命活动站岗放哨,打听消息;新中国成立后,毛泽东不仅十分关心他的身体,而且寄钱帮助他解决生活困难……

毛爱桂,派名贻业,生于1914年9月,是毛泽东的族叔,邻居。

1925年2月,毛泽东回韶山一边养病一边开展农民运动。当时正值农闲,农民们在一起聊天、娱乐,毛泽东经常参加其中,并借机向乡亲们宣传革命道理。很快,在毛泽东的发起下,韶山成立了"雪耻会",并发展了毛福轩、毛新梅等共产党员,成立了中共韶山支部。那时,支部成员常来毛泽东家开会,为了安全起见,他们一般以打牌作掩护。11岁的毛爱桂见哥哥毛爱堂总与毛泽东在一起,有时也凑来玩耍。毛泽东见他十分机灵,就经常让他站岗放哨,打听消息。1927年,大革命失败,毛爱桂为了避免国民党政府的搜捕,随母亲外出讨米,苦度岁月。1930年,才得以回乡,靠种田为生。

1949年冬天,毛爱桂托人给毛泽东写信,打听哥哥毛爱堂的下落。毛泽东接到信后,于次年5月,派回乡省亲的儿子毛岸英顺道前去看望毛爱桂,毛岸英谨遵父嘱,随即来到居住在长旭冲的毛爱桂家,代表父亲看望他们夫妻俩。一个月以后,毛泽东又亲自给毛爱桂写信,告诉他有关毛爱堂的情况。信是这样写的:

爱桂先生:

  来信收到。令兄爱堂于1926年参加了北伐军,在广东曾见一面,以后即未见过。有人说已牺牲了,极为可惜。这是为国家牺牲,是光荣的。此复,并候合家清吉。

毛泽东
一九五〇年五月十二日

大哥牺牲了，毛爱桂一家都十分悲痛。不过，看了毛泽东的信后，心里面又有了一些安慰。毛主席说得对，哥哥是为国家牺牲的，是光荣的。

当时，毛爱桂的眼睛一直不好，不能参加重的体力劳动，老伴身体有病，儿子毛泽林才14岁，一家生活非常困难。在此情况下，毛爱桂只好再次给毛泽东写信，希望能够介绍他的儿子外出学习。信中说：

敬爱的毛泽东主席：
　　您老人家好！
　　您离开韶山几十年了，为了穷人的翻身，为了中国革命，您到处奔走，今天中国革命成功了，没有哪个不欢迎、不高兴！
　　主席，我是毛竹平之子毛爱桂，家里有6口人吃饭，仅我一个人劳动。我眼睛又不好，只有一点亮，没有钱医治。其实，有钱治好的话，我是还可以参加劳动的，免得增加国家的负担。
　　主席，我有一个儿子，已经14岁了，读过小学四年，高小两年。我想培养他出来为国家做点事情，可惜没有能力。感谢您老人家的关怀，如果有机会学习，您介绍他出去学习几年好吗？

接到毛爱桂的信后，毛泽东心中很不是滋味，他回了一信，同意毛爱桂向有关单位申请，让其子毛泽林出来工作。不久，在组织的安排下，毛泽林就在株洲市商业部门的一个国营公司参加了工作，后调工商银行韶山冲办事处，儿媳则在韶山宾馆总服务台工作。

1954年中秋节前后，邹普勋到北京看望毛泽东。闲谈中，毛泽东还仔细地打听毛爱桂的情况，并捎给他4丈棉布。

1955年的4月左右，毛爱桂在毛泽东的邀请之下，上北京面见毛泽东。一见面，毛泽东就拉着他的手说："快30年不见了，都认不出来了。"毛爱桂很激动，忙说："主席您还好呀！韶山人都想您。"

毛泽东看了看毛爱桂的眼睛，关切地说："我听说你的眼睛不好，现在治好了吗？"

"1951年、1952年，政府出面，让我在长沙住院治疗了一年时间，回到湘潭后又治疗一个多月，花了很多钱，全部是由政府负担的。现在失明的眼睛恢复得很好。政府还给我购置了一套被子，并照顾我200元钱和200斤大米。现在日子好过多了。"毛爱桂感激地说。

毛泽东听了，很开心，笑道："治好就好。"

这次北京之行，毛泽东又给了毛爱桂200元钱，帮助他一家解决生活困难。

1959年6月，毛泽东回家乡，在松山招待所接待烈士家属时，再次见到了毛爱桂。对这位老邻居，毛泽东亲切地说："爱堂的牺牲，令人遗憾，但他是为国捐躯的，很光荣，你们亲属也光荣，不要难过，活着的人，应该多为国家作贡献。"在招待宴上，毛泽东再次对毛爱桂说："你的眼睛不好，注意不要太劳累，能干的活就做，不能做就不要硬来，把治好的眼睛弄坏，就划不来了。"毛泽东的一席话，使毛爱桂如沐春风，多年来，一直不能忘怀。

毛特夫

> 他是烈士毛新梅的儿子,是毛泽东的堂侄。毛泽东曾勉励他,要和群众打成一片,把湘潭县建设好,当好湘潭人民的"父母官"……

毛特夫,生于1912年阴历三月初七日,派名远绵,字特夫,号德武,曾化名沈德武、马斌,是毛新梅烈士的儿子。

1929年秋,父亲毛新梅英勇牺牲后,母亲沈淑华悲痛万分,终日以泪洗面。一个36岁的妇女带着5个孩子,生活十分困难。毛特夫的一个伯父和两个叔父因为毛新梅的缘故,不得不逃亡在外,有家不能归。其他亲友也因为不想招惹麻烦,避而远之。17岁的特夫只好与母亲一边讨米,一边耕作家中仅有的一点薄田,日子过得清苦不堪。

毛新梅牺牲的那年冬天,毛泽民在天津得悉这一噩耗,立即派人来韶山接毛特夫去天津参加革命,从而也减轻了他家中的负担。1930年3月,表现突出的毛特夫在毛泽民的介绍下参加了中国共产党。

1933年,毛特夫被派往赣东北苏区工作,在红军大学第五分校担任政治教员。1934年6月,党组织安排他担任红军总医院宣传科长兼党总支书记。1935年3月,毛特夫随部队进行游击作战时被敌人包围,不幸被俘,同年12月,由九江"感化院"遣送回家。次年1月,他辗转回到韶山,在族校中当起了教员。

抗日战争爆发后,国共开始第二次合作,韶山的地下党活动开始活跃起来。1938年1月,韶山区特别支部成立,毛特夫任宣传委员,4月任湘乡县工委书记,1939年11月调任衡阳工委书记。

毛泽东一直对毛新梅烈士的家属很关心,曾多次给沈淑华寄钱,接济其一家的生活。1940年,在毛泽东的关心之下,党组织决定调毛特夫去延安学习,但是因为一些客观原因,毛特夫没有能够奔赴延安,一直在家乡从事革命工作。

毛特夫没有去成延安,这令毛泽东有些遗憾,但他对毛特夫的成长仍然十分关心。湖南和平解放前夕,毛泽东曾在百忙之中,致电毛特夫,勉励他继承父亲的遗志,努力工作,全心全意为人民服务。

1949年7月,毛特夫由中共湘中地委派任湘中纠察总队政委。8月,湖南和平解放,毛特夫所在部队被改编为一三八师独立支队,他担任政委。

新中国成立后,毛特夫离开部队,担任湘潭市(县辖)市长,不久又担任湘潭县副县长。在此期间,毛泽东曾多次通过书信或其他形式向毛特夫了解家乡湘潭的情况。

1954年冬天,毛特夫参加在北京举办的政法干部学习班,他专门提前来到北京,想借此机会见见毛泽东。到京后,他给毛泽东写了一封信,介绍了自己最近的情况,并表示了想看望主席的愿望。

毛泽东接到毛特夫的信后,高兴地答应见见这位来自家乡的父母官。在丰泽园毛泽东的会客厅里,毛特夫见到了崇拜已久的毛主席。当时在场的还有毛泽东的堂弟毛泽连,以及他的同窗好友、启蒙老师邹春培之子邹普勋,青少年时的朋友张有成等人。

见到毛特夫,毛泽东非常高兴。他拍着毛特夫的肩膀,上下打量道:"你就是新梅六哥的儿子,我们家乡的父母官呀!"见到昔日的小儿童团员如今成了国家的栋梁,毛泽东感到由衷的欣慰。

寒暄之后,毛泽东便与乡亲们一边品茶一边谈论乡间的情况。他对毛特夫说:"农村要多喂猪,多积肥,多打粮。人民有了饭吃,每天能吃几两猪肉,日子才会安定,生活水平才能提高。"

毛特夫则向毛泽东汇报了自己在湘潭县的工作情况。对此,毛泽东给予了鼓励和支持。

谈完工作之后,大家又聊起了家常。

毛泽东问毛特夫:"你母亲好吗?"

"主席,我妈叫我代她向您问好。她身体还好,就是有点老毛病,一感冒就咳嗽、气喘。"毛泽东关切地说:"冬天要多穿点衣服,防止感冒,有病还是要治。你一定要好好照顾你娘!你父亲死得早,你那时还小,你母亲把你们兄弟几人拉扯大,不知吃了多少苦头呢!现在,你们长大成人,日子过得好了,可不要忘记母亲呀!"

毛特夫很感激,连忙说:"孝敬母亲是我们做儿子的义务。"

"对!敬老尊贤是我们中华民族的美德,要做到这一点,还要言传身教,让后一代发扬光大。"

毛特夫觉得主席讲得很有道理,他很认真地听着,不时地点点头。

"你有几个小孩?"毛泽东继续问。

"五个。"毛特夫答道。

"要教育孩子好好读书,努力学习。"

这天中午,毛泽东特意备了午餐,与乡亲们一起用餐。饭菜很普通、简单。毛泽东不停地敬酒夹菜,使气氛更加活跃起来。

饭后,毛泽东勉励毛特夫道:"德武,你是烈士的儿子,你要继承父亲的遗志,和群众打成一片。把工作做好,把湘潭县建设好,以不辜负群众对你的信任。"

毛特夫郑重地点了点头说:"我会尽力去做的,决不辜负主席您的期望。"

1955年6月,多年从事地方工作的毛特夫,当选为湘潭县县长。

这年12月,毛特夫结束了在中央政法干校的学习。临回家之际,他又给毛泽东写了一封信,要求再见一见主席,得到了毛泽东的同意。毛特夫怀着喜悦的心情,来到中南海。令他感到意外的是,在宽敞明亮的会客厅里,他还见到了刘少奇委员长和周恩来总理以及来自家乡的几位乡亲。

毛泽东对刘少奇、周恩来介绍说:"这是我家乡来的几位客人,今天特意请你们两位来,和他们一起谈谈。"

当时,我国的农业合作化正在掀起高潮,毛泽东非常关心农村的合作化情况,因此他在谈话中主要是向乡亲们询问家乡土改和合作化的情况。

毛特夫认真地听着,仔细地回答着毛泽东等人的询问。

饭后,乡亲们纷纷告辞走了,毛特夫留了下来,毛泽东继续和他谈话。"德武,你是学政法的,想不想留在北京工作?"毛泽东忽然问道。

毛特夫考虑了一下,说:"主席,我留在北京当然好,但家乡人民选我当了县长,我要回去履行自己的职责,报答父老乡亲。再说,我家里上有老母,下有几个小孩,还需要人照顾呀!"

毛泽东听了,满意地说:"你的想法不错!回去后,当好人民的公仆,带动全县人民把家乡建设好。"

接着,毛泽东又向毛特夫了解了几个乡下亲友的生活,叫秘书拿了400元钱给毛特夫,并嘱咐道:"你回去替我转给他们。"他拿起一支笔来,说:"我写个条子给你,你回去好发给他们。"

这张白纸上,毛泽东认真地写道:

> 毛学梅二百元,邹建勋的儿子二百元。
> 以上共四百元,交毛特夫同志转交。

1956年初,毛特夫回到湘潭,履行县长之职。他始终牢记着毛泽东的教诲,勤勤恳恳工作,老老实实做人,以身作则,努力带领家乡人民进行经济建设。但是,由于他坚持原则,也得罪了一些人。尤其是他在兼政法委书记期间,坚持司法独立,反对行政干预过多,因而被一些人指责为右倾。1957年在"大鸣大放"中,因他提出"县委对政府工作包办得太厉害,以党代政是事实",被指责为"反对和攻击党的领导,与党分庭抗礼"。1958年4月,毛特夫被划为右派,开除党籍、干籍,下放到湘潭县中路铺一个食堂劳动改造。

1959年6月,毛泽东回到离别多年的家乡韶山,他在松山招待所设宴招待父老乡亲,特地接见了毛特夫的母亲沈淑华。当时毛特夫在湘潭县城之南的一个公社参加劳动,接受"监督改造",他没听到毛泽东回乡的消息,同时也不可能去见毛泽东。

"文化大革命"中,毛特夫因被打成"叛徒"、"五一六"分子,他倍感痛苦和委屈,曾就自己的处境写过一份4万余字的申诉材料,想托人转交毛泽东,也未能如愿。

1978年,蒙冤20年的毛特夫得到了平反昭雪,并恢复正县级待遇。可是此时的毛特夫已是一位半身不遂、身患多种疾病的老人了。

1982年5月1日,毛特夫长期病痛发作,造成脑血栓,不幸逝世,享年70岁。中共湘潭县委、县政府为他举行了隆重的追悼会。《湖南日报》也发了消息,肯定了他在几十年中,为党、为人民的事业做出了有益的贡献。

谈笑人依旧

毛继生

> 毛泽东的远房叔父。在出席中华全国供销合作社第一届第一次社员代表大会期间,受到毛泽东的热情接待……

毛继生,派名贻第,又作贻弟,生于1922年,与毛泽东的父亲毛顺生(毛贻昌)同属贻字辈,是毛泽东的远房叔父。

新中国成立前,毛继生参加过地下党组织。1954年,他担任了湘潭县第四区供销合作社主任,由于工作出色,当选为湘潭地区出席中华全国供销合作总社第一届第一次社员代表大会的代表,前往北京参加这次会议。

与毛继生一起到北京开会的,还有湘潭地区的邹祖培、庞柱中。邹祖培,1925年曾参加过毛泽东在家乡组织的"雪耻会",与毛泽东有过较密切的交往。在北京开会期间,他们三人联名写信给毛泽东,表达了想见一见毛主席的迫切愿望。会议结束后,毛泽东即派自己的秘书带他们来到中南海怀仁堂。第二天,几个人坐火车来到了北戴河。在北戴河住地门口,毛泽东面带笑容地接待了他们,并表示了热烈的欢迎。

毛泽东亲切地询问了家乡的生产、生活情况。一开始,毛继生显得有些拘谨,坐在一张沙发上,两腿紧紧地并拢,两手放在膝盖上,满脸严肃。起初,毛泽东没有注意到毛继生的不自在,亲热地跟客人们打听家乡土地改革、三反五反、互助组的情况。

可是,毛泽东问一句,他们答一句,气氛很不活跃。毛泽东观察到大家的神情,会心地笑了笑。然后,他把目光转向毛继生,亲切地问道:"你是什么辈分?"毛继生老老实实地答道:"贻字辈。"毛泽东笑着说:"论辈分,我还得叫你叔叔呀!"

"不敢当,您是全国人民的领袖。"毛继生脱口答道。话音刚落,他感到很奇怪,刚才紧张的情绪不见了。他站起身来,将随身带来的一些土产送给毛泽东,羞涩地说:"主席,这是从家里带来的,请您收下。"毛泽东笑着收下。为了消除大家的紧张情绪,他又给他们讲了一个自己儿时的故事。

在韶山南岸私塾后边,住着一位名叫周世泰的婆婆。在她的宅基地旁,周婆婆种有不少枇杷树、梅子树和桃子树。每年到了果子成熟时,小孩子们就天天围着树上的果子转。但周阿婆爱树如命,守得极严,常常将偷果子的小伙伴们追得满村乱跑。毛泽东每每带领小伙伴与周婆婆作对,令婆婆非常苦恼。毛泽东的故事逗得在座的几个人哈哈大笑。

时间过得真快,转眼该吃午饭了。毛泽东用家乡的特色菜风味腊肉、火焙鱼招待客人。看着毛泽东津津有味地吃着家乡菜、谈笑风生的样子,毛继生非常感动。

饭后,毛泽东又把自己的孩子们叫了出来,一一介绍给客人。介绍到毛继生时,毛泽东指着他对孩子们说:"要叫叔公呀!"在这样的场合下,毛继生涨红了脸,摆手说:"不敢当,不敢当。"毛泽东连忙大声说:"敬老尊贤还是要的,受了,受了。"

午饭后,毛继生等人随毛泽东到渤海湾游泳。对于毛泽东的邀请,他们感到新鲜,在这里,他们还见到了已到海边的刘少奇委员长和朱德总司令。毛泽东把他们三人向刘少奇、朱德两位首长作了介绍,然后,大家便一起下海游泳。

后来,毛泽东还邀请他们乘车去山海关游玩,大家玩得非常尽兴。

第三天清晨,毛继生等人决定启程回京。毛泽东给他们每人半条"大前门"香烟,然后又叫工作人员拿来三篓桃子,分送给他们。此外,还给邹祖培、庞柱中各送了一个箱子、一根手杖、一双皮鞋。临上车时,三个人激动地一一同毛泽东握手。毛继生说:"主席已经有二十六七年没有回去了,现在家乡人民生活好了,都念着您,希望您能回去看看呢!"毛泽东陷入了沉思,良久,他才对毛继生说:"难为家乡人的好意!但现在恐怕难。"

北京之行,毛继生收获良多。因为在这次中华全国供销合作总社第一届第一次社员代表大会上,他还光荣地当选为全国供销合作总社候补执行委员。1956年,他又被选为执行委员。

1959年6月,毛泽东终于回到了已经阔别32年的故乡韶山。当时已是韶山公社党委书记的毛继生,陪同毛泽东看望了乡亲们,并在毛泽东的吩咐之下,筹备了毛泽东宴请乡亲的聚餐会。

刚到韶山,毛泽东就告诉毛继生等人:"我离开韶山几十年了,要请乡亲们吃饭,一是我的戚族,包括老表、堂兄弟;二是烈属、军属;三是老地下党员;四是大革命时期的农民协会会员、自卫队员。"毛继生细心地听着、记着,第二天晚上,在他的精心安排之下,毛泽东与亲友们欢聚一堂,共享盛宴。

随后,毛继生还陪同毛泽东参观了故居,祭奠了祖坟,并参观了韶山的农田水利设施。

20世纪60年代以后,毛继生曾担任过岳阳县革委会副主任、湖南省韶山区革委会副主任等职。

毛逸民

> 毛泽东的族叔,早年即思想进步,积极加入中国共产党。新中国成立后,经常给毛泽东写信反映韶山农民的生产和生活情况。

毛逸民,生于1909年,派名贻柏,字桂圃,韶山乡韶光村人,毛泽东的族叔。

毛逸民出生于一个小康家庭,先后在韶山、湘潭等地读书,中学毕业后,曾担任过小学教师。1929年进入国民党部队当兵,1930年退役后,回到家乡重新开始教书,任韶山第十八校的教员、校长。

毛逸民早在读书期间,就经常看一些进步报刊,思想上倾向于中国共产党。1938年9月,毛逸民在中共韶山区委书记孙子仁的介绍下,加入了中国共产党,与韶山的地下党员毛特夫等人在韶山建立小型图书馆,表面上与普通图书馆一样,但是他们暗地里尽量从外地弄来一些进步书刊,秘密组织青年阅读,传播马列主义。

1944年,毛逸民在中共潭、湘、宁边区县工委书记庞柱中的直接安排下,利用自己的教职作掩护,加入国民党三青团,并担任清溪乡公所文化股主任兼第15保保长,暗地里为党工作。解放战争时期,毛逸民担任了中共韶山区委委员兼铁皮村党支部书记,而公开身份则是国民党第15区分部书记。

1949年8月,湖南解放,毛逸民迅速投入新的革命战场,参加新中国的建设事业。1949年12月,他在湘潭县第三区参加工作,并担任第三区区委宣传委员。

1950年1月,毛逸民将自己在家乡做基层干部时所遇见的问题以及解决方法,向毛泽东写信作了汇报,并提出政府应该对韶山的烈士家属优先给予照顾。5月8日,毛泽东给他回了一封长信。在信中,毛泽东写道:

逸民同志:

  一月三日来信收到,感谢你的好意,感谢你详细地将乡里情形告诉我。

　　乡里贫苦人民生活困难，烈士家属更加困难，暂时只好忍耐一点，待土地改革后就可能好一些了，那时人民政府也可能给人民一些帮助，例如贷款等，人民就可以逐步改善自己的生活。

　　烈属的照顾是全国范围内的事，全国有几百万户烈属，都要照顾，自未便单独地特殊地照顾少数地方。但最困难的人民，当地人民政府在减租时、土改时及青黄不接的岁月，应当尽可能给以照顾。

　　你在乡里做工作，很好，可以常常来信，告以乡中情形。

　　请你替我问候乡里的同志们，希望大家努力和进步。

　　此复，顺祝

　　健康！

毛泽东
一九五〇年五月八日

　　毛泽东在信中婉言拒绝了毛逸民提出的要求，因为在他看来，韶山的烈属与全国各地的烈属一样，绝不能搞特殊化。然而，对于韶山烈士家属的生活情况，毛泽东一直十分惦记。每次接到烈士家属的来信时，他总是亲笔回信，鼓励他们努力搞好生产，解决生活困难，并多次从自己的稿费中拿出钱来，给予接济。

　　毛逸民读了毛泽东的信后，深深地为毛泽东公而忘私的崇高精神所感动。在随后的工作中，他不仅经常给毛泽东写信反映韶山农民的生产和生活情况，而且时刻牢记着毛泽东的教诲，在工作中尽量为军烈属排忧解难。

毛智珠

> 毛泽东的堂兄。毛泽东对他非常尊重,曾接他到中南海叙旧,并安排他游览长城、秦皇岛等地,临别时又送礼物给他……

毛智珠,派名泽先,字联甲,号智珠,生于1888年6月7日,长毛泽东5岁。

毛智珠是毛泽东的堂伯父毛福生的第二个儿子,有亲兄弟三人,前有毛宇居,后有毛碧珠。毛智珠年轻时曾教过书,种过田,为一家的生计而奔波。他为人正直,生活勤俭,历尽艰辛,终于把儿女们一个个都培养出来了。土地革命时期,他先将长子毛远耀送到队伍,参加革命。抗日战争时期,又将次子毛远翥送到延安,参加抗日救亡。解放战争时期,他还支持三儿子毛远翔参加地下斗争。新中国成立后,小儿子毛远义也响应党的号召,参加了革命工作。

毛泽东对堂兄毛智珠非常尊重,曾给予极大的关怀。1950年5月12日,他在给侄子毛远耀的信中就曾提到:"你父母照片收到,请你代我问候他们。"

新中国成立初期,毛智珠前往北京,在长子毛远耀处住了一个多月。毛泽东听说堂兄到了北京,便把他接到中南海来叙旧。毛智珠称毛泽东为"主席三弟",毛泽东则称毛智珠为"智珠四哥"。两人久别重逢,畅谈往事,感慨万千。此后不久,毛泽东叫秘书安排飞机,让毛智珠游览了长城、秦皇岛等地。临别时,又送给他手杖、夹衣等礼物作为纪念。

毛泽东对毛智珠的关怀,令毛智珠一家深为感动,其子毛远翔曾作诗云:"难忘盛事中南海,幸福花开手足情。"

1956年12月,毛泽东在接见毛智珠的两个儿子毛远耀、毛远翔以及毛远翔的妻子胡觉民时说:"你们的父亲,我还记得很清楚,因为1951年我接他到北京住过一段时期。""你母亲是什么样子,我已经有些记不清楚了。1950年,接到你们寄来的照片,我才又想起来了,她是个非常忠厚的人。"

毛远耀于1957年调任武汉测绘学院党委书记,他把操劳一生的父亲接到武汉同住。毛智珠的晚年生活过得十分幸福。

1962年10月30日,多年重病缠身的毛智珠病逝于湖北医学院,终年74岁,归葬于韶山故土。生前他曾自撰挽联:

老夫享年七十有四,历尽艰辛,晚景正欢娱,漓漓江汉留鸣记;
儿孙担当革命工作,全心为党,我生无愧憾,郁郁圆葵向太阳。

其子毛远翔在悼念父亲的诗中,对操劳一生的父亲有过这样的描述:

一生辛苦为儿曹,盼得东方红日高。
底事沉疴长不起,春风浩荡正今朝。

毛裕初

毛泽东的同宗叔祖父。从小与毛泽东交好,同桌学习。1957年11月,毛泽东特地捎信回家,并派人将他请到北京叙旧。

  毛裕初,又名玉初,派名恩谱,号鼎言,生于1889年,家族中排行第五。他家住在韶山印山冲,是毛泽东的同宗叔祖父。毛裕初从小与毛泽东交好,一起上学,而且还是同桌。因此毛泽东始终记挂着这位少年时的朋友。

  新中国成立后,毛泽东家乡的许多亲戚先后到北京拜访过毛泽东,毛裕初也不例外。1957年11月,毛泽东特地捎信回家,派人将毛裕初请到北京。

  到底是几十年没有见面了,当毛裕初来到中南海丰泽园时,毛泽东实在无法把眼前这个小老头与当年一起读书的同学毛裕初联系起来。他拉着毛裕初的手,端详了许久,一时不知如何用家族中的辈分来称呼,只好无奈地问:"想不起来了,你是哪一辈的?"

  "恩字辈,谱名叫毛恩谱。"毛裕初笑着回答。

  "那你是我的叔祖父了!"毛裕初听了,有些不知所措,连忙摆手说:"主席,不敢当!不敢当!"

  毛泽东拉着毛裕初的手,请他坐下,两人开始聊起当年在塾师邹春培那里读书的情况。毛泽东说着、听着,就陷入了对往事的回忆之中。他高兴得像个孩子,仿佛又回到了50年前的儿童时代。

  停了会儿,毛泽东招呼毛裕初喝茶,便问起韶山乡下的一些情况:现在农村情况如何?社员生活过得好不好?大家心情舒畅不舒畅?

  "主席帮助我们翻了身,现在的日子算是好多了,农村没有讨饭的了,大家都能自力更生,凭自己的力气吃饭。"毛裕初答道。

  毛泽东点了点头,关切地问道:"现在每人每年能吃多少谷?每天吃多少米?"

"一年平均500斤吧!"

毛泽东心算一下,说:"还是不够呀!摊到每天,只能吃1斤多谷,我们的政策是不让大家饿肚子。农民一年四季,泥里水里,风里雨里,到头来连肚子都吃不饱,真让我这个国家主席过意不去。"毛裕初见主席动了真情,连忙劝道:"是少了点,但比起以前大家出去讨米,不知强到哪里去了。"接着,毛泽东又问了毛裕初关于粮食产量的问题,毛裕初据实回答,并将现在乡间出现的一些虚报产量的苗头反映给了毛泽东。

转眼几个小时过去了,毛泽东请毛裕初共进午餐。吃饭时,他热情地招呼毛裕初吃菜,并率先向他敬酒。毛裕初有些诚惶诚恐,赶忙端起酒杯站起来说:"主席给我敬酒,真是不敢当。"毛泽东笑着说:"你是我的叔祖父呀,这可算是敬老尊贤嘛!"毛裕初见毛泽东如此亲切,心情舒畅极了,一连喝了几盅,脸上顿时泛起了红光。

在北京期间,毛泽东派人陪同毛裕初游览了北京的名胜古迹。由于离家多日,很快,他开始惦记着想回去了。临别前,毛泽东问他:"这次来北京到处都看了吗?"毛裕初笑着说:"这次来,什么都看了,什么地方都玩了。不过……"毛裕初迟疑了一下,没好意思往下讲。"有什么不能说?"毛泽东感到奇怪地问道:"我,我想见一见飞机场。"毛裕初终于说出了自己的想法。毛泽东听了爽朗地笑了,对毛裕初说:"这次坐飞机回去吧!一路上看个够!"说完,毛泽东又回头对秘书说:"拿200元钱,给他做零用。"

毛裕初想:玩也玩了,见也见了,坐飞机回家,现在主席还要给钱,心里开始过意不去了。他连连摆手说:"那怎么好!主席您开支大,人来得多,我不能要你的钱。"毛泽东将钱硬塞在毛裕初手中,说:"不要嫌少,先拿200元回去用,如果有困难,你写信来,我再给你寄。"

毛裕初带着毛泽东的祝福和馈赠的衣物回到韶山。此后,他时常给毛泽东写信告知家乡的变化。

1959年6月,毛泽东回到久别的家乡,他再次邀请毛裕初到松山招待所共进晚餐,并合影留念。在招待会上,毛裕初如实地反映了当时"浮夸风"的问题,并对公共食堂等做法提出了自己的意见。毛泽东连连夸奖毛裕初说:"你讲得好,这样的话,只有家乡的人能告诉我,在北京,是难以听到的。"

毛新宇

> 毛泽东唯一的孙子。毛泽东亲自为他起的名字，寄托了对自己的孙子和自己的祖国同样美好的愿望。

毛新宇，生于1970年1月17日，父亲毛岸青，母亲邵华。

毛新宇是毛泽东唯一的孙子。毛泽东亲自为他起名为"新宇"，寄托了他对自己的孙子和自己的祖国一样美好的愿望。

1976年9月，爷爷毛泽东与世长辞。那时毛新宇才6岁多，心里面很悲痛。但更让他们悲痛的是，江青视他们为眼中钉，甚至在全国举丧的日子里，也把他们一家排斥在亲属的行列之外，不让守灵。他们只有跟随普通群众的队伍向毛泽东的遗体告别。

20世纪80年代中期，毛新宇在北京大学附属中学读书。当同学们知道他是毛泽东的孙子时，非常好奇，时常会见到三三两两的男女学生，对他指指点点，但是毛新宇从来没有为此恼怒过。

1986年，毛新宇作为中国青年代表团的成员，前往朝鲜民主主义人民共和国进行友好访问。金日成主席接见了代表团，当他与毛新宇握手时，毛新宇毕恭毕敬地说："金主席，您好！我代表我们全家，祝您身体健康！"金日成望着他，点头致谢："能在朝鲜见到你我很高兴。"

9月1日，毛新宇和黄继光、邱少云等烈士的亲属一起来到烈士陵园扫墓。他来到伯父毛岸英烈士墓前，禁不住热泪盈眶。这时一位朝鲜阿妈妮上前一把搂住他，失声痛哭。这位阿妈妮是当年为毛岸英的坟墓添上第一把土的人。毛新宇心情沉重起来，紧紧地抱住这位可敬的老妈妈。此情此景，令在场的代表团成员深受感染。

毛新宇性格忠实厚道，开朗随和，热心公益事业和社会调查。上高中时，他曾多次到工厂和农村搞社会调查。有一次，他与一群学生来到昌平县万寿山附近一个村子，村干部听说他是毛泽东的孙子，非常热情地接待了这群中学生，使他们调查获得了较大的成功。

毛新宇深受家庭的熏陶,从小酷爱历史与文学,特别喜欢看古典小说、历史剧和古典诗词,常以吟诗、遣句为乐。他从小就看了大量有关爷爷的书籍,从中了解爷爷的革命经历。中学时,在所有课程中他对历史兴趣最大,成绩也最好。他在作文里,曾自编过朱元璋的故事《晨昏钟》,获得了老师们的普遍好评。

1988年,毛新宇考入了中国人民大学历史系。消息在人大传开后,他的宿舍里经常有同学光顾,来一睹毛泽东后代的风采。毛新宇方正的脸盘,宽阔的额头,英俊的眉宇和魁梧的身材,与其祖父毛泽东很有几分相像,非常引人注目。

1992年,毛新宇从人大历史系毕业后,考入中央党校攻读中共党史方面的硕士研究生。在读书时期,他发表了多篇论文。特别是1992年,在《求是》杂志上发表的《不学历史我们永远幼稚》一文,当时引起了学术界的强烈反响。1994年,他参加了"鸦片战争150周年研讨会",并作了大会发言。1995年,毛新宇出版了20余万字的《朱元璋研究》一书。

研究生毕业后,毛新宇被分配到中共中央党史研究室,主要是从事新中国成立前的党史研究工作。在随后的几年中,他以极大的热情投入到工作中去,并取得了一定的成果。

2000年,毛新宇考入中国人民解放军军事科学研究院,攻读博士学位,同时参军入伍,开始研究军事战略理论和毛泽东军事思想。2003年毕业。

毛新宇没有辜负爷爷、父母对他的期望,无论是在学校还是在工作中,都非常注意扎扎实实做人,勤勤恳恳做事,努力把自己培养成为一个有理想、有抱负、有追求的当代青年。

现任军事科学院战争理论和战略研究部副部长,副军级研究员,全国政协委员。2010年7月20日,晋升少将军衔。

毛新梅

> 毛泽东的族兄。两人从小一起玩耍,关系亲密,毛泽东称他为"新梅六哥"。毛泽东得知他牺牲的消息后,惋惜不已……

毛新梅,派名泽澍,号锡纯,在家排行第六,是毛泽东的族兄,毛泽东称他为"新梅六哥"。毛新梅的家离毛泽东所住的上屋场仅一里来地,两人从小一起玩耍,关系亲密。毛泽东曾多次对家乡的亲友说,他与新梅六哥是"手足弟兄"。

毛新梅从小家境就不宽裕,只读过几年书,后来便学了些中医,在乡间行医为生。毛新梅心地善良,乐于助人,因此在韶山一带,深得群众的敬重。

1923年,毛泽东介绍毛新梅到江西安源路矿工人消费合作社工作。当时毛泽东的大弟毛泽民正在矿党组织的领导下,从事工人运动,毛新梅的到来,无疑是给了毛泽民极大的支持。而毛新梅本人也在工人运动的大潮中,思想发生了极大的转变,开始渐渐接近党组织。

1925年春,毛新梅的父亲去世,他回到韶山奔丧。毛泽东正好携带妻子杨开慧回乡领导农运活动,毛新梅很快成为毛泽东的左膀右臂。这年6月,毛泽东亲自介绍他加入中国共产党,成为韶山第一个党支部最早的五名党员之一。

这年10月,毛新梅受党组织选派,到毛泽东主办的广州农民运动讲习所学习,为了凑齐几个同志去广州的路费,毛新梅毅然卖掉了家中仅有的值钱财产——一头大黄牛。年底,他又回到韶山,任韶山总支委员。

1926年8月,毛新梅在湘潭县第一次农民代表大会上当选为农会委员兼庶务部长。

在毛新梅的影响下,他的哥哥毛旭梅,弟弟毛望梅、毛仙梅,妻子沈淑华,儿子毛特夫都参加了当时的农民运动。

1927年"马日事变"后,毛新梅离开湘潭回到韶山,组织农民武装保卫革命。他在誓师大会上对大家说:"现在在长沙、在全中国,我们的同志正在遭受着前所未有的大屠杀,反革命又要骑到我们头上耀武扬威了,血债要用血来还,现在上级党组织已经决定,组织农民武装进攻长沙,大家要立即行动起来,参加战斗。"但是,由于敌人力量强大,农民武装进攻长沙受挫。随即,反革命军队血洗韶山,革命受到了严峻的考验。

6月,毛新梅悄悄回家休息,被当地劣绅毛吉成告密,国民党反动派逮捕了他。毛新梅被捕以后,敌人欣喜若狂,将他绑在毛氏宗祠的柱子上,严刑逼供,但是始终没有得到毛新梅吐露的任何革命机密。这天下午,国民党反动派将其带走,毛新梅像往常一样,神态自若,他安慰泪流满面的妻子,要她将五个孩子抚养成人,继续自己未竟的事业。他还对前来送行的乡亲们说:"再见了,革命一定会成功!"

毛新梅被带到湘乡县砚池坪,在那里敌人继续严刑拷打,但是仍旧一无所获。6月26日,毛新梅被斩首示众,时年41岁。妻子沈淑华与乡亲闻讯赶来,连夜将其遗体抢运回家,悄然安葬。

毛泽东知道毛新梅牺牲的消息后,惋惜不已。他曾多次给毛新梅遗属寄钱,救济其一家的生活,并将毛新梅的两个儿子毛慎仪、毛雪华接到延安参加革命工作。

1950年冬,毛泽东又将沈淑华接到北京叙旧,临走时还送给她皮大衣、被褥、枕头和皮箱等礼物。当他知道毛新梅烈士的长子毛特夫已当上了湘潭市长时,感到非常欣慰,一再勉励沈淑华好好教育儿子继承父志,当好革命的接班人。

1959年,毛泽东回到家乡,在松山招待所,亲自接见了沈淑华,并与之合影留念。

毛楚雄

> 毛泽东的嫡亲侄子,他不到半岁就随母亲一起被捕入狱,1946年,年仅19岁的他被国民党反动派秘密处决……

  毛楚雄,名远大,号造时,1927年9月8日出生于长沙小吴门松桂园的一栋小楼上,是毛泽东的嫡亲侄子。

  毛楚雄出生时,父亲毛泽覃正随南昌起义队伍转战潮汕一带。母亲周文楠,出身官宦之家,但思想进步,很早就在长沙参加了革命,同毛泽覃结婚后,曾在广州、武汉等地从事革命活动。

  1928年春天,毛楚雄不到半岁,就随母亲一起被捕入狱。不久,周文楠不堪反动派的残酷折磨,患了重病,小楚雄因为无人照顾,也得了病。外婆周陈轩把幼小的楚雄从监狱里抱出来治疗,为防敌人加害,特意给楚雄改姓母姓。

  1930年7月下旬,彭德怀率红军第一次攻占长沙,周文楠被营救出狱,回到家中匆匆看了一眼儿子,就随红军紧急撤离长沙,前往苏区,留下不满3岁的毛楚雄与外婆艰难度日。

  1935年,父亲毛泽覃在瑞金的一次战斗中英勇牺牲。外婆周陈轩从报纸上获知这个消息后,万分悲痛,为了不让这个打击刺伤楚雄幼小的心灵,她只好背地里偷偷哭泣。当时,8岁的毛楚雄在小吴门松桂园附近的长沙市立第十三小学读书。外婆见他渐渐懂事了,就陆陆续续地给他讲述姑母毛泽建、大伯母杨开慧烈士牺牲的事迹,并告诉他关于大伯毛泽东、二伯毛泽民以及他爸爸毛泽覃的革命活动。

  几个月后的一天,楚雄放学后,哀伤地告诉外婆,他想爸爸、妈妈。周陈轩禁不住悲从心来,掩面大哭,这才将毛泽覃在江西英勇牺牲的事告诉了外孙。毛楚雄连父亲的面都没有见过,想到自己日日夜夜如盼星星盼月亮一般盼望的爸爸,如今永远也见不到了,他不由得失声号啕大哭。

  这年冬天,母亲周文楠从敌占区回到长沙,毛楚雄见到陌生的母亲,一时之间愣在那里,半天才哭着扑入妈妈的怀抱。

1937年抗日战争爆发,国共开始了第二次合作。毛楚雄的族兄毛特夫打听到了周文楠和毛楚雄下落,立即向长沙八路军驻湘通讯处报告。主持通讯处工作的徐特立很高兴,当即派王凌波到松桂园看望了毛楚雄。

这年冬天,日军派飞机袭击长沙,市民死伤多人,全城一片混乱。考虑到毛楚雄的安全问题,毛楚雄和妈妈、外婆及舅舅周自娱于11月底由毛特夫及毛泽连接到韶山冲上屋场居住。外婆对楚雄说:"你是韶山人,从今天起,你不再姓周,改姓毛了。"10岁的楚雄重重地点头应道:"我本来姓毛,从现在开始,我叫毛楚雄!"

毛泽东非常关心楚雄一家的生活,得知他们回到了韶山,立即写信并寄来20元光洋做路费,让楚雄的母亲周文楠去延安学习。周文楠离开楚雄后,毛泽东多次写信,勉励楚雄吃苦耐劳,努力学习,并寄生活费供养小楚雄。1938年5月26日,毛泽东给堂兄毛宇居的信中写到:"楚雄等已寄微款,尔后可略接济一点,请督其刻苦节省。"

楚雄先到韶山毛氏宗祠"兴华"初级小学读书。1940年,他进入湘潭私立思三(狮山)高级小学。楚雄在学习期间,博览群书,他认为要为国效力,就必须刻苦努力,掌握科学文化知识。他非常珍惜时间,在学校,认真听课,回家后,帮外婆做完家务,总是抽出时间看书,有时甚至一边吃饭一边看书。由于他学习刻苦,成绩非常优异,语文全班第一,算术也很拔尖,尤其是作文,文字精练、语言生动、思想敏锐,时常得到老师的赞扬。

1941年初,国民党反动派发动"皖南事变",掀起第二次反共高潮。党组织与楚雄家中联系不上,致使生活费中断,日子过得非常困难。不得已的情况下,14岁的毛楚雄只好辍学在家,从事农业劳动。他懂事孝顺,乐于助人。平时总是把自己种的菜拿些送给附近的穷人吃,还拿出粮食周济他们。小楚雄与外婆的乐善好施,受到了韶山当地人民的普遍赞扬。

1942年,毛楚雄参加了地下党,在清溪乡一带工作。他走村串户,进行抗日爱国宣传,出色地完成了党组织交给他的各项任务。

1944年冬,党中央派王震率领三五九旅南下,开辟和扩大南方抗日根据地。临行前,毛泽东嘱托王震到湖南后将毛楚雄带到部队。1945年7月,王震到达湘潭。8月17日夜晚,毛特夫告诉毛楚雄:"你大伯搭信来了,要你随王震旅长到延安去,你马上准备一下,明天动身。"毛楚雄喜出望外,到延安去,到大伯身边去,这是他盼了很久的事情呀!现在终于实现了。这一夜,他翻来覆去,始终没有睡着。第二天一大早,毛楚雄兼程赶往湘阴白鹤洞,找到了王震的部队。18岁的毛楚雄从此成为一名光荣的八路军战士。

抗战结束后,王震率领的三五九旅北撤到湖北,和李先念率领的新四军五师会合。毛楚雄随军北上,在部队里,他用所学知识,搞政治宣传工作,非常出色。

1946年1月,蒋介石调集10个正规军和十几个保安团近30万人,将我军中原军区6万人紧紧围困。这时,毛楚雄已从黄陂部队辗转来到了中原军区司令部所在地宣化店,被编入军区直属教导团第二队。

6月26日,国民党军大举围攻中原解放军,内战爆发。我军奋力拼杀,于6月29日突出重围。毛楚雄随军区政治部一起向西突围,通过平汉铁路封锁线,经过20多天的恶战和急行军,于7月中旬到了淅川县境。

胡宗南见我中原部队胜利地突出重围,改变战术,玩弄"和谈"的花招,沿途一再用飞机撒传单,邀请我方派代表进行谈判。

8月7日,我军攻克陕西镇安县城后,王震派干部旅旅长、原军调部第九执行小组代表张文津赴西安谈判,并派干部旅政治部主任吴祖贻(化名吴毅)作为张的参谋,毛楚雄(化名李信生)作为张的警卫员,一起同行。张文津等三人接受任务后,携带第九执行小组的旗帜、证件,沿宁陕县的山间大道向西安方向进发。

10日,他们一行三人在宁陕县东江口镇,被驻扎在这里的胡宗南部61师181团第四连的哨兵阻拦。毛楚雄等向对方出示了证件和介绍信,说明是赴西安谈判的。胡所部181团团长闻讯,弄清毛楚雄等三人确系李先念派往西安的和谈代表后,就将毛楚雄等人软禁起来,进行严刑审讯。王震得知这个消息,立即电告中央,在南京的中共代表团团长周恩来向国民党当局提出严正抗议,并通过《解放日报》,向全社会报道张文津、吴祖贻、毛楚雄三人被扣压的消息。

国民党反动派无视舆论的谴责,矢口否认扣押谈判代表一事。在扣押张文津等人的当夜,他们得到蒋介石的密电:"立即就地秘密处决。"8月22日夜,国民党反动派命令刽子手将毛楚雄等三人押到偏僻的城隍庙背后,惨无人道地将三人活埋。

就这样,年仅19岁的毛楚雄,为中华民族的解放献出了宝贵的生命。

1950年夏,毛楚雄烈士的母亲周文楠路过北京时,专程去中南海见了毛泽东。毛泽东谈到毛楚雄烈士牺牲的事时,对周文楠说:"楚雄是个有志气的孩子,是韶山人民的儿子,楚雄年龄不大,为国捐躯,虽死犹荣。"

毛泽东的话表达了对侄儿的深切怀念和高度评价，这给了周文楠莫大的安慰。

1953年9月，毛泽东在中南海接见曾与毛楚雄一同参加三五九旅的毛臻，又向他询问了毛楚雄牺牲的经过，并惋惜地说："楚雄还那么年轻，为了中国革命的胜利，他献出了年轻的宝贵的生命。要不，楚雄现在也和你一样，正在学校学习文化知识、学习科学技术啊！"

毛照秋

> 他是毛泽东的族侄,毛泽东对他要求很严格,多次勉励他安心在家乡工作。1968年始,他在韶山毛泽东旧居陈列馆工作……

毛照秋,派名远煌,字南炎,生于1903年7月,韶山乡韶山村人,是毛泽东的族侄。

毛照秋的父亲毛旭梅(亦作学梅),派名毛泽济,是毛新梅烈士的胞兄,1925年在毛新梅的影响下参加农民运动,并加入中国共产党。1927年,"马日事变"后,他为躲避国民党的迫害,远走他乡,与党组织失去了联系。待形势缓和之后,他才得以回到家乡务农。

毛旭梅家境不宽裕,但仍然送毛照秋读了几年书。14岁时,由于家里实在拿不出钱,毛照秋不得不辍学在家放牛。1925年,毛泽东回韶山开展农民运动。当时,22岁的毛照秋在父亲、叔叔的熏陶下,也参加了农会运动。

1925年冬,毛照秋在毛泽东的介绍下,来到广州,在广东国民革命军第二军教导师当兵。1927年4月,他回到韶山,担任湘潭特别区农民自卫队队长。5月,"马日事变"爆发,他被迫到长沙唐生智所部三十六军当兵,先后任班、排长,后退役回家。

1949年夏,毛照秋参加了湘中纠察队,并任班长。8月,湘潭和平解放。毛照秋所部接受改编,因其年龄较大而退伍转入地方工作。

1949年12月,毛照秋通过毛宇居等人,写信给毛泽东,告诉其父毛旭梅尚在人世,但家庭困难,请求帮助。毛泽东于1950年4月10日亲笔回信。在信中,毛泽东写道:

照秋贤侄:

去年十二月十八日来信收到。家中困难，应在土地改革后在生产中去陆续解决。你父亲旭梅健在，甚慰，请你代我致问候之意。祝你

工作顺利！

毛泽东

一九五〇年四月十日

接到毛泽东的信后，毛照秋非常惭愧，他颇能理解毛泽东信中所表达的意思，所以再也没有为这种事情打扰过毛泽东。

1951年5月，毛照秋加入了中国共产党。随即，响应政府号召下乡搞土改，不久即回乡务农。

毛照秋回乡后，一直没有找到合适的工作。1953年，他想到北京去见见主席三叔，请他帮助介绍工作。主意一打定，便写了一封信给毛泽东。不久，毛泽东给毛照秋复了一信，劝其不要来京，安心在家乡工作。

毛泽东这封亲笔信，字里行间浸透着对毛照秋的教育，使毛照秋触动很大，他时常反省自己：作为一个烈士的家属，应当继承先辈的革命传统，安心农业生产，而不是总给主席添麻烦。

毛泽东从不利用自己的职权为亲友谋私利。他对毛照秋要求很严格，不过在力所能及的情况下，总是在生活上给予亲友们关心，毛照秋一家也不例外。毛泽东曾多次向进京人员询问毛旭梅的近况，对其关怀备至。1955年，毛特夫去北京学习期间，曾两次见到毛泽东，毛泽东得知毛旭梅生活困难时，立即拿出200元钱，请毛特夫转交。

1959年6月25日，毛泽东回到韶山。26日下午在寓所外接见群众，当与毛照秋握手时，毛泽东问道："你叫什么名字？"毛照秋连忙回答："三叔，我是毛照秋，我小时候见过您呀！"毛泽东听了高兴地说："你就是学梅的儿子？"毛照秋说："是！您还勉励我安心在家乡工作，保持前辈的光荣传统哩。"大伙听了两人的对话，都开心地笑了。

1968年开始，毛照秋在韶山毛泽东旧居陈列馆工作，为前来参观旧居的群众宣传毛泽东的光辉事迹及少年时在韶山冲的趣闻逸事。

毛简臣

> 他是毛泽东的同族叔祖父，毛泽东曾在他的私塾读过书。他病逝后，毛泽东帮助筹办了丧事……

毛简臣，派名恩熔，字羽仪，1848年生于韶山乡韶源村，是毛泽东的同族叔祖父。毛简臣的父亲毛相才，是毛泽东的曾祖父毛祖人（字四端）的嫡亲堂兄弟，是一个乡村里的游方郎中。

毛简臣自幼继承家学，得到父辈的悉心栽培，熟读《三字经》《百家姓》《论语》等。青年时代投奔左宗棠的湘军，在部队里当了一个钱粮师爷。由于好学上进，他很快学会了记账、打算盘，尤其是珠算水平不同凡响，能左右开弓，无论数目多么复杂，都没有出过纰漏。毛简臣的才干深得上司赏识。后来，左宗棠率部远征新疆，毛简臣也随部来到这里。不幸的是，家里两个弟弟相继病逝，父亲毛相才年老多病，身边无人照料，只好召回儿子毛简臣。毛简臣苦苦抉择之后，选择了回家孝敬父母。

长年的军旅生涯，养成了毛简臣豪爽的性格。但在家耕种和经营，他不是好手，家里微薄的水田和少量山地，实在难以维持生计，生活过得非常艰难。为了维持生活，1900年，毛简臣便在乌龟井家中办了一个小私塾，对本族子弟进行启蒙教育。

像毛简臣这样见过大世面的读书人在韶山一带是很少见的，一些贫家子弟大多喜欢到为人豪爽的毛简臣处读书。他自己也结合这些贫家子弟读书的实际需要，教些浅显的《三字经》《百家姓》《论语》等。

毛简臣擅长书法，韶山"引凤亭"三字，刚劲有力，线条流畅，就是出自他的手笔。1907年春夏，毛泽东在私塾毛宇居先生处读了一段时间的书后，父亲毛顺生便坚决要求他辍学回家，参加生产劳动。在这段时间里，毛泽东依然坚持不懈，利用空闲时间读了《盛世危言》等书籍。继续读书的愿望，在他的心里从来就没有泯灭过。于是，两年后的一天，他再次向父亲恳求继续读书，父亲没有同意，父子俩为此发生了争吵。最后，毛泽东从家里跑了出来，找到堂叔祖父毛简臣，要求拜他为师。毛简臣一向喜欢聪颖伶俐的少年毛泽东，他见其求学心切，便欣然收纳他为弟子，毛顺生见儿子铁定了继续求学的心,也就只好默认了这件事。

毛简臣性情耿直,刚直不阿。在教学期间,他非常严厉,对学生要求近乎苛刻。学生如有嬉戏,不好好完成功课的,多会受到严厉的训斥与惩罚。但毛泽东却是一个例外。

在毛简臣的私塾读书期间,毛泽东在他的辅导下,点读过《史记》,这给毛泽东打下了扎实的史学基础。另外多年的军旅生活,使得毛简臣通晓法律,富于雄辩,课堂教学中,他时常将这些课外知识潜移默化地教授给学生,这对毛泽东影响很深。

1909年冬,毛泽东离开塾师毛简臣,来到了东茅塘,拜他的堂伯父毛麓钟为师。

1925年2月,毛泽东携杨开慧回到韶山开展农民运动,曾前往乌龟井看望毛简臣。此时,毛简臣患病卧床不起,生命垂危,当在病榻上见到毛泽东的时候,毛简臣内心充满了喜悦,他很高兴自己的弟子有了今天的成就。

这年5月,毛简臣病逝于乌龟井。他的儿子毛岱钟当时外出不在家,丧事无人料理。毛泽东得知后,主动帮助筹办了丧事,并给老师送上一份葬礼,写了一份祭文和一幅挽联,表达了对老师的悼念之情。

毛泽东一直记挂这位严厉而又见识广博的老师。1936年,他在延安窑洞向埃德加·斯诺谈起青少年时代的往事时,曾说到:"《盛世危言》激起我想要恢复学业的愿望。……我到一个失业的法科学生家里,在那里读了半年书。以后我又在一位老先生那里读了许多的经书,也读了许多时论和一些新书。"他所说的这位老先生,就是毛简臣。

毛碧珠

> 他是毛泽东的堂弟,两人自小便一起玩耍,同在私塾读书。1959年6月,毛泽东回到故乡韶山,在未见到他时对村干部说:"我要见他。"

毛碧珠,亦作笔珠,派名泽田,字魁甲,家族中排行第五,是毛泽东的堂伯父毛福生的第三个儿子。毛碧珠生于1895年,比毛泽东小两岁,长兄毛宇居、二哥毛智珠。

毛碧珠年纪跟毛泽东差不太多,两人自小便一起玩耍,并同在哥哥毛宇居的私塾读书。

1920年冬,毛泽东的三弟毛泽覃在长沙一带从事地下工作,毛碧珠曾协助他进行活动。1925年春,毛泽东回韶山开展农民运动,毛碧珠积极地参加了农会。1927年"马日事变"后,湖南的革命形势受到严峻的考验,农会被迫解散,毛碧珠便脱离了党组织,在家乡种田谋生。

毛碧珠曾上过几年学,有一定的文化知识,为人精明,务农没几年后,就因经营有方,很快买了几亩田,家庭经济情况逐渐好转。毛碧珠与当地上层有些来往,他曾利用自己的这点关系,与李漱清联名反对过国民党在乡里抓壮丁,受到当地老百姓的好评。

新中国成立后,在土地改革中,毛碧珠被划为富农,他的8亩田也被划给了穷人。他与儿媳及孙子、孙女一起生活,一家老的老,小的小,日子过得比较艰难。

1952年10月,毛宇居在毛泽东的邀请下进京叙旧。毛泽东曾向毛宇居问起毛碧珠的情况,毛宇居如实相告。对此,毛泽东深表同情,便托毛宇居回家时,捎去四丈布料作礼物,送给毛碧珠,以示关爱之情。

实行农业合作化以后,年近6旬的毛碧珠加入了合作社,以劳动养家糊口。1956年10月,毛碧珠的堂弟毛纯珠去北京看望胞弟毛泽全,后来在中南海见到了毛泽东。毛泽东再次问起毛碧珠的生活情况,毛纯珠告诉他,毛碧珠生活困难,已经参加了农业合作社。毛泽东听了之后,当即给毛碧珠写了一封短信,托毛纯珠捎回去。

1959年6月,毛泽东从江西转道故乡韶山,在松山招待所设宴款待家乡亲友。他嘱咐公社书记毛继生负责邀请亲朋故旧、烈士家属。毛碧珠因为其富农身份,不在邀请之列。当时毛碧珠曾去求见,但被拒之门外,只能黯然地回到蔡家塘的家中。

6月26日,毛泽东在视察韶山学校之后,回到松山招待所,他见毛碧珠没有出现,很是诧异,连续三次问村干部毛碧珠在哪里?村干部说:"毛碧珠是富农,不在邀请之列。"毛泽东听后有些生气,说:"富农又怎样?他是我堂弟,是我的亲戚,难道他还能害我吗?"见村干部不知所措,毛泽东马上又说:"派人去叫,就说我讲的,我要见他!"

6月27日上午,村干部将毛碧珠找来,在松山招待所,他终于见到了阔别32年的堂兄。见到毛泽东,毛碧珠百感交集,哽咽地叫道:"主席三哥。"几十年的分别,毛泽东没有认出这位憔悴的老人,他问:"你是谁?我认不出来了。"

"三哥,我是老五毛碧珠呀!"

"哦,你是五弟,瘦多了。"

毛泽东抓住毛碧珠的手,俩人落座。他详细询问了这位堂弟的生活及家庭情况,并对他说:"你这个富农可划可不划。"后来,毛泽东还告诉他说:"你老了,身体也不太好,不要去劳动了。告诉你的后人,听党的话,好好工作。"

毛泽东的一席话,暖在了毛碧珠的心里,自从划为富农以来,他们一家处处受到歧视,甚至连见一见堂兄也很困难。而现在,他内心是十分感动的,从此即便碰到再大的困难,他也不会害怕了。

这天中午,毛泽东留毛碧珠和乡亲们一起共进午餐。饭后,毛泽东还同大家合影留念。

1973年年底,毛碧珠在韶山蔡家塘病逝,终年78岁。

毛 臻

他16岁入党,17岁当小八路,20来岁读完高中、考上大学,毛泽东为此大加赞赏说:"不简单……"

毛臻,名世美,1928年7月生于韶山一个普通农民家庭,他是毛家震房世字辈中年龄最大的一个孩子。父亲毛远耀,是毛泽东的堂侄,早年跟随毛泽民到上海参加革命。毛臻幼时跟随祖父毛泽先、伯祖父毛宇居等一同生活,时常听老人们说起毛泽东青少年时代的故事。尤其是大革命时期毛泽东回韶山开展革命斗争的故事,深深地刻在了他的幼小心灵中。

1937年,父母亲先后去了延安,毛臻则留在家里,同祖父一起从事生产劳动。年仅10岁的他为了给祖父减轻负担,为地主放牛,做长工,受尽土豪劣绅的欺凌。他经常会想起爸爸妈妈,因此对延安充满了无限的向往之情。

1941年春,毛泽东在延安接见了毛远耀,毛远耀向堂叔转达了儿子想来延安的愿望。毛泽东听了,高兴地表示同意,并亲笔写了一份介绍信给八路军沿途各办事处,要求各地办事处协助毛臻等来延安。

毛臻接到父亲的信后,非常开心。但是当时国民党掀起了第二次反共高潮,地下党组织受到破坏,沿途封锁厉害,毛臻只好留在家乡等待下一次的机会。

1944年9月,16岁的毛臻在韶山加入了中国共产党。从此,他走上了革命的道路。这年11月,王震、王首道率八路军三五九旅南下支队南下,开辟新的抗日根据地。于1945年7月到达湖南湘潭境内。8月初,毛臻见到了部队首长王震、王首道等人。经党组织决定,毛臻与毛浦珠、毛楚雄离开韶山,前往湘阴县白鹤洞,参加三五九旅湘北支队。这样,17岁的毛臻成了一名八路军战士。

同年8月15日,日军宣布无条件投降。根据毛泽东的命令,湘北支队开赴湖北大悟山、宣化店一带,与李先念将军率领的新四军五师会合。1946年5月,毛臻在党组织的安排下,离开五师,回到湖南,在湘潭、湖南一带做地下工作。

1949年1月,在香港从事秘密工作的钱之光通过地下党组织,带话给毛臻,希望他前往解放区工作。后来,得知父母到了大连,他便通过钱之光介绍,乘船来到大连与父母会合。1950年,毛臻进入工农速成中学学习,相继读完了初中和高中。

1953年,毛臻从大连工农速成中学毕业,考上了南京航空工业学校。利用假期的两个月,他来到北京,住在西单魏家胡同的舅舅胡剑青家。见一见毛主席,这个念头在毛臻的心里越来越强烈。于是,他提笔给毛泽东写了一封信,通过毛岸英的爱人刘思齐带去。9月28日,毛臻接到了中南海打来的电话,希望他在当天下午到中南海去见毛主席。在丰泽园菊香书屋里,毛泽东接见了毛臻。

毛臻见到敬爱的毛泽东爷爷,连忙走上前去,恭敬地叫了一声:"叔公,您好!"

毛泽东微笑着向他伸出手来,一边握手一边说:"你叫毛世美,欢迎你来看我!"

"你今年多大了?"毛泽东亲切地问道。

"刚满25岁。"毛臻答道。

"在干些什么?"

"今年7月在大连工农速成中学高中毕业,考取了南京航空工业学校,马上就开学了。"

毛泽东风趣地说:"那很好,上学读书是好事。"

接着,毛臻将自己多年的经历,大致向毛泽东做了汇报。毛泽东听后,赞赏地说:"看来,你还不简单咧,经受了不少锻炼!十几岁参加了地下党,当过小八路,20来岁读完了高中,现在又考上了大学,不简单。"

谈话中,毛泽东还询问了毛臻少年时的朋友毛楚雄牺牲的情况,俩人不禁歔欷不已。毛泽东惋惜地说:"楚雄还那么年轻,真可惜!如果不牺牲的话,现在也会和你一样,在学校学习文化和技术知识啊!"

听完这席话,毛臻也陷入了悲痛之中。半晌,毛泽东一字一顿地对毛臻说:"楚雄是为中国革命的胜利而牺牲的,虽死犹荣!活着的人,一定要继承先烈的遗志,全心全意为人民服务。"

临别前,毛泽东起身同毛臻握手说:"世美,你以后到北京来,要多来看我呀!"

1956年,毛臻从南京航空工业学校毕业,分配到沈阳黎明机械厂从事航空发动机方面的研究工作。这年,毛臻由厂里委派去北京航空学院进修一年。在学习期间,他曾与父亲毛远耀、母亲胡觉民、叔父毛远翔一起又一次受到了毛泽东的亲切接见。

1960年,毛臻由沈阳黎明机械厂调到航天工业系统所属的新光机械厂从事航空发动机研究工作,先后担任过厂设计科科长、副总工程师、总工程师等职,1988年离休。

毛翼臣

> 毛泽东幼年时深得祖父的喜爱，毛翼臣每次见到从外婆家回来看他的孙子，总是抱在怀里，爱不释手。

毛泽东的祖父毛恩普，字寅宾，号翼臣，在家排行第四，生于清道光二十六年四月二十七日（公元1846年5月22日），是韶山毛氏家族的第十八代传人。毛翼臣为人老实厚道，是一个一生务农的庄稼汉。1878年，他与哥哥毛德臣分家，随父亲毛祖人从东茅塘搬到上屋场居住。毛翼臣勤劳俭朴，但为人老实，不善经营，生活一直处于拮据状态。后来在父亲的张罗之下，他娶妻刘氏。刘氏生于清道光二十六年八月初二（公元1846年9月21日），为人老实勤俭。夫妇两人生有一子二女，儿子毛顺生，就是毛泽东的父亲，长女嫁给张姓人家，次女嫁给贺姓人家。

毛翼臣夫妇带着儿女们艰难度日，过着贫困的生活。平日里种几亩薄田，闲时上山砍柴，下河捕鱼，做做零工，一家人只能维持温饱生活。

1884年，妻子刘氏生病去世，年仅38岁。毛翼臣此后一直与儿子毛顺生一起生活，他希望儿子早日成家立业，在妻子生前就决定与湘乡唐家圫文芝仪结成儿女亲家。唐家圫与韶山仅一山之隔，约10华里。文家生活也不富裕。文芝仪的父亲文作霖死后埋葬在韶山冲，每年文家扫墓，需要一个落脚的地方，由此促成了毛文两家的这桩婚事。5年后，即1885年，文芝仪之女文七妹年满18岁，便与毛顺生正式拜堂成亲。

文七妹来到毛家后，一连生了两个男孩，但可惜孩子在襁褓中就夭折了。1893年，文七妹又生下第三胎，取名泽东，字润之。文七妹鉴于前两个孩子均未带活，故将毛泽东带回娘家抚养。毛翼臣喜得孙子，可也十分紧张，对儿媳妇的想法表示支持。毛泽东幼年时长得非常结实、健壮，并聪颖过人，深得祖父毛翼臣的喜爱。毛翼臣每次见到从外婆家回来看他的孙子，总要抱在怀里，爱不释手。有时好久不见，便叫儿子毛顺生将儿媳和孙子从文家接回，过上一段含饴弄孙的甜美日子。

1896年，文七妹又生下了第四个孩子，取名泽民，字润莲。全家五口人在毛顺生夫妇辛勤操劳下,尚能过得下去。后来,随着毛顺生开始做些小生意,家境渐渐地富裕起来。1936年,毛泽东在延安与斯诺谈话时,曾谈到当年的家境,他说:"我10岁时家中只有15亩地的时候,一家五口人是:我父亲、母亲、祖父、弟弟和我。我们又买了7亩地以后,祖父去世了,但又添了一个弟弟,可是我们每年仍然有49担谷的剩余,我的父亲就靠此渐渐富裕起来。"

1904年11月23日,毛泽东11岁时,毛翼臣去世,享年59岁,葬在韶山滴水洞虎歇坪大石鼓上。毛翼臣的墓地,山势险峻雄伟,风景秀丽,据说是一块"风水宝地"。昔人有诗称赞道:"一钩流水一拳山,虎踞龙盘在此间;灵秀聚钟人莫识,石桥如锁几重天。"毛泽东在家时,常与弟弟去扫墓。1919年,毛顺生带着毛泽东三兄弟为毛翼臣立了墓碑。

大革命失败后,湖南军阀何键暗中打听到毛泽东的祖父安葬地,派兵前去挖掘毛泽东的祖坟,以为破坏了毛家的祖坟,就可以破坏毛泽东的革命事业。韶山的毛氏族人获知此讯后,利用山高林密的地理优势,深夜把毛翼臣的墓碑取下来,掩埋在大石鼓地下,并把原坟填平,栽种花草,然后又在毛翼臣坟墓的旁边修了几座假坟,以假乱真。这样,毛泽东祖父的坟墓终于保存了下来。

新中国成立以后,韶山的父老乡亲多次提出要为毛泽东的父母、祖父母修坟,毛泽东均以国家困难为由,没有同意。1966年6月,毛泽东回韶山滴水洞住了十多天,很想去看看祖父的墓地。但是由于山上没有路,荆棘多,不好上去,只好打消了这一念头。

1986年9月,韶山管理局为了使旅游者饱览滴水洞风光,拨款修建了虎歇坪的游山便道。12月28日,当便道修至虎歇坪大石鼓时,在一个长满杂草的地方,发掘出一块高三尺、宽一尺、厚三寸的墓碑,墓碑棱角分明,完好无损,质地为祁阳石,类似汉白玉,碑文字迹清晰。经考证,此碑系毛泽东的祖父毛翼臣的墓碑,碑文上刻着:

中华民国元年壬子夏月吉镌(右),显考毛公翼臣老大人之墓(中),内辛山外戌山,男贻昌,孙泽东、泽铭、泽淋敬立(左)。

如今,毛翼臣之墓已由韶山管理局修复,供后人瞻仰。

毛麓钟

> 他是毛泽东的伯父,曾给毛泽东点读过《史记》《纲鉴类纂》等书及历代著名诗词辞赋……

毛麓钟,派名贻训,字麓钟,号云阁,生于同治五年(公元1866年)十二月二十四日,家住韶山冲东茅塘。

毛麓钟出身于书香门第,他的祖父毛兰芳是远近闻名的地方绅士,清朝时曾做过九县的县丞,为人正直热情,乡里发生纠纷均请其调解。父亲毛鼎臣,生有四子,毛麓钟是老二。他从小深受祖父的熏陶,为人品格高尚。

毛麓钟自幼苦读诗书,因为其家学渊博,加上自身努力好学,因此在清光绪十八年(公元1892年),他26岁时,成为韶山毛氏家族中唯一的秀才。后来,毛麓钟与他的许多同辈一样,远离家乡,在军队中襄办军务。

中日甲午战争后,面对清政府的丧权辱国,毛麓钟深感失望,愤然辞职回乡,闭门隐居,并取号"韶山小隐人"。

隐居乡里的毛麓钟时刻关注着时局的变化。1898年,戊戌变法运动的失败,使毛麓钟的思想发生了较大的转变。多年诗书教育下的毛麓钟进一步认识到,愚忠朝廷是没有出路的。他渐渐接受了当时流行于湖南的革命思潮,由主张君主改良转而赞成推翻满清帝制,建立民国。他曾对人讲:"旷观宇宙竖画天地前因后果,无一可恃,而可恃者在我横画山川;古往今来,一无可恋,而可恋者惟在目前,目前之事谓何?即美雨欧风向我神州冲激,惟有迎头赶上,才能自立于世界之林。"

此时,毛麓钟已经具有强烈的爱国主义情操,他开始利用自己的身份,联系地方绅士在韶山创办新式学堂,接着又与族人组织团练,训练民众,维持地方秩序,以反对军阀的混战。

1909年,毛麓钟在韶山开办中西合璧式的私塾,接收韶山冲一些文化程度较高的青年入学,私塾设在东茅塘。这一年,16岁的毛泽东在乌龟井塾师毛简臣那里读了半年书,因仰慕毛麓钟的声望和学识,特地前往东茅塘,拜毛麓钟为师。毛麓钟一向喜欢这个资质甚高的后辈,当即欣然收纳他为弟子。

在毛麓钟所收的10余名学生当中,毛泽东是禀赋最好、记忆力最强的学生,且诗文做得很是漂亮。毛麓钟对他十分爱护,一有闲暇,便向他介绍自己在外的经历和见闻,将自己的思想传授给少年毛泽东。当时,毛麓钟向毛泽东讲得最多的,就是要热爱自己的祖国,读万卷书,行万里路。

在此期间,毛先生还悉心地给毛泽东点读《史记》《纲鉴类纂》《日知录》及历代著名诗词辞赋。点读的这几本书,大大地扩大了毛泽东的视野,对其一生的思想形成都产生了较大的影响。

1910年,毛泽东再次停学在家。父亲毛顺生叫他到湘潭城里去当学徒,毛泽东表示反对,要求继续读书,遭到父亲的拒绝。万般无奈之下,毛泽东跑到东茅塘找伯父毛麓钟商量对策。第二天,毛麓钟将毛泽东送到家里,苦口婆心地劝告毛顺生,说读书是件好事。而后,八舅文玉钦、表兄王季范等也众口一词,劝说毛顺生送毛泽东进洋学堂,毛顺生架不住那么多人的规劝,终于同意了儿子继续读书的要求。1910年秋,毛泽东来到了湘乡东山学校,开始了他的新生活。

不久,辛亥革命爆发,推翻了封建帝制,建立了中华民国。但很快,革命果实就被袁世凯篡夺。毛麓钟对袁世凯的窃国行径异常愤慨,立即决定参加蔡锷领导的云南讨袁起义军。在这支部队中,毛麓钟担任文书,转战云南、四川、广东、广西诸省。不久,毛麓钟因为身体虚弱,离开部队回乡。

1921年,毛麓钟病逝于韶山东茅塘,享年55岁。临死前,他仍然不忘嘱咐妻子张氏:"一定要送儿子读书,莫丢了书本子。"

王英樵

> 1938年11月,在延安陕北公学的大礼堂里,他第一次见到毛泽东,聆听了一次关于局势问题的精彩报告。

王英樵,原名王承恩,字荫堂,河南郾城县人。1915年生于西南乡王官庄一个贫寒的农民家庭。王英樵的父亲除了终日在田间劳作外,有时还做些木工活儿贴补家用。家中稍有积蓄,父亲就送他到私塾读书。1932年,王英樵高小毕业后,在陕北洛川专员公署干了几年文书收发工作。1936年12月,西安事变爆发,接受了一些进步思想的王英樵前往西安参加抗日救亡运动。不久,返回河南老家,在当地一所小学作训导员。

1938年初,王英樵再次回到西安,适逢延安抗日军政大学和陕北公学在西安招生,他立即前去投考陕北公学,后被录取,来到延安。同年10月,接受了几个月培训的王英樵从陕北公学毕业,又进入陕北公学高级研究班学习。11月,在陕北公学的大礼堂里,他第一次见到毛泽东,聆听了一次关于局势问题的精彩报告。

1939年2月,王英樵被中央组织部分配到陕甘宁边区政府教育厅所属延安保育院小学部任教务主任,1941年下半年开始担任校长。

1942年春,王英樵离开工作了三年的延安"保小",奉命去边区政府教育厅任督学。这年春天,在毛泽东的支持下,他与在边区政府干休所任党支部书记的周文楠经过长时间的了解、接触、相识、相知而结婚。翌年春天,王英樵调到绥德警备区任实验小学副校长兼教导主任。

抗日战争结束后,党中央决定抽调军队和大批干部开赴东北。王英樵与周文楠带着女儿肖玎一起来到这里,先后任康平县教育科科长、辽吉省委党校班主任、泰安县政府政务秘书、泰安县县长等职。

新中国成立后,王英樵曾商调到沈阳任市委宣传部科长,因病没有到职。1952年2月,组织上调他到齐齐哈尔任黑龙江省工业厅企业公司经理。次年11月,任省工业厅副厅长。1954年后调哈尔滨任城市建设局局长兼党组书记。

1956年11月，王英樵到北京参加国家城市建设部召开的全国城市建设工作会议。临行前，岳母周陈轩老人异常高兴，与女儿周文楠商量后，给毛泽东带去了几斤烟熏马哈鱼。

12月10日，毛泽东派秘书接已经开完会的王英樵到中南海做客。这天菊香书屋好不热闹，一同前来的还有毛泽东在长沙湖南第一师范读书时的同学、曾留学美国的熊子容教授。毛泽东一见王英樵和熊子容，连忙亲切地和他们握手，高兴地说："你们来了，坐下，坐下。"

待两位客人坐定，毛泽东开始询问王英樵家人的情况。"你岳母周外婆身体还好吗？生活有困难没有？"毛泽东问道。

"妈妈今年76岁了，身体没有大毛病。我和文楠工资收入不低，又只有一个女孩，没有什么困难。"王英樵回答说。

毛泽东听了，满意地点了点头，又转身向熊教授介绍道："周外婆叫周陈轩，是周文楠的母亲。她带着毛泽覃的儿子毛楚雄，含辛茹苦，不容易呀！老人曾在韶山生活了十几年，在韶山人民中很有威望。"

谈话中，毛泽东一再嘱咐王英樵要照顾好周外婆的生活，让她安度晚年。

时间过得很快，转眼到了中午12点了，毛泽东邀请两位客人在居所吃了顿便宴。席间，宾主把杯问盏，谈兴很浓。

王英樵从北京回到哈尔滨后，将主席接见他的情况告诉给妻子周文楠和岳母周陈轩，一家人高兴万分，感动不已。

1958年，王英樵由哈尔滨市城建局调任市委基建部副主任，以后又任过市战备办公室副主任、市城建办公室副主任、市城建局党委书记兼局长、市城市建设委员会副主任等职，1983年离职休养。

1986年清明节，王英樵陪同老伴周文楠，长途跋涉，不顾年老体衰，前往江西瑞金，参加革命烈士纪念馆的开馆仪式，并为烈士毛泽覃敬献了花圈。接着夫妇俩又来到陕西宁陕县东江口镇，缅怀了毛楚雄的革命事迹。

1996年1月，王英樵因病在哈尔滨去世，享年81岁。

王海容

> 她是王季范的孙女,是毛泽东的表侄孙女。毛泽东晚年非常器重她……

王海容,生于1938年。她是王季范的孙女,算起来应该是毛泽东的表侄孙女。其父王德恒,抗战时奔赴延安,在抗日军政大学学习。毕业后,回到湖南桃源从事地下工作,被国民党杀害。

王海容幼年是在湖南度过的,曾在长沙第一女中读书。后来随祖父来到北京,多次前往中南海见到毛泽东。

1957年,王海容高中毕业,没有考上大学,这对她打击很大,只好与一些同学组成自学小组,在家自学,以便来年再次参加高考。

1958年,"大跃进"运动对王海容影响很大。她瞒着家人,到处寻找工作,最后北京化工厂同意接收她当学徒工,她自作主张地将所有入厂手续办妥后,才告诉家人。祖父王季范见她已下定决心,只能点头同意。

在化工厂工作的几年中,王海容自觉思想上有了很大的进步。当时她就自己在工作中的感想,写了一篇数千言的文章。文章写好后,王海容给毛泽东的秘书叶子龙写了封信,将自己在化工厂作学徒的经过告诉叶,请他把自己的文章转给毛泽东,希望毛泽东能在百忙之中抽出一点点时间,帮她修改一下。文章寄出后,一直没有消息,王海容心中惴惴不安。

在焦急中等待了两个月的时间,王海容渐渐开始失望。没有想到就在此时,毛泽东提出要亲自见她,这使王海容激动之余又有些忐忑不安。

1960年10月17日,毛泽东在中南海家中接见了王海容。王海容见自己写的20多页的稿子上,有很多页都作了大量的修改,感到非常吃惊。

这天下午,祖孙两人畅谈了整整两个小时。内容从工厂到学校,从思想改造到劳动实践,涉及方方面面。当王海容从毛泽东住所出来时,北京已经夜幕降临。在华灯初上的大街上,她内心无法平静。毛泽东的话语,让王海容明白教育对于青年的重要性与必要性，明白了自己以后应该走怎样的道路。王海容的这篇文章后来发表在《中国青年》杂志1960年第23期上，编者将毛泽东修改的几段话引出来，作为整篇文章的精髓所在，进行重点宣传。

与毛泽东的这次交谈，对王海容的一生起了重要的作用，她决定继续读书。经过努力，她于同年考入北京师范学院，1964年毕业，随即在组织的安排下，进入北京外语学院学了8个月的俄语。1965年11月，从外语学院毕业后，王海容被分配在外交部工作。

王海容在外交部，开始只是一名普通的工作人员。后来，被提拔为礼宾司副司长。此后，又相继担任过司长、部长助理、党的核心小组成员、副部长等职。每逢外事活动，她的名字便开始出现在当时各大报刊上，其地位仅次于外交部部长乔冠华。

王海容平时衣着朴素，常穿一双方口布鞋，留齐耳短发，戴一副黑框眼镜，给人的印象文质彬彬。

由于王海容与毛泽东的特殊亲戚关系，她可以时常出入中南海。毛泽东非常关心这个后辈的成长，常鼓励她不要忘记自己是烈士的家属，要继承先辈的遗志，为人民服务。王海容与唐闻生一同在外事活动中，担任毛泽东的翻译，接触毛泽东的机会很多。

在晚年，毛泽东非常器重王海容，经常要她列席政治局会议，然后通过她来了解政治局内部各种情况及国内各方面情况的反映。报送政治局委员传阅的有些文件，也要列上她的名字。在当时这种特定的条件下，王海容便充当了毛泽东与政治局其他人之间的一座桥梁。

粉碎"四人帮"后，王海容离开了外交部的领导岗位。1978年12月，她进入中央党校学习，毕业后在中央组织部等待分配。1984年，她在组织的安排下，任国务院参事室副主任。在随后的岁月中王海容一直与母亲、弟弟、弟媳住在一起，过着平凡而简朴的生活。

王淑兰

毛泽民的发妻。受毛泽东的影响与丈夫一起投身革命，一生命运坎坷，顽强不屈。1950年到北京时送给毛泽东的礼物是一只无盖的杯子……

王淑兰，毛泽民的结发妻子。1896年2月5日出生于湖南湘乡白田区重石乡安乐村刘家湾。祖辈世代务农，父亲是个很好的庄稼汉，一年到头，辛勤劳作，以至于才40岁，就患肺病，早早离开人世。母亲是一位家庭妇女，生有一儿一女。父亲在世时，将唯一的女儿许配给邻县韶山冲毛顺生的二儿子毛泽民为妻。因毛泽民排行第四，韶山毛氏家族的人们习惯地称她为"四嫂"。

王淑兰为人勤劳贤惠，善良能干。她嫁到毛家时，大哥毛泽东已去长沙读书，丈夫毛泽民正全力协助父亲治理田产，经营买卖。嫂子罗氏年纪轻轻就已去世，婆婆文氏体弱多病，料理家务的担子自然落到了王淑兰的肩上。早晨，天还没有亮，她便第一个起床，生火做饭，洒扫庭院，缝补浆洗，喂养畜禽。农忙时，她像男人一样参加一些农话。因为她心灵手巧，干活麻利，深得婆婆的喜爱。多年来，她与婆婆亲如母女，从未红过脸。婆婆善待穷人，经常以钱物接济他们，王淑兰受婆婆的影响，也尽自己的能力，主动帮助穷人渡过难关。婆媳二人的善举，被邻里传为佳话。

1917年底，在湖南第一师范读书的毛泽东放寒假，由长沙回到家中准备过年，与父母、弟弟、弟媳团聚。这天深夜，王淑兰生起了一炉柴火，围坐炉边，一家人一边烤火，一边话家常。毛泽东用平实浅显的语言，向家人讲述俄国发生的革命事件。王淑兰倍感新鲜，深受启发。

1919年、1920年，公婆相继去世，王淑兰独立承担着繁重的家务，但生性吃苦耐劳的她总是把家打理得井井有条。

1921年2月，在毛泽东的引导下，毛泽民夫妇随大哥毛泽东离开韶山，前往长沙，走上了革命道路。

王淑兰和丈夫毛泽民先后住在妙高峰和清水塘，进一步受到毛泽东、杨开慧的革命思想的熏陶。那时,她主要帮助毛泽民做家务,同时做一些辅助性的革命工作。后来,随着阅历的增加,她逐渐能独立完成工作了。不久,由于生孩子,她离开丈夫,独自回到了韶山。

1925年2月到8月,毛泽东携杨开慧回到韶山老家,领导建立韶山第一个党支部,发动农民起来革命。王淑兰非常活跃,积极参加了当地的"雪耻会"和农民协会。她还是韶山农民夜校最早的学员之一,对博学多识的嫂子杨开慧非常钦佩。1926年,她光荣地加入了中国共产党,并担任韶山特别区妇女界联合会执行委员。

次年,毛泽民从外面回到家中,对久别的妻子歉疚地说:"淑兰,我要出远门了,生死未卜,你就带着孩子(远志)别等我了!"王淑兰心中波浪翻滚,她知道丈夫自那次与大哥在炉边谈话后,便决定要牺牲个人的幸福,投身困难重重的革命事业中去。丈夫的心,那么伟大、崇高,作为妻子怎能影响丈夫决定的事业呢?王淑兰咬了咬牙,说:"你去吧!我会好好照顾孩子,别担心我。"

自丈夫走后,王淑兰用满腔热情投身于农民运动之中,她勇敢地率领妇女冲进毛震公祠,和男子一起吃祭祀酒,在韶山冲引起极大的震动,不久她就成为韶山一带颇有号召力的妇女联合会负责人。

湖南农民运动蓬勃发展,形势一片大好。王淑兰担任了湘潭(韶山)特别区的妇女界联合会副委员长。她带领韶山冲的妇女,组织游行,号召妇女自己起来解放自己,向封建势力和一切陈规陋习挑战。

1927年1月,毛泽东回到韶山考察农民运动,和大家一起到毛震公祠吃酒。他让妇女坐头席,向妇女敬酒,并称赞王淑兰敢于打破男女不平等的老规矩进祠堂吃酒的行动,还将其写入了《湖南农民运动考察报告》中。

"马日事变"后,革命形势急转直下,王淑兰不得不离开韶山,转入地下活动。随后,她辗转到长沙寻找党组织。1929年,她不幸被叛徒出卖,关押在长沙陆军监狱。女囚里的6名共产党员,选王淑兰为党小组长。虽经敌人多次的审讯,但她始终没有暴露自己的真实身份。在狱中,她和女共产党员罗醒约定,今后不论谁牺牲,活着的人就是烈士遗孤的母亲。

1930年7月,彭德怀率红军攻克长沙,王淑兰等共产党员被解救出狱。但是罗醒出狱不久就壮烈牺牲了,王淑兰按约定将罗醒的儿子王华初收为养子,并改姓毛。

出狱后,王淑兰带着女儿毛远志和养子毛华初到处寻找组织。8月,党组织将王淑兰一家三口送到长沙东乡掩护起来,但由于敌人到处搜捕,他们只好转移。1931

年冬，王淑兰带着两个孩子到上海找毛泽民，不料党中央已撤离上海，毛泽民去了江西革命根据地。母子三人失望之余，只得返回湖南。到长沙后，在地下交通员的帮助下，王淑兰和孩子们在湖南第一纱厂附近隐藏起来。不久，她又携儿女去华容投靠姑表兄弟贺晓林，在贺家的帮助之下，王淑兰暂时躲过了敌人的追捕。

此后，王淑兰与组织失去了联系。但她从不气馁，在苦苦找寻党组织的同时，依然不畏艰险，独立开展革命工作。在这期间，王淑兰历尽了人世沧桑，但是，这更坚定了她为党的事业献身的决心。

1937年7月，抗日民族统一战线宣告成立，王淑兰终于找到了党组织。次年，她通过长沙八路军驻湘通讯处，先后将两个孩子送往延安，自己则依然留在湖南开展工作。

20世纪40年代，湖南地下党组织决定在桂阳建立一个地下交通站，让王淑兰和范卓以夫妻名义作为掩护，从事地下活动。在交通站的第一个晚上，王淑兰找范卓恳切谈话，说明自己不能假戏真做，因为她对毛泽民始终一往情深，她能理解毛泽民的再次结婚，也尊重毛泽民的选择，但是她对别的人是不可能再有什么爱情了。王淑兰的坚贞与通情达理，深深感动了范卓，俩人相敬如宾地度过了那段艰难的岁月。

新中国成立后，王淑兰在湖南开会时，无意间得知毛泽民已于1943年牺牲的消息，顿时悲痛欲绝，当场晕厥过去。王淑兰是那样深深地爱着自己的丈夫，爱着毛家的每一个成员。当毛泽民的第二个妻子钱希钧到韶山来看望她时，她没有任何芥蒂，反而劝儿子、儿媳不要对父亲的再婚有什么看法。她说："你爸爸那是搞革命，身边要个知冷知热的人照顾，我一双小脚当然无法远行，更走不得二万五千里长征。你们钱妈妈、朱妈妈对你父亲就照顾得比我好。"这一席话，说得儿子、媳妇辛酸不已。王淑兰心胸何等宽广！她是多么了不起的一位妇女！

1950年，王淑兰从湖南到江西，看望因病住院的女儿毛远志。她给毛泽东写了一封信，表示问候与关心。不久，毛泽东亲笔回信，叫毛远志和丈夫曹全夫陪同母亲王淑兰去北京。

王淑兰到北京的第二天晚上，毛泽东就在中南海接见了这个为毛家奉献多年的弟媳。王淑兰送给毛泽东一只无盖的杯子。毛泽东看到这朴实无华的礼品，很高兴地收下了。

后来，王淑兰在北京住了一段时间，组织上安排她在中央组织部招待所工作了一段时间。但她是那样眷恋着自己的故乡,她要回家,要回到湘潭。

就这样,王淑兰离开居住近一年之久的北京,回到韶山,与毛月秋老人共同当起了毛泽东旧居的讲解员,一起迎接成千上万前来参观的海内外宾客。

王淑兰平时生活俭朴,平易近人。她充满深情地向来访的国际友人和国内群众介绍毛泽东的生平事迹和革命家庭,谈到毛泽东在京有关生活的情况时,王淑兰说:"毛主席待人谦和,极为好客。如果有客人来,他总是精神倍增,高兴时,可以彻夜长谈,不知疲倦,其实他是真的很想接近群众的。"言语之间,流露着对毛泽东的敬仰和爱戴之情。

王淑兰回到湘潭后,一直与儿子毛华初一起生活。毛华初当时任湘潭县委副书记,后任县委书记。王淑兰的组织关系就挂在县委招待所,每月领取生活费60元,后增为80元。到了晚年,王淑兰与儿子、儿媳住在长沙,很少去北京,但常常让去北京的同志捎去对毛泽东的亲切问候。同时,毛泽东也多次向进京人员询问王淑兰的生活情况,并表示关心。毛泽东多次嘱咐侄儿、侄媳要照顾好这位命运坎坷但顽强不屈的母亲。

王淑兰始终保持着一个普通劳动者的本色。平时,生活俭朴,一身农村妇女的打扮。离开工作岗位后,她不忘党的工作,关心国家建设,她经常向妇女群众宣传党的关于男女平等、婚姻自由的方针政策,鼓励她们关心政治,参加生产,做到自尊、自信、自立、自强,为国家建设多作贡献。她一生勤勤恳恳,任劳任怨。至今,韶山一带的人们谈起她,仍然赞叹不已。

1965年6月,王淑兰因病在长沙逝世,终年69岁。她安息在毛泽东故居对面青松环抱、绿阴掩映的山坡上。

王景清

> 毛泽东未曾谋面的女婿。毛泽东逝世后,他才同李讷相识、结婚,使李讷过上了一个普通人的幸福生活。

王景清,陕西神木县人。红军到达延安时,他参加了革命。后来在中央警卫部队工作,曾为毛泽东站过岗,亲眼目睹了这位伟人在战争年代的风采,对毛泽东始终有着朴素而深厚的感情。

1976年9月,毛泽东逝世。不久,"四人帮"被粉碎,江青成了阶下囚。面对这些剧烈的变化,毛泽东与江青的女儿——李讷内心失去了平静。在随后的几年中,李讷带着年龄尚幼的儿子,生活在孤苦难堪的氛围中,一时无法自拔,身体渐渐垮了。

对于李讷的生活处境,毛泽东的卫士长李银桥夫妇十分同情。李银桥见李讷的精神日渐消沉,脾气变得越来越不好,心中非常怜惜这位他看着长大的孩子。从此,帮助她脱离困境,成了李银桥的心愿。

李银桥的爱人韩桂馨曾照看过小时候的李讷,她俩的感情如同母女一样。李、韩二人常在一起谈论李讷的生活问题,认为李讷首先应该摆脱过去婚姻的阴影,重新建立一个正常的家庭,过普通人的生活。打定这个主意后,两口子便多方打听、物色,希望能为李讷找一个老实、本分、体贴的对象,来照顾体弱多病的她。同时,李银桥夫妇也时常委婉地劝解李讷,让她考虑考虑个人问题。作为一个女人,李讷何尝不想能有一个幸福的家庭,相夫教子,夫妻相濡以沫,一家人和睦融洽。过够了大起大落生活的她,现在确实只想做一个普普通通的女人。

李银桥夫妇见李讷思想上出现了转变,心里非常高兴。但是,谁是合适的人选呢?正在犯愁之际,王景清出现了。王景清是李银桥在中央警卫团工作时的老战友,在昆明军区任某军分区参谋长。出差来京抽空到李银桥家做客,老战友久别相逢,无所不谈。当谈到家庭生活时,王景清沉默了许久。最后他告诉李银桥,妻子同他一样也是担任一定职务的领导干部,平时争强好胜,因分房子与其他一些问题同他争吵,最后导致感情破裂而离婚。

李银桥夫妇对老战友家庭的不幸表示理解与同情。他安慰王景清不要再沉溺于往事,遇到合适的可以考虑再娶。王景清的情况给李银桥以启发,感到如果把他介绍给李讷,成功的可能性较大。王景清是一个训练有素的军人,为人老实忠厚,在文化方面,虽然原先底子较薄,但经过几十年的工作学习锻炼,提高较大;在家庭方面,前妻留下的三个女儿,都已成家,开始独立生活;只是在年龄上,王景清比李讷大了11岁,但是这样,生活经验更丰富些,更能体谅、关心人。

李银桥夫妇越想越觉得可行,于是,他们就分别向王景清和李讷介绍了对方的情况,王景清听后很满意,李讷也觉得条件不错。初次见面,王景清的言谈举止就赢得了李讷的好感。她一扫满脸的愁云,热情地与王景清谈自己、谈孩子、谈父亲。以后见面次数逐渐增多,感情日益加深。为了能经常看望李讷,经组织同意,王景清临时住在北京。王景清的到来,使李讷的性情发生了变化,无尽的烦恼消失了,取而代之的是热情开朗,落落大方,以及对待生活的态度更加实际。

经过一年多的相处和相互了解,双方觉得条件成熟,可以结婚了。他们没有大事声张,只摆了一桌酒席,邀请了叶子龙、李银桥夫妇以及中央办公厅的领导等七八位同志参加。

对于李讷的婚事,中央一些领导同志也非常关心。听说李讷再婚的消息,他们特地打电话询问李银桥。当得知王景清的情况后,大家都很满意。刘少奇夫人王光美,看着李讷长大,一次见到李银桥夫妇,老远就迎了上去,拉着他们的手,连声称赞:"你们可是为李讷做了一件大好事呀!"

婚后,王景清正式办了离休手续,从云南来到北京,两人和睦相处,生活过得很幸福。李讷身体很虚,以前,也不大懂得照顾自己,王景清对李讷体贴入微,家里大小事,都由他一手操持。李讷对老王的手艺颇为称赞。平时,有人来家,李讷总是建议大家品尝王景清做的凉粉和扒糕。李讷觉得和老王在一起很享福,许多事都不用自己操心。对于李讷的儿子,王景清也很细致,考虑到孩子正在长身体,他经常为他改善伙食加强营养,并佐以蔬菜水果。孩子自幼没有父爱,现在有这样一位爸爸,他觉得很高兴。

王景清热爱生活、精力充沛。每天清晨起床,坚持户外锻炼。平时得空就练习书法、听听音乐。还参加了北京军区警卫部队合唱团,有时也登台演出。

婚后的李讷,每隔一星期带着王景清和孩子一起去看江青。江青见到王景清,态度还是很热情的,有时兴致高时,还询问他的一些情况,对他与李讷的结合,也表示满意。

现在,李讷与王景清搬进了郊外的新居,对于爱安静的李讷来说,真是一个很好的选择。

王景清通过自己的努力,使一个曾经非常特殊的家庭中一位特殊的女人,过上了一个普通人的生活。毛泽东生前一直担心着这个女儿,如果他能知道女儿现在的生活,他一定会祝福女儿的。

王德恒

> 他是王季范的儿子,毛泽东的表侄。1937年积极奔赴延安,进入抗日军政大学学习,毛泽东得知后,立即将他请来……

王德恒,湖南省湘乡县十四都弦歌乡人,父亲王季范是毛泽东的姨表兄。

王德恒幼年时,在父亲的精心培养下,受到了很好的教育,对表叔毛泽东也有着深刻的印象。

1927年2月,毛泽东和王季范在长沙轮船码头分手时,王德恒才是个十几岁的少年,但是毛泽东的谈吐、学识已经深深地留在了少年王德恒的心中。此后,毛泽东领导革命武装斗争,王季范在长沙从事教育工作,两人天各一方。但是王季范一家时刻惦记着毛泽东的事业。当时王德恒随父亲在长沙读书,他从父亲与表叔两人的书信往来中,开始接受一些革命思想的熏陶,渐渐对中国向何处去的问题产生了兴趣。当时王家住在长沙北门外,一些进步学生和教师常到这里来聚会,讨论时局。王德恒在这样的环境熏陶下,思想日益进步。后来,一些进步人士常以王家在教育界的身份为掩护,来他家从事地下活动,王德恒就义务站岗放哨,为大家传递消息。

王德恒性格开朗,接受能力很强,知识丰富。每当参加关于时局讨论时,他总能提出一些新的看法与建议。父亲王季范见儿子讲得头头是道,非常开心,对他更加精心地予以指导和栽培。

1937年抗日战争爆发,国共两党开始第二次合作,王德恒对表叔毛泽东向来非常敬佩,对延安也特别向往。于是,他偷偷地与一批进步青年相约,准备奔赴延安,参加抗日。

临行前,王德恒来到父亲的房间。一开始,他有些犹豫,不知如何向敬爱的父亲开口,于是便迟疑地说:"爸爸,现在全国许多有志青年前往延安参加抗日,要是我能去,那多好哇!"

王季范虽然早就知道儿子的想法,心中也知道这是许多当代青年的可贵选择,但是德恒毕竟是自己的独子,而且长沙城里,有此言论和行动的人家还要受到国民党特务的监视。想到这些,王季范便严肃地问道:"德恒,你为什么想去延安?"

王德恒见父亲没有立即拒绝,非常高兴,他脱口而出地讲了自己的想法:"延安有民主,人人平等,我想去延安投身抗日救国。"

"你很想去延安吗?"王季范追问道。

"是的,我的行装都准备好了。"王德恒连忙说。

王季范有些担忧,又有些兴奋。他担心,是因为儿子从小没有受过多少苦,去延安,路途遥远且必须经过很多的关卡;他高兴,是因为儿子成熟了,懂得人活着,不仅是为了自己,还要为这个国家,这个民族。作为父亲,作为一个中国人,他应该送子出征。想到这些,王季范于是坚定地对儿子说:"德恒,你去延安,我答应了。"

王德恒听到父亲这么爽快地答应了自己的要求,开心极了,马上回到自己的房间,向妻子告之父亲与自己的商量结果。王德恒的妻子思想比较开通,虽然心里充满了恋恋不舍之情,但还是立即开始给丈夫收拾行李。

到延安后,王德恒进入抗日军政大学学习。毛泽东知道王季范的儿子来到延安,立即叫人将王德恒请来,询问家乡的情况,并详细了解了九哥王季范的生活状况,王德恒赶紧将自己所知的家乡亲戚的生活情况详细地告知毛泽东。

1940年春,王德恒从抗大结业,被派回湖南,以湖南修业高级农业职工学校教员的身份作为掩护,开展地下工作。

1941年春,王德恒接受党组织交给的任务,去桃源进行地下联络工作。在一条小船上,几个国民党特务发现了他,对其进行追捕。他被迫跳入江水中,敌人疯狂地对水里开枪扫射,王德恒被命中数弹,英勇牺牲。

消息传到长沙,王家悲痛不已,哭成一团。王季范深明大义,忍着巨大的丧子之痛,安慰妻子和儿媳说:"德恒是寻找光明而死的,我们应该觉得光荣。"从此,王季范承担了抚养孤儿的沉重担子,将两个孙子、孙女培养长大。

新中国成立以后,王德恒被追认为革命烈士。

刘思齐

> 毛岸英的妻子,毛泽东的儿媳。毛岸英在抗美援朝战场上不幸牺牲后,毛泽东十分关心她,尤其是像慈母一样关心她的婚姻……

刘思齐,又名刘松林,1930年3月2日生于上海,她是刘谦初烈士和张文秋的女儿。

1930年初春的一天,凉风习习,柏油马路两旁的法国梧桐,刚萌生出银白、淡绿的叶片,空气清新而干净。在上海红十字医院里,一个清秀的小女孩来到了人间。她,就是刘思齐。她的父亲刘谦初在女儿尚未出世之前,就已为她起好了名字:思齐。可是这个可怜的孩子,睁开小小的、清澈的双眼时,却并未见到自己的父亲。刘谦初此时正在国民党济南警备司令部所设的监狱中,忍受着严刑拷打。1931年4月5日,小思齐才1岁多,父亲就被敌人杀害了。

1937年秋,母亲张文秋带着刘思齐奔赴延安,结识了老红军战士陈振亚。张文秋与陈振亚组织了一个美满的家庭,刘思齐又有了一个疼爱她的父亲。

很小的时候,刘思齐就已经出落得模样俊俏,白白的小脸蛋,黑黑的大眼睛,单纯可爱。一天,张文秋回家,见美国记者史沫特莱正抱着思齐逗她玩,小思齐一点也不认生,格格地笑个不停。母亲伸手接思齐时,她居然拒绝了妈妈的怀抱。这令史沫特莱非常得意,一定要认小思齐为干女儿。就这样,思齐有了一位洋妈妈。艰难的岁月里,史沫特莱总是惦记着这位中国女儿,时常问张文秋:"我们的女儿呢?她好吗?"

1938年初的一个晚上,春寒料峭,在延安中央党校的礼堂里,由李维汉同志的爱人阿金编写的话剧《弃儿》正在上演。毛泽东、朱德等中央领导同志坐在观众席上聚精会神地观看,深深地被剧情所打动。当剧中演到一对革命者被国民党逮捕时,寒风中,一个五六岁的衣衫褴褛的小女孩,一边在惨淡昏暗的街头奔跑追逐着被敌人强行抓走的母亲。一边号啕大哭,悲惨地叫着"妈妈!妈妈!"孩子完全进入了角色,情感真挚,催人泪下,大幕徐徐落下。许久,大家才回过神来,不知是谁先鼓了掌,顿时,雷鸣般的掌声此起彼伏。演出获得了意想不到的成功。

全戏演完后,毛泽东又让把最后一幕再演了一次。然后,他派人将小演员找到身边,轻轻抚去她长长的睫毛上挂着的泪珠,亲切地问道:"叫什么名字呀?你的爸爸妈妈是谁呀?"小女孩奶声奶气地说:"我叫刘思齐。"这是她第一次见到毛泽东,她闪了闪漂亮的眼睛,仰视着这位陌生的大个子伯伯。然后,她找到了前来接她的张文秋和陈振亚,高兴地顺手指向他们说:"那就是我的爸爸妈妈。"

陈振亚走到毛泽东身旁解释说:"这是刘谦初烈士和张文秋的女儿,我是她的继父。"

听到刘谦初的名字,毛泽东脸上的表情变得严肃起来,他指着思齐说道:"这是烈士的后代,我们有责任好好教养她。"接着,他又弯下腰,笑眯眯地对思齐说:"我做你的爸爸,你做我的女儿,好不好啊?"思齐看了看父母,陈振亚、张文秋笑着点了点头,思齐才甜甜地叫了声"爸爸!"毛泽东听了非常高兴,爽朗地放声大笑起来。

刘思齐第二次见到毛泽东,已是1946年夏天了。那时,她和妹妹邵华跟着妈妈刚刚从新疆盛世才的监狱里(陈振亚就牺牲在那里)出来。毛泽东来中央党校看望从新疆归来的同志们。他大老远就认出了张文秋,快步走过来同她握手,连连说:"你回来了,不容易呀!思齐呢?"

张文秋把站在身后的女儿拉到毛泽东面前,让她向主席问好。毛泽东拉着思齐的手,上下端详,喃喃地说:"七八年不见面,长成大人了,我都认不出来了。你还是我的女儿,记得吗?"思齐点了点头说:"记得,记得。我们常想起您呢。"

两天后,毛主席派人将思齐接到家中。他对这个烈士的遗孤,非常地疼爱,一直关心着她的学习与生活。

这一年,刘思齐高高兴兴地进入延安中学学习。10月,她参加了陕甘宁边区联防军,兼任文化教员。1947年,延安局势甚为紧张,刘思齐随部队撤离延安,渡黄河奔赴山西,队伍经过潞城时,刘思齐进入了那里的北方大学学习了半年。

1948年,学校放假,刘思齐突发疟疾,因缺少所需药物,转入河北平山,很快,病情得到了控制。她抽出时间,前去离平山不远的西柏坡看望毛泽东。在毛泽东的住处,邂逅了刚从苏联回来没多久的毛岸英。两人一见如故,毛岸英向刘思齐聊起他刚参加的土改工作,谈他对消灭封建土地制度的伟大斗争和自己在这场斗争中的思想体会,刘思齐对毛岸英充满了敬意。不久,刘思齐也加入到土改工作中去。共同的工作经历和兴趣爱好,渐渐地使两个年轻人内心迸发出强烈的火花。很快,经邓颖超与康克清的说合,两人确立了恋爱关系。不过,由于刘思齐的年龄尚小,毛泽东始终没有答应他们两人立即结婚的请求。

1949年3月,刘思齐进入北平,不久,转入北京师范大学附属女子中学读书。直到1949年10月15日,毛岸英与刘思齐才举行了婚礼。婚后,刘思齐继续求学。她十分珍惜美好的时光,努力学习,希望通过优异的成绩来报答毛泽东一家对她的厚望。

1950年10月8日,毛岸英响应父亲发布的抗美援朝的命令,奔赴前线,保家卫国。临上战场,毛岸英于一天晚上来到北京医院,向因阑尾炎住院的妻子刘思齐告别。刘思齐对于丈夫的晚到感到十分吃惊,一种不祥的预感立时萦绕在心间,她问:"这么晚了,你还来干啥?"毛岸英心里十分难过,因为上战场事关军事机密,连妻子也不能告诉,他只好支支吾吾地说:"我明天将去一个很远的地方,所以匆匆忙忙赶来告诉你。我走了,通信不方便,如果你没有接到来信,可别着急呀!"他叮嘱思奇:"我不在的时候,你每个星期要去中南海看望爸爸,江青只顾自己,她不爱爸爸,我曾经骂过她,你得小心,她这个人记仇……"刘思齐听了丈夫的嘱咐,咬着嘴唇,点了点头,她似乎明白了什么,也不再发问。就这样,夫妻俩两两相望,直到深夜,毛岸英才离开医院。

出国作战仅仅一个月,毛岸英就在敌机的轰炸下,壮烈牺牲了。噩耗传来,毛泽东陷入了深深的丧子之痛中。很长一段时间,他独自承受着,不愿将不幸的消息告知儿媳,以便她能安心学习、工作。就这样,直到1953年,毛泽东无法再隐瞒下去,只好将这个消息告诉了她。刘思齐得知事情的真相时泣不成声,泪流满面。毛泽东拉着思齐的手,轻轻地说:"今后,你就是我的大女儿,爸爸会照顾你的。"

为了让心情沉重的刘思齐换换环境,毛泽东同意她前去苏联,继续求学。1955年9月至1957年9月,整整两年的时间,刘思齐在苏联莫斯科大学攻读数力专业。在此期间,毛泽东在各方面给予她极大的帮助,曾数次写信给思齐,对她的学习提出自己的意见,又鼓励她处世独立自主。

1956年,毛泽东用他在战争年代的化名"得胜"给她写信说:

亲爱的思齐儿:

　　给我的信都收到了,很高兴。希望你注意身体,不使生病,好好学习。我们都好,勿以为念。国内社会主义高涨,你那里有国内报纸否?应当找些报纸,看些国内消息,不要和国内情况太隔绝。

　　祝好!

得胜
一九五六年二月十四日

　　1957年10月,刘思齐回国,就读于北京大学俄罗斯语言文学系。

　　1959年初,新春佳节将近之际,毛泽东怕刘思齐孤独,特地给思齐去信,关心她的学习、工作和生活情况。信中写道:

思齐儿:

　　不知你的情况如何,身体是否有起色,极为挂念。要立雄心壮志,注意政治理论。要争一口气,为死者,为父亲,为人民,争一口气。我好,只是念你。

　　祝你平安!

　　1959年8月,刘思齐大病一场,正在庐山开会的毛泽东获悉后,非常惦念思齐,于繁忙中挤出时间给刘思齐写信说:

娃:

　　你身体是否好些了?妹妹考了学校没有?

　　我比在家时好些。……你愁闷时可看点古典文学,读诗句,可起消愁解闷的作用,久不见甚念。

爸爸
八月六日

　　在毛泽东的多方关怀下,刘思齐以顽强的毅力,终于完成了学业。1961年秋天,她被分配到解放军工程兵科研所从事翻译工作。

　　毛岸英牺牲后,刘思齐曾要求将丈夫的遗体送回国,毛泽东听了摇了摇头,悲壮地说:"青山处处埋忠骨,何必马革裹尸还。"1959年,在刘思齐的请求之下,毛泽东出路费,安排她和妹妹邵华到朝鲜为岸英扫墓。看到丈夫的古墓被当地朝鲜人民保存得如此之好,她感到非常欣慰。

毛泽东在儿子去世后,一直主张刘思齐再婚,寻找新的爱情与幸福。可是,刘思齐长期处于悲痛之中,绝口不提改嫁之事。毛泽东为此事,非常地着急。1957年,刘思齐回国,毛泽东正式和她谈这件事,并且先后给她介绍了两个人。但是刘思齐始终借故推脱,不去见面。1961年,毛泽东又给思齐写了一封信,他说:

女儿:

你好!哪有忘记的道理?你要听劝,下决心结婚吧,是时候了。五心不定输得干干净净。高不成低不就,是你们这一类女孩子的通病。是不是呢?信到,回信给我为盼!

问好。

父亲
六月十三日

看到这封信,刘思齐终于同意找对象了。不多久,空军副司令兼空军学院院长刘震向毛泽东介绍了空军学院强击机教研室的教员杨茂之。毛泽东很快让人了解了杨茂之的情况,非常满意,于是就安排刘思齐与杨茂之接触了一段时间。两人在交往的过程中,彼此都感到满意。1962年2月,他们结婚了。毛泽东将刚创作的《卜算子·咏梅》抄录一幅,作为贺礼,并送去300元钱,叫刘思齐购置结婚用品。

按道理说,刘思齐应该开始她的新生活了。但是,江青却不放过她。江青将自己对毛岸英的仇恨尽数撒在了刘思齐的头上。"文化大革命"一开始,她就利用权力,排除异己,迫害刘思齐一家。刘思齐为了躲避江青的挑衅,带着孩子来到丈夫所在部队驻地——江苏盐城。但是厄运还是降临在这对夫妻身上,不久,杨茂之与刘思齐被关进了上海的监狱。在囚室里,夫妻俩受尽了折磨。

刘思齐决定给毛泽东写信,诉说自己的情况。不久,在毛泽东的干预下,她被放了出来。母亲暗示她要求到北京看病。在叶剑英的关怀下,她很快获得批准,离开了阴云密布的上海。在北京她修养了半年后,被分配在军事科学院工作,随后,又调到解放军文艺出版社从事翻译工作。

1973年,杨茂之也从监狱里出来了,先后去了"五七干校"和蚌埠等地,以后又到涿县一所航校担任副校长一职。1983年调到空四军任研究部副部长。

1985年10月25日,人民志愿军入朝参战35周年纪念日,这一天,秋风送爽,万里无云。刘思齐与邵华再次来到朝鲜平安南道桧仓郡的中国人民志愿军烈士陵园,为毛岸英扫墓。刘思齐在墓旁对记者回忆了毛岸英短暂而有意义的一生,其真情打动了在场的全体同志。

如今,思齐已经80多岁了,是四个孩子的母亲了。但她没有忘记毛岸英,更没有忘记父亲毛泽东。在毛泽东90诞辰的时候,她满怀深情地写下了《父亲》一文,表达了自己的怀念之情。她说:"尤其是在岸英牺牲后,他关心着我的思想,我的学习,我的工作,我的健康,甚至闲暇时阅读的书籍。到后来,他像慈母一样关心着我的婚姻……"

现在,每到毛泽东诞辰和忌日的时候,刘思齐都要和家人去纪念堂瞻仰、悼念。

刘霖生

> 毛泽东的姨表兄,颇具文才而又思想进步,曾帮助毛泽东料理家事,毛泽东对他极为钦佩和怀念。

刘霖生,派名新澍,字浚源,湘乡县南薰乡祝赞桥(新中国成立后划归韶山区)人,生于1865年。他的母亲是毛泽东的母亲文七妹的堂姐,因此他同毛泽东是姨表兄弟。

刘霖生自幼熟读诗书,曾考中长沙府的秀才,旧学根底颇厚,擅长诗词曲赋,尤其作得一手好对联,远近闻名。但是,刘霖生并不为旧学所掣肘,而是深受当时湖南新学的影响,思想上要求进步。特别是辛亥革命爆发后,他非常兴奋,极力推崇孙中山的三民主义思想,并大量阅读当时出版的进步书刊,其中《中山全集》是他最喜欢阅读的书。民国初年,他相继担任过湘岸榷运局统计科科长、湘乡县女子职业学校校长、湘乡县参议会议员、临时参议会议长等职。

刘霖生生性耿直,不畏权贵,在家乡颇负众望。有一年春节,湖南军阀赵恒惕以"敬老尊贤"为名,给刘霖生赠送了一份礼物。正直的刘霖生当即拒绝,并写了封信给他:"敬老尊贤乃民族美德,须要发扬,但不能停留在形式上,一份礼是不能表示诚意的,要做到真正的敬老尊贤、勤政爱民。"刘霖生的拒绝令赵恒惕颇下不了台。

北伐时期,刘霖生对中国共产党发动农民运动产生了极大的好感。他曾说:"孟夫子讲要耕者有其田,中山先生也是这样主张,但是只有共产党才有决心这样做。"他还积极鼓励自己身边的亲戚朋友参加农民运动。"马日事变"时,他曾不顾自身安危,在湘乡县城发出通电,声讨许克祥的倒行逆施。大革命失败后,他愤而隐居乡村,不问世事。

刘霖生与毛泽东一家割不断的亲戚关系,加上湘乡祝赞桥与湘潭韶山相距不过十余里地,因此平时两家来往十分密切。1920年,毛泽东的父亲毛顺生去世后,毛泽东远在北京,无法回家奔丧,刘霖生曾帮助治理丧事。1929年、1937年,毛泽东的八舅父、八舅母先后离世,刘霖生代毛泽东献上挽联,联中有"问到旧栽桃李,已成大树将军"之句,意指毛泽东已成国家栋梁,未曾辜负舅父母当年的栽培。当时,毛泽民的妻子王淑兰委托刘霖生代写一副挽幛,刘霖生欣然提笔,一气呵成:

悔叫我夫婿觅封,忘家救国,举世反以为非,慧眼独垂青,颖脱囊中,望成宅相;
谁唤起自由勃发,亚雨欧风,新潮日见其涨,独澜资力挽,机存闻内,冀嗣徽音。

1937年,文运昌的学生莫立本(又名方克)奔赴延安,文运昌将自己父母去世的消息以及刘霖生帮助料理丧事的情况写在信上,托莫立本转告毛泽东。这年11月27日,毛泽东给文运昌回信,写道:"刘霖生先生还健在吗?请搭信慰问他老先生。"

短短两句,流露着毛泽东对刘霖生的关切和感激之情。

对于毛泽东的问候,刘霖生非常感激。在随后的人生岁月中,他亲眼目睹了毛泽东所领导的革命队伍抗击日本侵略者,逐渐完成了解放全中国的任务。1949年9月,刘霖生因病去世,享年84岁,令人遗憾的是,他未能亲眼看到新中国的成立。

对这位颇有文才而又思想进步的姨表兄,毛泽东是极其钦佩和怀念的。新中国成立后,他曾多次与另一个姨表兄王季范谈到刘霖生,对没能再见这位令人尊敬的老先生深表遗憾。

向三立

> 杨开慧的表弟。1949年11月13日,在中南海丰泽园他见到了毛泽东,会见时间长达6个多小时……

向三立,湖南平江县人,生于1917年。父亲向理卿是杨开慧的舅舅,曾在银行中任职员,家境比较宽裕。向三立在小时候读过一些旧书,能写会算,有一定的国文功底。

父亲向理卿、叔父向明卿与杨开慧一家关系非常密切,因此向三立自小就对毛泽东所领导的中国革命充满向往。1927年"马日事变"后,哥哥向钧牺牲在敌人的屠刀下,使他们一家对国民党的残暴统治极为痛恨。

1937年,抗日战争爆发,国共两党第二次合作。向三立在抗日旗帜的感召下,打算投奔延安参加革命。他来到长沙寻找八路军驻湘通讯处,但是没有找到负责人徐特立、王凌波等人,只好滞留在长沙。1938年8月,日军大举进攻长沙,飞机在城市上空狂轰滥炸,形势至为紧张。向三立无法逗留下去了,于是决定将哥哥向钧牺牲前留下的遗物,送回平江老家。

延安去不成,令向三立非常茫然。一个偶然的机会,他遇到长沙修业学校的一位老师,这位老师建议他到安化继续读书,完成尚有一年的学业。此后,在安化,向三立边读书,边阅读进步书刊,接触进步思想。

一年的时间很快过去了,向三立接受二哥向复的意见,南下韶关工作。后来,又辗转江西赣州、广东梅县等地,就这样向三立干了10余年的盐务工作。1949年4月,向三立调到广州盐务局任会计和统计。

1949年5月,南京、上海宣告解放,很快武汉也获得解放。向三立异常兴奋,立即给毛岸英写信,向毛岸英问好,并请岸英转达对毛泽东的问候。

5月下旬,向三立由广州回到长沙,参加迎接湖南解放的运动。

1949年8月10日,长沙和平解放后不久,毛泽东致电杨开慧的哥哥杨开智,向岳母杨老夫人及其他亲友表示问候。向三立得知这一消息,欣喜若狂。他同姑母向振熙、表兄杨开智商量，准备上北京去见毛泽东主席。

上京之前，向三立再次给毛岸英写信，告之自己的决定。毛岸英接信后，给向三立回了一封信，委托王稼祥的夫人朱仲丽交给他。信中说："来信收到，北京人多事杂，希望你在长沙找到工作，暂时不要来北京。"9月中旬，朱仲丽回到长沙，带回毛泽东父子的信及给杨老太太的礼物。可是，此时向三立已动身去了北京，没有见到毛岸英的回信。

到北京后，向三立即给毛泽东与毛岸英分别写了一信，告知自己已经来京。一个星期后，毛岸英收到信后，立即去找向三立。舅甥俩20年没有见面了，阔别重逢，格外激动。

谈话中，毛岸英详细地询问了分别后的情况。接着，两人又谈起1928年春，杨开慧带着岸英、岸青、岸龙三兄弟在向理卿家居住的情况。当时岸英才7岁，向三立12岁。几十年过去，弹指一挥间，回忆起那风雨如磐的岁月，两人不禁感慨万千。最后，向三立提出要在北京留下来，继续学习或参加工作。岸英诚恳地对舅舅说："你已经30多岁了，在湖南有妻子儿女，家里一定有负担。考虑到你的具体情况，我认为应当留在当地工作，来北京，实在不是好的选择。"

向三立为难地说："岸英，我早就想参加革命工作了，以前因为种种原因，没有去成延安，令我终身感到遗憾。而今既然来到北京，你就替我想想办法找个工作吧。"岸英见表舅言辞恳切，只好答应下来。

不久后，在毛岸英和田家英的安排下，向三立的工作得到了解决。1949年10月下旬，他来到新组建的中央人民政府财经委员会做财务工作。

1949年11月13日，向三立在毛岸英的安排下，于中南海丰泽园见到了毛泽东。会见时间长达6个多小时，毛泽东亲自嘱咐厨师多加了几个有湖南特色的菜，热情款待这位远道而来的客人，宾主之间相谈甚欢。向三立怎么也没有想到，堂堂一个国家主席，对待亲友，居然是那么和蔼可亲。

向三立在北京落脚以后，毛岸英对他非常关心，时常劝他安心本职工作，生活上要学会自己照顾自己，在工作之余，多阅读一些报刊书籍，提高思想觉悟。毛岸英为人诚实、谦逊、富有耐心，并能严格要求自己。他的优良作风和品质，无不深深地影响着向三立。

1949年10月24日，毛岸英给向三立写了一封长信。信中写道：

三立同志：

　　来信收到。你们已参加革命工作，非常高兴。你们离开三福旅馆的前一日，我曾打电话与你们，都不在家。次日再打电话时，旅馆职员说你们已经搬走了。后接到林亭同志一信，没有提到你们的"下落"。本想复他并询问你们在何处，却把他的地址连同信一齐丢了（误烧了），你们若知道他的详细地址，望告。

　　来信中提到舅父"希望在长沙有厅长方面位置"一事，我非常替他惭愧。新的时代一步登高的"做官"思想已是极端落后的了，而尤以为通过我父亲即能"上任"，更是要不得的想法。新中国之所以不同于旧中国，共产党之所以不同于国民党，毛泽东之所以不同于蒋介石，毛泽东的子女妻舅之所以不同于蒋介石的子女妻舅，除了其他更基本的原则以外，正在于此：皇亲国戚仗势发财，少数人统治多数人的时代已经一去不复返了。靠自己的劳动和才能吃饭的时代已经来临了！

　　在这一点上，中国人民已经获得根本的胜利。而对于这一层，舅父恐怕还没有觉悟。望他慢慢觉悟，否则很难在新的中国工作下去。翻身是广大群众的翻身，而不是几个特殊人物的翻身。生活问题要整个解决，而不可个别解决。大众的利益应该首先顾及，放在第一位。个人主义是不成的。我准备写封信将这些情形坦白告诉舅父他们。

毛岸英在信中还写道：

　　我爱我的外祖母，我对她有深厚的描写不出的感情，但她也许现在在骂我"不孝"，骂我不照顾杨家，不照顾向家；我得忍受这种骂，我决不能也决不愿违背原则地做事。我本人是一部伟大机器的一个极普通平凡的小螺丝钉，同时也没有"权力"，没有"本钱"，更没有"志向"来做这些扶助亲戚高升的事。至于父亲，他是这种做法的最坚决反对者，因为这种做法是与共产主义思想、毛泽东思想水火不相容的，是极不公平、极不合理的。

　　毛岸英的这封3000多字的信，对向三立教益很大，在他随后的人生道路上产生了重要的影响。而这样的信件，毛岸英给他写过好几次。同年11月7日，毛岸英再次写信给表舅向三立,对向三立要求向党组织靠拢表示祝贺,同时告知舅父杨开智思想觉悟不断提高的好消息。1950年元旦即将到来的时候,毛岸英又于12月27日写信给向三立,向他表示新年的祝福。

1950年4月下旬到5月上旬,毛岸英奉父亲之命回到家乡省亲,看望了外婆、舅舅及毛家、文家的诸位亲戚。这年10月,毛岸英报名参加了中国人民志愿军,开赴抗美援朝前线。1951年春天,向三立通过一个偶然的机会,得知岸英牺牲的消息,他简直不敢相信这是事实,他悲痛万分,伤心地回想着岸英短暂的一生,不由得泪如泉涌。

在向三立随后的一生中,毛岸英的音容笑貌,时常浮现眼前。毛岸英对他的照顾与鼓励,使他永生难忘。在几十年的革命工作中,向三立曾多次向党组织提出他的入党要求。1991年"七一"前夕,他终于加入了中国共产党,实现了自己的夙愿。在他人生的重要时刻,他首先想到的还是毛岸英烈士,他在家中作诗一首,表达了对毛岸英烈士的无限怀念之情,诗云:

童年情谊最难忘,板仓一别叶正黄。
四十年前奔异域,忠骸侠骨葬他乡。
每读遗书添惆怅,情真义重何感伤。
振兴中华不畏险,改革开放正翱翔。

向明卿

> 他是毛泽东的岳母向振熙的弟弟。在毛泽东从事革命活动的岁月里,曾给予毛泽东多方面的帮助;在他住院治病期间,毛泽东曾派人前去慰问……

向明卿,平江石洞人,毛泽东的岳母向振熙的弟弟,杨开慧的六舅。

少年向明卿聪颖好学,思想进步,为人老实忠厚、正直、重感情。由于湖南从清末以来,大办时务学堂,一时之间,各种思潮风起云涌。向明卿受实业救国思想的影响,考取了湖南高等实业学堂(湖南大学前身)土木工程系。毕业后,向明卿热心教育,交游甚广。后来来到省城长沙,逐渐同湖南的各界人士都有所接触,对军阀统治下的中国渐渐开始了解。向明卿的妻子是长沙县人,为人贤淑、正直、有学识,毕业于长沙稻田女子师范学校,后来在长沙衡粹女子中学任过教员,她思想进步,热情开朗。

1920年杨昌济先生去世时,夫人向振熙致电弟弟向明卿前往北京料理丧事。向明卿接到电报后,心情极为悲痛,他即刻启程前往北京香山吊祭姐夫。在为杨昌济办丧事的过程中,向明卿结识了杨昌济的得意弟子毛泽东、蔡和森。毛泽东激进的思想,令向明卿耳目一新。随后,几人一起扶柩返湘,将杨昌济安葬于长沙板仓。此后,毛泽东与向明卿成为无话不谈的挚友。

毛泽东在长沙从事革命活动的岁月时,向明卿一家刚好住在长沙下学宫街18号的一栋较为隐秘的旧房子里。毛泽东时常与杨开慧来到向明卿家,漫谈时局,抒发对国家的担忧及热爱之情。在他们的影响下,向明卿的思想渐渐发生了转变。他发现,通过实业救国的方式,在现代中国,条件尚不具备,只有推翻旧世界,才能建立强大的国家。当时,向明卿还时常把自己通过友人得来的关于外界的信息向毛泽东透露。

在随后的岁月里,毛泽东担任中共湘区委员会书记,住在清水塘,离向明卿家远了。但是向明卿还是常去清水塘看望毛泽东夫妇。有一次,毛泽东到向明卿家去,向妻见他风尘仆仆的样子,便问:"润之刚从外边回来,一定没有吃饭吧?"毛泽东笑着说:"舅母,还没吃呢。"

向妻转身出去了,在附近的饭馆买了碗面,端回来给毛泽东充饥。毛泽东似乎饿了许久,吃得津津有味,不一会就吃完了。等向妻从厨房里端着茶水出来时,已经不见了毛泽东的踪影。后来,向明卿夫妇才知道,毛泽东此时正遭到军阀赵恒惕的追捕,为了不连累向家,吃了点东西便走了,连打招呼也未来得及。

1927年8月,大革命失败后,毛泽东领导了湘赣边界秋收起义,率部上了井冈山,从此与杨开慧中断了直接的联系。毛泽东非常惦记在板仓的妻儿,多次通过地下交通站将信件转寄给向明卿的堂兄向朗卿。向朗卿在长沙大西门开了一个"生生盐号",生意做得很是红火。当时,向明卿常借故去"生生盐号"看望堂兄向朗卿,目的是想及时获得毛泽东的书信。向明卿把信取回,交给经常来长沙的一位板仓农民缪仲和,再由缪带回板仓密交杨开慧。

毛泽东每次来信,向明卿都看了。毛泽东在信中用很隐讳的词句告知亲人自己的近况。通过这些信件,向明卿了解到毛泽东在井冈山创建了红色根据地,革命斗争如火如荼。向明卿十分高兴,暗暗地祝愿中国革命早日取得成功。

但是,白色恐怖笼罩下的湖南,即便是这样隐蔽的通信方式仍然会出现意外。有一次,毛泽东由江西寄来一信,"生生盐号"的账房先生收到此信后,不知内情,把信遗忘在抽屉里,放了几个月后,才由向朗卿转给向明卿。毛泽东很久不见回信,以为出了什么问题,为了不连累向家和杨家,从此再也没有通过这一地下交通站与杨开慧联系。

1930年,红军撤出长沙后,军阀何键悬赏大洋1000元,捉拿毛泽东的妻子杨开慧。杨开慧被迫到处躲避,曾在向明卿家躲藏了一段时间,但是考虑到长此以往,对向明卿一家不利,杨开慧最终还是回到板仓自己的家中。1930年10月中旬,杨开慧与三个儿子一起被捕入狱。

开慧入狱后,向明卿的妻子常带女儿向自治给杨开慧母子送饭。通过送饭的方式,杨开慧巧妙地将自己在狱中的情况通知了在外的亲属及党组织。

在狱中,杨开慧多次对前去探望的向明卿妻子等亲友说:"死不足惜,但愿润之革命早日成功!"并嘱咐说:"我死后,不要作俗人之举!"

杨开慧牺牲时,向明卿正在外地修湖堤,向妻便委托堂兄向树林前往长沙识字

谈笑人依旧

岭帮助向振熙等人收敛尸体。在向树林及板仓亲友的帮助下，杨开慧遗体被连夜运回板仓，安然下葬。对于烈士遗孤毛岸英兄弟，向妻关怀备至，将他们接到平江石洞照顾了一段时间，然后才送到板仓外婆家，由外婆向振熙、舅妈李崇德送往上海。

1949年10月，新中国刚刚成立，毛泽东在丰泽园家中接待来自湖南的客人——杨开慧的表弟向三立。谈到向三立的叔父向明卿时，毛泽东询问道："明卿先生身体还健康吗？是否还在老家生活？"

向三立将向明卿的情况告诉了毛泽东。毛泽东回忆起当年与向明卿一家的交往，感慨万分，赞赏地对向三立说："你叔父向明卿先生是个忠厚老实人，是个好人。过一段时间，我还想请他到北京来做客哩。"当毛泽东了解到当年向明卿夫妇照料杨开慧、关心毛岸英兄弟等具体情况时，对向明卿一家给予了高度的评价。他多次称赞说："开慧的六舅和六舅妈是个好人，是老实厚道人！"

向明卿在得知毛泽东询问的情况后，立即给毛泽东写了一封信，打听自己的兄长向理卿的长子即杨开慧的表兄向钧的下落。毛泽东为此给向明卿亲笔回信：

明卿先生惠鉴：

  去年十月十二日来信早已收到，因事迟复为歉。令侄向钧同志是共产党员，一九二七年曾任衡山县委书记，是个忠实能干的同志，一九二七年国民党叛变被捕，光荣殉难。以上这些，先生可以报告湖南省委。惟抚恤一事，须统一行之，不能只顾少数。如省委未能即办，先生亦宜予以体谅。此复，敬颂

  大安

毛泽东
一九五〇年四月十九日

1950年5月，是向振熙老人80寿辰，毛泽东派儿子毛岸英回湘省亲，为外婆拜寿，顺便看望向明卿等亲友。当时向明卿亦来长沙为姐姐祝寿，毛岸英向舅公转达了毛泽东对于当年向家给予多方照顾的感谢。

1955年，向明卿来到北京，与女儿向自治生活在一起。毛泽东获知这一消息，亲派秘书田家英探望他们一家。当听说向明卿没有工作，一家仅靠女儿菲薄的薪水生活时，立即送给他500元以备应急之用。1956年，向明卿由中央统战部推荐介绍，被

安排为北京市文史馆馆员。1973年,向明卿因病住北京医院治疗,毛泽东在百忙之中,派中央办公厅的同志前去慰问。向明卿因年事已高,病情无法控制,终于医治无效去世。

向明卿去世后,向妻一直与女儿向自治一起生活在北京。1986年,90岁的向妻也因病走完了人生的旅程。

谈笑人依旧

向振熙

> 毛泽东的岳母。毛泽东每年都给她寄两次生活费，从未间断过，一直赡养到老人去世。

向振熙，1870年出生于平江一个书香世家，从小受家庭的熏陶、教育，颇有大家闺秀的风范。

1888年，向振熙与比自己小一岁的表弟杨昌济成亲，生有一男二女，即杨开智、杨开慧及杨琼。

1903年，杨昌济东渡日本求学，向振熙独自拉扯着年幼的儿女，艰苦度日。10年后，杨昌济学成归国，任教于湖南第一师范，向振熙随丈夫迁居长沙城内。

1918年，向振熙随丈夫杨昌济来到北京。但好景不长，两年后，杨昌济不幸病逝，留下一个清贫的家，靠向振熙精打细算，勉强维持全家的生计，并供养儿女上学。向振熙思想开通，乐于资助后进。1920年毛泽东在长沙创办文化书社时，经费紧张，在女儿杨开慧的请求下，她毅然拿出丈夫去世后同事们捐募的一笔款子，解决文化书社开办的所需经费。

1921年，杨开慧与毛泽东结婚。向振熙与女儿、女婿一同生活。1930年，杨开慧英勇牺牲后，她和儿媳李崇德在党组织的安排下，乔装成走亲串门的样子，护送三个小外孙去上海。

毛泽东非常尊敬岳母向振熙老人，时常给自己身边的工作人员讲述向振熙一家对他的关心和照顾。1949年8月，长沙和平解放后，杨开智将老太太健在的消息写信告诉了毛泽东。毛泽东立即回电："来函悉。老夫人健在，甚慰，敬致祝贺！"

不久后，毛泽东获知王稼祥的夫人朱仲丽女士准备回湘省亲，即托她给杨老太太捎去一件皮袄，以御风寒。同时，还附有一信。

杨老太太：

你们好吧！现在托朱小姐之便，前来看望你们。一件皮大衣是我送给您的,两件皮料是送给开智夫妇的。

毛泽东
一九四九年九月十一日

多年的音信杳无,使向振熙备受折磨,现在接到女婿的来信,她不禁老泪纵横。

1950年,恰逢杨老太太80大寿。4月,毛泽东嘱咐长子毛岸英回湖南给外婆拜寿,并捎去两棵人参,一些鹿茸,还有衣料。毛岸英临行前,毛泽东还给老太太写了一封信表示慰问。

20年未见的外孙毛岸英的到来,使杨老太太十分高兴。她拉着外孙的手说:"别看你爸爸是个大人物,他可是有赤子之心的。"岸英向外婆转达父亲对老人家的问候和敬意,使向振熙得到很大的安慰。1951年,毛泽东又派次子毛岸青回湖南探望外婆。

毛泽东每年给杨老夫人寄两次生活费,从未间断过,一直赡养到老人去世。有时秘书忘寄了,他便嘱咐秘书补寄。1960年,向振熙90高寿,毛泽东听说杨开慧的堂妹杨开英要回老家,便给杨开英写了一信,另外交给她200元钱,让她帮助购置礼物,祝贺杨老太太的寿辰。信中说:

开英同志:

  杨老太太(岸英的外婆)今年九十寿辰,无以为敬,寄上二百元,烦为转致,或买礼物送去,或直将二百元寄去,由你决定。劳神为谢!顺致

  问候!

毛泽东
一九六〇年四月二十五日

1962年春,毛岸青与邵华结婚,毛泽东对儿媳邵华说:"新媳妇总该去认认家门,让外婆看看嘛!"于是,岸青、邵华双双回到长沙,再次看望了外婆向振熙。

这年11月,向振熙在长沙去世,毛泽东听到这一噩耗,十分悲痛,随即寄上500元,作为杨老太太的安葬费。并给杨开智发去唁电,毛泽东说:

开智同志:

得电惊悉杨老夫人逝世，十分哀痛。望你及你的夫人节哀。寄上五百元， 以为悼仪。葬仪可以与杨开慧同志我的亲爱的夫人同穴。我们两家同是一家，是一家，不分彼此。望你节哀顺变。

敬祝

大安

毛泽东

一九六二年十一月十五日

毛泽东的字里行间，充满了对岳母杨老太太的哀悼怀念之情，也寄托了他对老师杨昌济的尊敬和对夫人杨开慧的思念之情。

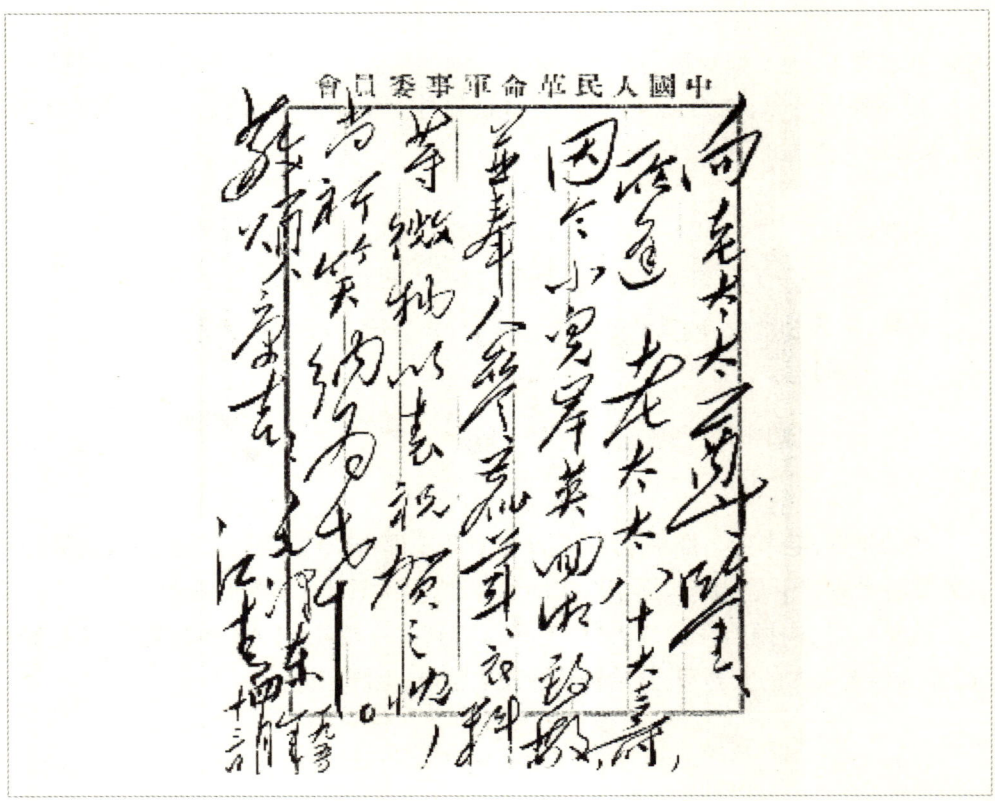

朱丹华

> 毛泽民的妻子。她曾多次与朋友谈起毛泽东:"主席对亲属向来是民主、平等、和气的。"

朱丹华又名朱旦华,江西人,毛泽民的妻子。

1937年,年轻的共产党员朱丹华受命去新疆做统战工作。她活泼、机灵,在党的领导下,工作非常出色。朱丹华主要的任务是有目的地接触新疆地方实力派的重要人物,以便开展地下工作,其中军阀盛世才的老婆与朱丹华过往甚密。

1938年,毛泽民由于长期的疲劳造成身体严重虚弱,中央指示他赴苏联治病,途经新疆迪化(今乌鲁木齐),因路途鼠疫盛行,毛泽民不得不滞留在迪化。当时新疆督办盛世才为了与苏联搞好关系,多次请求和挽留毛泽民。在党组织的安排下,毛泽民暂时留在了新疆,化名"周彬",出任新疆财政厅长,其妻钱希钧也留在新疆工作。1939年,钱希钧离开毛泽民返回延安。

当时,毛泽民在新疆的处境十分艰难,孤军奋战,又患重病,周围的服务人员都是盛世才派来的特务,一举一动都处于严密的监视之下。有一个小司机见"周厅长"是个好人,便忍不住告诉他:"我就是派来监视你的。"毛泽民心中充满了温暖,看到这个青年心地善良,就教他一些应付上司的策略。

就在毛泽民最困难的时候,朱丹华来到了他的身边。毛泽民在新疆期间,主要帮助盛世才主持经济工作。一天,他出席了研究新疆财政的会议,在会上提出改革税制,按资本和利润的多寡决定税率的高低,以及限制军阀随意派款、堵塞贪污漏洞等意见,引起了与会者的激烈争论。朱丹华也参加了这个会议,她觉得"周厅长"的发言,准备充分,说中了新疆经济落后的要害,言之有理。

朱丹华的赞成态度引起毛泽民的注意和好感。当时,共产党员朱丹华并不知道"周彬"也是共产党员,更不知他是毛泽东的弟弟毛泽民,只是凭直觉认为此人稳重、厚道。以后,两人接触渐多,互生爱慕之情。1940年。毛泽民去苏联动手术,回来后即同朱丹华结婚。1941年2月,朱丹华在新疆生下了儿子毛远新。

1942年9月17日,盛世才在国民党的策动下,公然撕毁与中共达成的统战协定,诬陷所谓"共产党阴谋暴动案",将包括陈潭秋、毛泽民、林基路在内的150多人拘禁起来。

1943年,陈潭秋、毛泽民、杜重远、朴基路等同志壮烈牺牲。此外,还有不少同志因为不堪敌人的迫害而病死在狱中。朱丹华她们20多个女囚身边带着20多个5岁以下的小孩子,被关押在一起。漫长的监狱生活,并没有压垮这些女中豪杰。

岁月在铁窗里流逝,在生死考验面前,有的人当了可耻的叛徒,而朱丹华却始终保持坚定的革命信念和乐观主义精神,坚贞不屈,百折不挠。当毛泽民等人牺牲的消息传到狱中时,她异常悲愤。

1944年秋冬,朱丹华等人被关进第四监狱。这里的条件较之以前更加恶劣了,牢房终年阴森可怖,冬天零下30度的低温,冰冷刺骨,而夏天常常闷热不堪蚊叮虫咬,很容易传染流行病。伙食极差,大人、孩子们饿得面黄肌瘦,连走动的力气都没有。朱丹华等人常常托看守帮忙卖掉一些衣服等物,再买回一些食品,给孩子们增加一点营养。她们集体向监狱提出强烈抗议,要求改善伙食,送孩子去医院看病。在她们的不懈斗争下,监狱最后不得不同意了她们的要求。

1945年,朱丹华与狱友们不忍心让孩子们耽误了上学读书,不顾看守的阻挠,提出"变监狱为学校"的口号,决定办一所监狱小学。大家把身边值钱的东西托看守卖掉,换钱买来纸笔,由一些文化水平高的同志来担任教员,组织学习。

在暗无天日的4年中,朱丹华从来没有屈服过,她始终坚持斗争,克服了种种困难,表现了一个共产党员高尚的革命气节。

直到1946年7月,经党中央多次向国民党当局交涉营救,以及张治中的援助,朱丹华等人才得以辗转返回延安。她至今仍清晰地记得,毛泽东第一次见到毛远新时,亲切地把他搂在怀里,嘴里喃喃地说:"可怜的孩子!"

在延安时,朱丹华被分配在中央妇委工作。不久后,她与方志敏烈士的弟弟方志纯相爱并结婚。

新中国成立后,朱丹华先后担任江西省人大常委会委员、省妇联主任、省政协副主席、全国妇联执行委员、全国政协委员。

朱丹华一直感谢毛泽东对她一家的照顾和关心。她多次与朋友谈起与毛泽东交往的点点滴滴,并用自己的亲身感受证明说:"主席对亲属向来是民主、平等、和气的。"

1992年，朱丹华获悉韶山筹备毛泽东"百年祭"的消息时，她激动不已，主动捐来1000元，支援韶山革命烈士陵园和毛泽东诗词碑林建设，以表心意。

1993年，是毛泽东诞辰一百周年。12月，朱丹华在出狱不久的儿子毛远新、儿媳全秀风的陪同下，来到韶山，参加了韶山毛泽东诞辰一百周年纪念活动。

1995年12月，当韶山毛泽东纪念园隆重举行开园典礼时，朱丹华再次来到韶山参加这一活动，表达了她对毛泽东、毛泽民和韶山的一片深情。

江青

> 1974年7月,在一次中央政治局会议上,毛泽东严厉批评她"不要搞成四人小宗派"……

江青,1914年出生于山东诸城,又名李淑蒙、李云鹤、蓝萍、李进。她的父亲李德义是一个性情冷漠、为人苛刻的小业主,母亲是父亲纳的小妾。

江青幼时常常遭到同父异母的哥哥、姐姐的歧视和打骂,母亲因此带着她离家出走,为有钱人家做佣人,受尽了人间的艰辛与苦难。少年的悲惨经历,造成了江青独特的个性。

1928年,14岁的江青离开老家诸城,进入济南山东省实验艺术专科学校,学习京剧、话剧。

1932年,当时用名为李云鹤的江青来到青岛大学,一面听课,一面在图书馆做管理员。在此期间,她认识了当时在青岛大学念书的俞启威(又名黄敬,新中国成立后任天津市第一任市长,1958年去世)。在俞启威的介绍之下,李云鹤进入了"共产国际文化阵线"。九一八事变后,她参加了"反帝联盟"。

1933年2月,经俞启威的介绍,李云鹤加入了中国共产党。同年7月,俞启威被捕,李云鹤离开青岛,来到上海,在陶行知所办的一所学校谋得了一个教师的职位,同时参加业余剧团,并改名为蓝萍。

1934年10月,蓝萍因为参加左翼文化运动被捕入狱。两个月后,由上海女青年会负责保释出狱。

次年4月,蓝萍进入电通影片公司,参演《自由神》、《都市风光》。随后,她转入联华影片公司,担任了话剧《娜拉》的主角,接着她又主演了《雷雨》。

抗战爆发后,蓝萍经西安八路军办事处介绍来到延安。

1938年春节,蓝萍与其他到延安的戏剧工作者同上海救亡演剧队一起演出了《血祭上海》,对于当时的延安来说,这次活动可算是盛况空前了。演出完毕,中央宣传部设宴招待演员及工作人员,蓝萍第一次见到了毛泽东。随后,她想方设法通过山东老乡、旧识康生进入由毛泽东倡议成立的"鲁迅文艺学院"。毛泽东十分重视"鲁艺"的成长,时常前往"鲁艺"给学员讲课。蓝苹很注意在毛泽东面前表现自己,每次听毛泽东发言,她总是坐在第一排,时而点头微笑,时而凝神沉思。每次讲话完毕,总是带头鼓掌,在课后,还时常提几个幼稚的问题,让毛泽东帮助解答。

随后的几个星期,蓝苹颇为主动,经常到凤凰山毛泽东的住处与毛泽东交谈。

1938年8月,蓝苹接到调令,从"鲁艺"转到毛泽东办公室,任军委档案秘书。

三个月后,她同毛泽东结婚,改名江青。婚后的生活一度是平静和谐的。很长一段时间,江青的主要工作就是负责照顾毛泽东的饮食起居,性格也算温和,没有给大家留下什么恶劣的印象。

婚后的第三个年头,江青生下了一个女儿,起名叫李讷。

以后的十年里,也很少见江青有过什么惹人注意的举动。只是在与毛泽东及其家人和身边工作人员相处时,江青狂暴浮躁、好出风头、争强好胜的性格逐渐暴露出来。

1951年7月11日,"电影指导委员会"在北京成立,江青是委员会委员之一。1951年5月,批判电影《武训传》的期间,《人民日报》和文化部组成了一个武训历史调查组,组员中有化名李进的江青。

1955年到1962年,江青只是挂着"中共中央常委办公厅秘书"、"中共中央宣传部文艺处副处长"、"文化部电影局顾问"等几个虚衔。

1961年9月9日,毛泽东写了一首七绝,题为《为李进同志题所摄庐山仙人洞照》,即:"暮色苍茫看劲松,乱云飞渡仍从容。天生一个仙人洞,无限风光在险峰。"这是江青在中央工作会议期间,为毛泽东拍摄的许多精彩照片中的一幅。1963年12月,毛泽东的这首诗得以公开发表,江青小题大做,以此作为自己登上政治舞台的资本。

1963年,江青开始与上海的柯庆施一起,组织张春桥、姚文元先后写下了《有鬼无害论》《评新编历史剧<海瑞罢官>》等评论文章,得到了毛泽东的认可。同年3月,江青在上海红都剧场观看了上海爱华沪剧团演出的《红灯记》,决定将这个剧本介绍给中国京剧院,改由京剧表演。为此,她花费了大量的时间。1963年秋,江青又将沪剧《芦荡火种》推荐给北京京剧院一团,改编成后来广为人知的《沙家浜》。随后《智取威虎山》《海港》等京剧在江青的授命之下先后出炉。经过许多人的艰苦努力,"样板戏"总算树立起来了,江青的名声随之打响,并逐步得到了毛泽东的认可与信任。

在1966年的"五一六"通知中,中央决定成立隶属于中央政治局常委的"中央文化革命小组",即"中央文革"。这年5月28日,中共中央发出文件:正式宣布"文革"成立,组长陈伯达,顾问康生。8月2日,中共中央补发通知,宣布"中央文革"领导成员:

  组长:陈伯达
  顾问:陶铸、康生
  副组长:江青、王任重、刘志坚、张春桥

这样,江青正式登上了中国政治舞台。

1966年7月8日,毛泽东给江青写了一封长信。在信中,他谈到了对于当时政治局势的看法和发动"文化大革命"的设想,这充分反映了当时毛泽东对江青在政治上的信任与期望。

随着运动的深入,1967年1月,陶铸、王任重被打倒,刘志坚被"揪出"。到1968年后,"中央文革"就成了江青、张春桥、姚文元的天下。

在1969年召开的"九大"上,江青平步青云,当上了中央政治局委员。1971年,林彪集团覆亡,江青乘机巩固自己的地位。1973年8月,"十大"召开,江青集团在政治局中保住了自己的地位。此后,江青、张春桥、姚文元、王洪文在中央政治局中结成"四人帮",势力逐渐加强,他们企图篡夺党和国家最高权力的野心和活动,日见扩张起来。

毛泽东觉察到江青一伙的狂妄气焰,开始对她的飞扬跋扈感到不满。十届一中全会上有人提议让江青任中央政治局常委,遭到了毛泽东的坚决反对。

1973年,毛泽东重新起用邓小平,引起了江青极度的仇恨,因为她内心相当清楚,邓小平的复出将是她通向最高权力道路上的绊脚石。1974年3月,政治局开会讨论派谁参加联合国大会第六届特别会议。会议在毛泽东的建议之下,决定让邓小平去,江青横加阻挠,坚决反对。为此,毛泽东给江青写了一封信:

  江青:
    邓小平同志出国是我的意见,你不要反对为好。小心谨慎,不要反对我的意见。

毛泽东

三月二十七日

  1973年底，毛泽东多次批评江青，但江青死不悔改。为此，毛泽东对江青的不满日渐加深。此时，毛泽东与江青已分居多年，凡有事或江青认为应该见见毛泽东的时候，她都要事先向中央办公厅负责人提出申请，得到毛泽东的许可方能见面。

  1974年，有一次江青要见毛泽东，通报之后，工作人员交给她一封毛泽东的信。毛泽东写到：

江青：

  不见还好些。过去多年同你谈的话你好些不执行，多见何益？有马列书在，有我的书在，你就是不研究。我重病缠身，八十一了，也不体谅。你有大权，我死了，看你怎么办？你也是大事不讨论，小事天天送的人。请你考虑。

毛泽东

七四、三、二十

  这年7月17日，毛泽东在中央政治局会议上，严厉批评江青说："江青同志，你要注意，别人对你的意见，又不好当面讲，你也不知道。""不要设两个工厂，一个叫钢铁工厂，一个叫帽子工厂，动不动就给人戴大帽子，不好呢！你那个工厂不要了吧。"毛泽东当着大家的面又说："她并不代表我，她代表她自己。对她要一分为二，一部分是好的，一部分不大好呢！"毛泽东继续指着江青对大伙说："她算上海帮呢！你们要注意呢！不要搞成四人小宗派呢！"

  1975年7月23日，朱德写信给毛泽东，反映江青在与美国记者路易斯·威克多的谈话中公然表示她想做"红都女皇"。为此，毛泽东勃然大怒，顺手拿起铅笔，在信上批复："孤陋寡闻，愚昧无知，三十年来恶习不改，立即撵出政治局，分道扬镳。"

  1976年9月9日，毛泽东与世长辞。1976年10月6日，"四人帮"被粉碎。

  1980年11月20日，最高人民法院特别法庭开始公开审理林彪、江青反革命集团的10名首犯。在庭审中，江青态度非常傲慢，时而抬头佯装不听，时而左顾右盼，以表示对法庭的蔑视，对于自己的罪行她则多方抵赖，拒不承认。12月24日，江青在法庭上宣读了她的反革命宣言"我的一点意见"。文章写得不伦不类、让人听了丈二和尚摸不着头脑。法庭上下冷嘲热讽,不绝于耳,这使爱出风头的江青非常恼火。

尽管江青一再抵赖,法庭依照法律程序,最终判处她死刑,缓期两年执行,剥夺政治权利终身。1983年1月,最高人民法院刑事审判庭依法将其刑期减为无期徒刑。

1991年5月14日凌晨,在监外就医的江青,自杀身亡,终年77岁。

张文秋

> 毛岸英和毛岸青的岳母。对亲家毛泽东,她始终怀着无限热爱和敬仰之情,毛泽东则称她为"老朋友"。

张文秋,是毛岸英和毛岸青的岳母。原名张国兰,曾用名张一平。1903年生于湖北省京山县青树岭谢家湾,家里土地很多,先辈曾中过举人,是一个望族。

张文秋15岁时,不顾家人反对,毅然考入当时武汉的新式学堂——湖北省立女子师范学校。在任教的董必武、恽代英、陈潭秋等人的影响下,张文秋积极要求上进,走上了革命的道路。1919年,她参加了由恽代英、李求实、林育南领导的武汉地区的五四运动,任武汉学生联合会分会宣传员。1922年,进入武汉女子师范学校读书。

1924年3月,张文秋加入了中国社会主义青年团;1926年,她光荣地加入了中国共产党,是中共早期党员之一。

这一年,张文秋认识了刘谦初。刘谦初,生于1897年,山东平度人,早年在山东齐鲁大学、北京燕京大学读书,后来在革命形势的感召下,投奔国民革命军,参加北伐,在进军途中加入中国共产党。1926年,刘谦初随北伐军到武汉,当时张文秋在教师陈潭秋、董必武带领下,组织女子师范学校的学生欢迎进城军队,在一些活动中,张文秋结识了刘谦初。共同的志向,使俩人很快就互生好感,以后,经恽代英正式介绍,他们建立了恋爱关系。

1927年春,大革命在京山县搞得如火如荼。张文秋与刘谦初在一个偶然的机会,读到了毛泽东发表在《中央日报》上的《湖南农民运动考察报告》,对文中关于中国农村各阶级的分析之精辟,赞不绝口。他们非常想见一见大名鼎鼎的毛泽东,当面与他探讨农民革命问题。

4月4日,中央农民运动讲习所在武昌举行开学典礼,毛泽东主持典礼并发表了讲话。张文秋与刘谦初参加了这一典礼,毛泽东逸兴横飞的演讲,给张文秋留下了深刻的印象。典礼结束后,他俩主动来到毛泽东身边,高兴地谈了自己听演讲时的感受和体会,然后张文秋给毛泽东作了自我介绍:"毛委员,我是张文秋,在京山县委工作。"

"好哇!京山县的农民运动搞得怎么样?"毛泽东握着她的手,热情地笑着问。

"我们成立了农会,给土豪劣绅戴上高帽子,惩处了一些恶霸,农民的情绪非常高涨;但是也有不少人骂农民运动搞得很糟。"张文秋实事求是地回答。

毛泽东耐心地听着张文秋反映的情况,不时对她的工作进行细致的指点。毛泽东独到的分析、中肯的意见,使得张文秋对毛泽东敬佩不已。很多年后,张文秋给女儿、女婿提起这件往事,记忆依然是那么的清晰,崇敬之情仍溢于言表。

1927年,蒋介石公然背叛革命,发动"四一二"反革命政变,一时之间,各地的国民党右派大肆捕杀共产党人和革命群众,无数革命者倒在血泊之中。

4月26日,张文秋和刘谦初在武汉匆匆结了婚。这时的刘谦初已经31岁,张文秋也24岁了。三天以后,刘谦初随军开赴河南前线,张文秋则返回了京山县继续从事革命活动。

7月15日,汪精卫在武汉叛变革命,指使两湖地区国民党右派大肆捕捉共产党员。京山县县长陈洪泽和"剿共军"头目牛道坚对袁传鉴、刘素珍、张文秋下了通缉令,每人悬赏大洋1000元。张文秋巧妙地装成死人,躺在棺材里,被人抬出城外,才算脱了险。

1928年春,党组织调张文秋到湖北省委任秘书。年底,由于叛徒出卖,省委遭到破坏。张文秋将机密文件安排给妥当的人保管后,独自到了上海,向党中央汇报湖北省的革命状况。此后,她便被中央留在上海工作了。

1929年,失去联系的丈夫刘谦初通过朋友打听到张文秋的下落,他请求党组织调张文秋到他工作的山东来继续开展革命工作。这个要求得到批准,张文秋化名陈孟君,辗转来到济南,担任省执行委员兼妇女工作部部长。

不久,因为需要,重聚不过两个月的夫妇再次分别,刘谦初奉中央指示去青岛组织六家纱厂总罢工。

这年7月,张文秋去省委秘书长刘小甫家开会时,被警察逮捕。一个月后,刘谦初回到济南,被警察察觉,亦被捕入狱。

在狱中,敌人无所不用其极,严刑拷打刘谦初,短短一个月,他已被折磨得体无完肤。张文秋也被几次加刑,坐"老虎凳"、"灌辣椒水",多次昏迷不醒。但他们始终不肯吐露自己的真实身份。不幸的是,由于叛徒的对证,刘谦初的身份彻底暴露,张文秋则继续咬定自己只是一个普通的家庭妇女。

年底,在山东省委多方营救下,张文秋因怀有身孕,敌人只好释放了她。张文秋强忍着心中的悲愤,要求再见丈夫一面。在男牢前,他们夫妻久久没有说话,张文秋看着丈夫满身伤痕,瘦骨嶙峋,心疼不已,她紧紧抓住丈夫从铁栅栏伸出的手,眼泪簌簌地滚落下来。

"你出去后先到律师李化南家住几天,再设法到上海找妈(指党)去。"刘谦初镇定地说。张文秋点点头。

"谦初,你给未出世的孩子取个名字吧!"

刘谦初想了想,说:"不管你流落到哪里,要思念齐鲁,思念故土,就叫'思齐'吧!"

1931年4月5日,刘谦初等12位同志被押赴刑场,遭到敌人的枪杀。

不久,地下组织转来刘谦初给张文秋的遗书,上面写着:"我临死之际,向我最亲爱的母亲和亲爱的兄弟告别,并向你紧握告别之手,希望你不要为我悲伤。你要紧紧记住我的话,无论在任何条件下都要孝敬母亲,爱护母亲,听母亲的话!你要保重身体,好好抚育孩子,重建幸福家庭。你的幸福就是我的幸福;你的快乐就是我的快乐。"

带着失去丈夫的悲愤,带着对敌人的刻骨仇恨,张文秋辗转各地,开展革命活动。1937年初,她来到延安,在边区最高人民法院工作。后来,她调到抗日军人家属学校担任总务主任兼文化教员。1938年春,该校全体学员转入"抗大",编为第八大队(女生大队)。在举行成立典礼那天,毛泽东、贺龙等领导人出席了大会,毛泽东作了讲话。张文秋再次见到毛泽东,心情激动不已。毛泽东在与学员谈话时,一下子就认出了她,高兴地说:"张文秋同志,你好啊!什么时候到延安的,怎么也不拜访老朋友呀!"张文秋非常地感动,一时之间,居然说不出一句话来。

这年秋天,张文秋去杨家岭看望毛泽东。毛泽东热情地招待了她,并详细询问了刘谦初烈士就义的经过。毛泽东说:"刘谦初是个很坚强的同志,牺牲得很英勇。他为革命事业过早地献出了自己的生命。我们活着的人,更应当加倍奋斗,以慰先烈在天之灵。"

张文秋在刘谦初牺牲整整7年后,仍然孑然一身,没有成家,生活格外地清苦,她默默地忍受着。有时深夜醒来,望望身边的女儿思齐,想起去世的刘谦初,就忍不住泪流满面。

来延安之前,张文秋带着女儿刘思齐,路经西安八路军办事处时,经林伯渠介绍，认识了陈振亚，他们结伴来到延安。一路上，陈振亚无微不至地照顾着这对苦命的母女，张文秋的脸上渐渐漾出了笑容。

到延安不久，张文秋和陈振亚喜获重逢，两人各自谈了自己不平凡的经历。张文秋了解到陈振亚原是彭德怀部的一个连长。1928年7月，参加平江起义后随彭德怀上了井冈山。后来在战斗中右腿被炸烂，突围中被国民党捕获。他任凭敌人怎样严刑拷打，只承认是抬担架的民夫。敌人没有办法，便把他交给他的家乡石门县进行处置。后经哥哥保释，才得以出狱。随后调到延安，进"抗大"学习。而张文秋坚韧的个性、不屈的精神，也深深打动了陈振亚。

1937年冬天，彼此充分了解后，张文秋和陈振亚结婚了。第二年秋天，张文秋又生下一个女儿，随母姓，取名张少华，后来改称邵华。

1939年春，陈振亚伤残的左腿再一次发炎了，军委决定由张文秋陪同，随他去苏联治疗，思齐和少华也带在身边。他们一家人路经迪化（今乌鲁木齐），军阀盛世才假意挽留，送陈振亚到南关医院治腿。在伤势好转、准备出院的前一天晚上，外科主任（是个白俄医师）下毒杀害了陈振亚。

陈振亚去世后，张文秋生下第三个女儿少林。她遵照陈振亚临死前的重托，坚强地熬过了在新疆那段暗无天日的时光。1946年在中共的交涉下，她们母女回到了延安，毛泽东亲切接见了张文秋等人。

新中国成立后，张文秋担任中国银行人事室副主任，并参与建立全国金融工会的工作。1949年10月15日，她的大女儿刘思齐与毛泽东的长子毛岸英举行了婚礼。1962年，二女儿邵华与毛泽东的次子毛岸青在大连举行婚礼。张文秋给这两位过早失去母亲的女婿以极大的关心。

20世纪50年代中期，张文秋在中央组织部的安排下，去上海负责接管旧的盲人协会，整顿成立了"中国盲人福利会"。在这里，张文秋找到了新的人生位置。她积极创办各种盲人学校，开办盲人工厂，出版盲人书籍。在工作中，毛泽东给予她极大的鼓励。张文秋为中国盲人福利会创办的刊物《盲人月刊》，就是毛泽东亲自命名并题写的刊名。

"文化大革命"爆发后，张文秋与女儿们受到江青一伙百般刁难，但是，饱经沧桑的老人从来没有妥协过，以她博大的胸怀鼓励着女儿、女婿。

张文秋一辈子坚强不屈，她默默地为毛泽东分担了一部分家庭重担。对亲家毛泽东，她始终怀着无限热爱和敬仰之情。

1982年1月,当她参观韶山毛泽东故居时,写下了一首七言绝句:

> 山外青山楼外楼,
> 韶山风景永存留。
> 暖风吹得亲友醉,
> 主席思想垂千秋。

这年9月,张文秋在中央组织部离职修养。

在毛泽东诞辰100周年的日子里,张文秋不顾年迈,每日伏案写作。经过三年的努力,她终于完成了一部20余万字的回忆毛泽东的著作《亲家》和一部40万字的记述她自己成长过程的回忆录《踏遍青山》。

张文秋的老战友伍修权读完《踏遍青山》这部回忆录后,情不自禁地写道:"如果用忠贞不渝、临危不惧、正气凛然、高风亮节来赞颂一个共产党人对党、对国家、对人民的赤胆忠心的话,张文秋同志是当之无愧的。她是中国妇女解放运动的先驱,她是中国共产党人的骄傲!"

1995年12月为纪念毛泽东诞辰102周年暨庆祝毛泽东纪念园开园,张文秋情之所至,挥笔题词:

> 韶山伟人诞生地,
> 黄洋赤水宝塔兴。
> 天安呼声震寰宇,
> 故园丰碑万古存。

2002年7月11日,张文秋老人因病治疗无效,在北京去世,享年99岁。

李 讷

> 毛泽东的女儿。毛泽东对她既无比关爱又严格要求,她对父亲充满崇敬与感激之情:"他爱我,真的。"

李讷,1940年8月3日生于延安,是江青唯一的女儿。李讷出生时,毛泽东已经年过半百。戎马半生的毛泽东,大部分时间处于动荡之中,一直无法给子女营造一个美满稳定的生活环境。1940年,毛泽东将女儿李敏送到苏联陪伴母亲贺子珍,这时的毛泽东身边就只有李讷一人,承欢膝下,因此李讷给毛泽东带来了无比的快乐。在毛泽东的儿女中,李讷在父亲身边的时间最长,父亲一直对她寄予厚望。

战争年代的毛泽东日理万机,工作紧张。但是,他一有时间,总会抽空带女儿散步,教她识字,给她讲故事,称她"大娃娃"。天资聪颖的李讷叫毛泽东"小爸爸"。一老一少,时常玩得不亦乐乎。毛泽东给儿子的家信中也时常提到他们未曾谋面的小妹妹。1946年1月7日,毛泽东给毛岸青的信中这样写道:"妹妹(李讷)问候你,她现已5岁半。她的剪纸,寄你两张。"父亲对于女儿的关心,总是在不经意间流露于笔端。

1947年3月,胡宗南大举进攻延安,形势极为紧张。父女俩不得不暂时分开,毛泽东北上转移,李讷随中央机关东渡黄河进入山西。分别半年后,毛泽东与李讷在黄河边相聚。他抱着女儿,久久不肯放手,嘴里喃喃地说:"大娃娃,乖娃娃,爸爸真想你呦!"随后,毛泽东带着女儿转移到杨家沟。从此,再也没有分开过。

毛泽东非常关心女儿的学习。在战争年代,毛泽东就请工作人员韩桂馨教李讷识字。1948年,党中央转移到西柏坡,李讷开始了她的小学教育。1949年,进了北京,李讷插班进入育英小学读书,随后她就读于北京师范大学附属女子中学。良好的教育,加上父亲的循循善诱、谆谆教导,使得李讷从小打下了很好的文化基础。1959年,李讷考入北京大学历史系。

毛泽东在生活上简单朴素,始终严格要求自己。作为毛泽东的女儿,李讷也从来没有因为父亲的原因,享受过什么特殊的待遇。毛泽东要求李讷与警卫战士一样吃大灶,上学以后便在学校食堂与同学们一起吃食堂。

李讷考入北京大学历史系后,她同所有普通人家的孩子一样,住八个人一间的宿舍,睡上下床,吃一样的伙食,和大家一样上课,一样下乡参加劳动,一样挤公共汽车。据李银桥回忆:在北大读书时,李讷每周星期六回家看毛泽东一次,北大地处北京郊外,回家路上需要花一个多小时。有时,回家就天黑了。于是,有一次他瞒着毛泽东派车去接她。谁知这件事很快被毛泽东知道了,毛泽东严厉地训了他一顿,并说:"不许接,说过就要照办。"

　　三年困难时期,李讷也同全国人民一样响应党的号召,勒紧裤带,节衣缩食。周六回家,总是狼吞虎咽,毛泽东看到这一切,尽管心里很难过,但没有给爱女任何特殊照顾。卫士尹荆山被此情此景所感动,就对毛泽东说:"主席,李讷太苦了,你是不是可以……"话音未落,就被毛泽东打断了,他严厉地说:"不可以,同全国人民比较起来,她还算好一些。"

　　在毛泽东的严格要求下,李讷始终保持简朴的生活作风。她留着齐耳的短发,身着蓝布制服,脚上穿着黑布鞋。大学毕业后,李讷开始参加工作,拥有了自己的一间房子,里面摆设简单大方,几个书架、一张小木板床和几样简单的家具,与普通的青年没有什么两样。

　　自小,李讷的成长道路一直比较顺利。但是青年时代的李讷逐渐遇到了一些问题和困难。1958年初,李讷得了急性阑尾炎,需要动手术,另外,因小时候打针留下一截针头在肉里,一直没有取出,因此医生决定两个手术同时做。那几天,毛泽东既要忙工作,又要关心李讷的手术,十分疲倦。2月3日,忙了一个通宵的毛泽东在临睡觉前,还是不放心李讷的身体,写了一封信叫卫士送给李讷。毛泽东在信中对女儿讲了一番深刻的道理:要锻炼意志,意志可以克服病情。在信中毛泽东还抄录了唐代诗人王昌龄的《从军行》:"青海长云暗雪山,孤城遥望玉门关。黄沙百战穿金甲,不破楼兰终不还。"毛泽东用这首诗来鼓励李讷要与病魔作斗争。

　　1960年,体质虚弱的李讷又大病一场,全身浮肿,情绪再度低落。毛泽东又开导她鼓起勇气,战胜疾病,加强锻炼,增强体质。1962年,她的身体逐渐好转,并恢复了学业。

　　1965年,李讷从北京大学毕业,分配在《解放军报》当编辑。"文化大革命"开始后,她一度当上了《解放军报》的总编。70年代初,李讷下放到江西井冈山下的中央办公厅"五七"干校。1974年至1975年,她先后担任中共平谷县委书记和北京市委书记(书记之一)。粉碎"四人帮"后,组织安排她在中央办公厅秘书局图书处工作。

李讷的婚姻生活波澜起伏。1970年，李讷年届30，在下放"五七"干校期间，许多老同志很关心她的终身大事。后来，她看上了北戴河管理处的服务员小徐。一来二往，两人渐渐熟悉起来。于是，李讷在一封给父亲的信中谈到了这件事，告诉父亲自己对这个青年有好感。一向主张婚姻自主的毛泽东，在李讷的信上写了"同意"二字。不久，李讷向组织提出结婚的请求。结婚的时候，毛泽东将一套马恩全集送给李讷作为结婚礼物，这套书李讷一直珍藏至今。但是好景不长，没几个月，由于江青的干扰再加上确实有许多地方不合，两人便离了婚，当时李讷已身怀有孕。毛泽东对李讷的婚姻总是牵肠挂肚的，他多次说："讷娃结婚太草率了。"

1976年，对于李讷，这是她一生难忘的时节。9月9日，慈爱而严格的父亲逝世了。10月，母亲作为罪大恶极的"四人帮"主犯，羁押在狱。李讷非常悲痛和孤独，她的精神无法承受起如此的重负，身体也垮了下来。在困境中，李讷没有忘记父亲的教诲，不断克服自身的困苦，努力适应急剧变化的生活。但是不幸的婚姻仍然给她带来了无尽的痛苦，一段时间里，她一直无法振作起来，在孤寂的气氛中生活。

70年代末，李银桥夫妇热心关怀和帮助孤苦的李讷。他们介绍昆明军区某军分区师职干部王景清给李讷认识。经过长时间的接触，两人终于喜结良缘。婚后，王景清给予李讷母子无微不至的照顾，一家人生活得幸福美满。此后，李讷开始了普通人的生活。江青服刑期间，李讷、王景清时常去秦城监狱探望她，见面后聊聊孩子、生活，也算尽到了一个做女儿的职责。1991年，李讷的儿子从北京旅游外事服务职业高中毕业，分配到北京一家饭店搞服务工作。

李讷现任全国政协委员，生活乐观，精神状态很好。

回首往事，李讷不胜感慨。她对于父亲是崇敬与感激的。她说："我觉得父亲给子女留下的最大财富，就是他对我们的教导，这种精神上的财富是最宝贵的，是我们一生取之不尽、用之不竭的。……他那是真正的父爱。他爱我，真的。"

李 轲

毛泽东的堂表弟。他和毛泽连是毛泽东在北京接待的家乡来的第一批客人,毛泽东还安排他住进医院,治愈了困扰他多年的痔疮。

李轲,又名李祝华,韶山如意亭杨荣村人,生于1909年,是毛泽东的堂姑母毛智修的儿子,父亲名叫李星明。李轲自幼读了些书,解放战争时期,曾担任过韶山中共清溪区委所属第十支部书记。湖南解放后,他在家乡湘潭县第四区供销合作社理事会任主任。

1950年10月,李轲与毛泽连北上,成为毛泽东家乡来的第一批客人。当秘书叶子龙将这一消息告诉正在办公的毛泽东时,他惊喜地放下手中的文件,连忙问:"来客人了,韶山来的,他们是谁?"叶子龙笑着说:"一个是您的堂弟,叫毛泽连,一个是您的堂表弟,姓李。"

毛泽东是国家主席,但他也是一个普通人,对于故乡,他有着深深的眷恋和怀念。听说家乡来了人,他抑制不住自己的兴奋,忙叫叶子龙去接两位远道而来的亲戚。

"你是李祝华,母亲是我的姑母毛智修,对吗?"见面之后,毛泽东一边与李轲握手,一边询问。"我是李祝华,现在叫李轲。"李轲连忙回答道。"姑母姑父还健在吗?"毛泽东反问道。"家父已去世几年了,母亲身体很好,她常惦记着您。"李轲回答着毛泽东热切的提问。接着,毛泽东招呼他们坐下,急切地问起家乡解放以来的变化。谈话间,李轲与毛泽连还分别将这次北京之行的一些见闻告诉了毛泽东。

"三哥",毛泽连得意地说,"我们在武汉时,看到大街上,许多人抬着你的画像喊万岁。""怎么不抬蒋介石的像?抬我的像干什么?"毛泽东幽默地问毛泽连与李轲两人。"蒋介石是独夫民贼,人民都恨他。"毕竟是读过几年书,李轲得体地回答了毛泽东的问题。"是的",毛泽东站起身来,严肃地说:"得民心者得天下,失民心者失天下。蒋介石不代表人民的利益,他代表的是封建地主、大资本家的利益,搞专制独裁,人民当然要反对他。"毛泽东的话落地有声,一时之间,菊香书屋变得静寂无声。

在北京的日子里,毛泽东请工作人员安排李轲、毛泽连两人参观了首都的名胜古迹,并照顾李轲住进医院,治愈了困扰他多年的痔疮。临行前,毛泽东再次接见了李轲、毛泽连,三人在毛泽东住所合影留念。临上车前,毛泽东送给两人一些礼物,李轲拿着毛泽东送的皮箱、衣物和一些钱,心中充满了感激之情。

1954年6月,从事多年供销工作的李轲第二次来到北京,当时的毛泽东刚刚完成他主持的宪法起草工作,听说表弟李轲来到北京,立即吩咐工作人员将他接到中南海。车子把李轲接到中南海丰泽园,毛泽东早早在会客厅里等着他。毛泽东的情绪很高,很兴奋。一见面,他就问李轲:"我们刚刚起草了宪法草案,结合了少数领导人及一部分专家的意见,另外听取了八千人的建议,公布之后,还要进行全国性的讨论,这就是我们共产党人提倡的领导与群众相结合,领导与知识分子相结合的方法。"李轲听了,频频点头,连声说:"好!好!这是代表人民利益的宪法。""这个宪法草案,大家都很拥护,这主要是因为两条,一是正确地恰当地总结了经验教训,一是因为原则性与灵活性得到了正确的结合。"毛泽东兴致勃勃地说。

李轲一直认真地听着、记着,深感为了新宪法的制定,毛泽东一定倾注了不少心血。毛泽东一直处在情绪高涨中,讲完宪法草案的制定过程后,他又询问了家乡韶山土改后互助合作的发展情况、供销社在农村中所起的作用以及支农工作的进行情况。李轲一一做了回答。

毛泽东对李轲的汇报表示满意,他说:"你反映了基层工作的真实情况,我将与有关部门协商,从实际出发,多为农民做些实事、好事。"

这次告别毛泽东之后,李轲再也没有见过毛泽东。后来,李轲曾给毛泽东写过一封信,在信中讲述了当地粮食部门四处采购和调拨粮食,仍然供不应求的情况,个别地方甚至出现了一些不法分子抢购粮食、囤积居奇、抬高粮价的恶性事件,他建议毛泽东抽空过问此事。李轲反映的这个问题很快引起了中央的重视,政府部门迅速增调粮食,稳定粮价,使人民生活很快得到了安定。

李 敏

> 她是毛泽东与贺子珍的爱女。她最后一次见父亲时,毛泽东艰难地用食指和拇指颤抖地打着圆圈的手势……

1936年冬,红军长征到达陕北保安县。贺子珍在保安县小百山的破窑洞里生下了他与毛泽东的第五个孩子。和贺子珍一同长征过来的女战士邓颖超、康克清、刘英、钟月林等,闻讯赶到窑洞探望。当孩子呱呱落地后,邓颖超连忙抱起这个又瘦又小的孩子,边看边说:"真是个小娇娇啊!主席,快给孩子起个名字吧!"

毛泽东听后,风趣地说:"颖超啊,孩子的名字,你已经给取了,《西京杂记》中不是有这样句话:'文君娇好,眉色如望远山,脸际常如芙蓉','娇娇'是个好字眼,就叫你刚才叫的'娇娇'吧!"

1937年10月,贺子珍离开毛泽东,从延安到西安,转道兰州、新疆去了苏联。不满周岁的娇娇与父亲生活在一起。

1940年,毛泽东托人把娇娇送到贺子珍身边,以慰藉贺子珍心灵上的创伤。1941年,4岁的娇娇来到妈妈身边后,给贺子珍的生活带来了极大的快乐,忧郁的贺子珍脸上有了久违的笑容。但是好景不长,贺子珍为了娇娇的身体,与国际儿童院院长发生了争执,被关进疯人院。从此,母女咫尺天涯,过着孤独的生活。

5年的母女离别,令人不忍回味。1946年,在莫斯科大街柳克丝旅馆,娇娇才再次见到妈妈。

1947年,在王稼祥的努力之下,娇娇与母亲一起回到了祖国。一回国,11岁的娇娇就用俄文写了一封短信给毛泽东,信中说:

毛主席:
　　大家都说您是我的亲生爸爸,我是您的亲生女儿,但是,我在苏联没有见过您,也不清楚这是怎么一回事。到底您是不是我的亲爸爸,我是不是您的亲女儿?请赶快来信告诉我,这样,我才好回到您的身边。

娇娇

毛泽东接到爱女娇娇的信,心里非常高兴,立即挥笔给爱女写了回信:

娇娇:

看了你的来信很高兴,你是我亲生女儿,我是你的亲生父亲。你去苏联十多年来一直未见面,你一定长大了长高了吧?爸爸想念你,也很喜欢你,希望你快快回到爸爸身边来。爸爸已请贺怡同志专程去东北接你了,爸爸欢迎你来。

毛泽东见爱女之心十分迫切,信写完,就嘱咐有关同志用加急电报发出去。

不久,娇娇回到了毛泽东的身边,这给毛泽东带来了极大的快乐。毛泽东非常关心女儿的学习,他教她读古文诗,又亲自写字帖让她练字。在父亲的帮助下,娇娇的学习进步很快。

不久,娇娇要上中学了,毛泽东认为该给女儿起个学名。一天,他把娇娇叫到跟前,微笑着说:"娇娇是你刚生下来时取的小名,现在长大了,进中学了,我给你取个学名吧!"接着,毛泽东又说:"子曰:'君子讷于言而敏于行',你的名字就叫'敏',但不一定叫毛敏,可以叫李敏。为了革命工作的需要,爸爸曾用过毛润之、子任、李得胜等十多个名字,而爸爸最喜欢的却是李得胜这个名字。所以,你就叫李敏吧。"娇娇似懂非懂地点了点头。

上学期间,每逢放假,李敏总是回到妈妈身边度假。她充当了毛泽东与贺子珍感情表达的桥梁。1948年8月,毛泽东决定每个假期,都送李敏去见妈妈。每次,到妈妈身边度寒暑假,她总要奉父亲之命,背上大包小包的东西,同时,还要带去爸爸对妈妈的问候。到假期结束时,李敏又同样是拎着大包小包的东西从妈妈身边回到北京,其中有毛泽东爱吃的食品和蔬菜,还有给江青、李讷和毛岸青夫妇的东西。这使毛泽东感慨万千,他在李敏身上看到了当年贺子珍的影子。

1959年,李敏进入北京师范大学读书,与北京航空学院的孔令华相爱了。孔令华是李敏中学时的同学,两人相识已久,彼此情投意合。孔令华的父亲孔从洲原是杨虎城将军部下的炮兵旅长,在西安事变中有过贡献,新中国成立后任中国人民解放军炮兵副司令员。

1959年8月29日,毛泽东亲自在中南海家里为女儿主持婚礼。婚后,李敏与丈夫都住在中南海丰泽园,继续读书,周末回家看望父亲。1960年,李敏生了一个儿子,取名"宁宁"。可是,江青对李敏不是太好,常常发一些无名火,使她很难堪。为了不影响父亲的工作和生活,1961年,她考虑再三,向爸爸提出了搬出去住的打算。李敏一家的搬出,令毛泽东感到非常沮丧。

李敏离开中南海后,江青就派人收走了她们一家出入中南海的证件。从此,李敏要去看望父亲,必须先在中南海门口联系,通报后方能进入。有时候,她被挡在门外,等半天还进不去,只能望着高高的红墙,深深地叹息。

"文化大革命"初期,孔令华在北京航空学院任助教。江青指使造反派污蔑李敏不是毛泽东的亲生女儿,孔令华也受到了牵连。李敏为此非常气愤,决定到中南海找父亲澄清。谁知一到门口,她就被门卫拦住了。最后,费尽周折,才进了中南海。可是,冤家路窄,碰到的不是自己的父亲,而是江青。江青面带鄙夷,大声挖苦说:"小保皇派回来了,现在正在搞运动,回来干什么!想摸底呀?"

屋里的毛泽东一听江青那刻薄的话语,忙起身迎出门来,拉着李敏说:

"当小保皇派有什么关系?回来摸底,光明正大。"

李敏向毛泽东详细反映了北京航空学院和国防科委贴大字报情况。

随着"文化大革命"的不断发展,李敏和孔令华对于江青的不满日甚。她们多想见见父亲,说说自己的苦恼,说说其中的意见。但是,父女俩虽然近在咫尺,却不能轻易相见。李敏每次未能见到父亲后,总是回家与孔令华抱头痛哭。从1969年到1976年9月毛泽东逝世,李敏仅见过父亲三次。

1972年,由于"林彪事件"的打击,毛泽东大病了一场。李敏听到父亲生病的消息,非常难过,到中南海去看望父亲。毛泽东久久拉住女儿的手,深情地说:"娇娇,你为什么不常来看我呢?你要常来看我啊!"父亲的话令她难过地流下了眼泪,但她只是在心中暗暗地说道:"父亲啊,不是女儿不来看您,而是有人不让女儿来啊!"

1975年底,毛远新给李敏打电话,说她父亲病重,让她去看看。然而,待她风尘仆仆赶到中南海后,江青却只许她看爸爸一眼,然后便说:"主席已抢救过来了,你走吧!"李敏不肯走,说:"这个时候,我要守在爸爸身旁。"江青却生硬地说:"你要这样,以后就不让你来看了。"李敏实在不能忍受,大声说:"我来看自己的爸爸还要

谈笑人依旧

你让吗?"

1976年8月,李敏第三次见父亲。那是她们父女之间最后一次见面。当时,她从一份中央文件中得知父亲病重的消息,不顾一切赶到中南海求见。这次,恰巧江青不在,门卫没让她费多少口舌就放行了。李敏跨进毛泽东的卧室,只见父亲正躺在床上,脸色苍白而憔悴。毛泽东听到女儿的呼喊声后,微微睁开双眼,声音微弱地与女儿唠了会儿家常。李敏的眼泪夺眶而出,轻轻呼唤着爸爸。毛泽东艰难地用食指和拇指,颤抖地打着圆圈的手势。当时,李敏怎么也不理解爸爸的意思,毛泽东只好吃力地垂下了眼皮。后来,李敏将这件事告诉自己的好友,经过仔细琢磨,她们猜测那是父亲用来打听母亲情况的表示。可是,当时,为什么她就不能明白呢?

十几天后,中共中央办公厅通知李敏去看毛泽东。她多么希望能见到一个转危为安的父亲,可是见到的却是离开人世的父亲,这使她不由得失声痛哭。

父亲去世后,李敏要求为爸爸守灵,江青竟然不答应,她只能随着首都人民一道瞻仰毛泽东的遗容,一天又一天,她排队进入父亲的灵堂,肃立在那里,向爸爸致意告别。

1993年,毛泽东诞辰100周年,湖南人民为了纪念这位伟人,集资在韶山修建纪念碑和雕塑,李敏捐出1000元,希望能为父亲再做一点事。

2003年3月李敏当选为第十届全国政协委员。她的晚年生活非常充实,精神十分愉快。

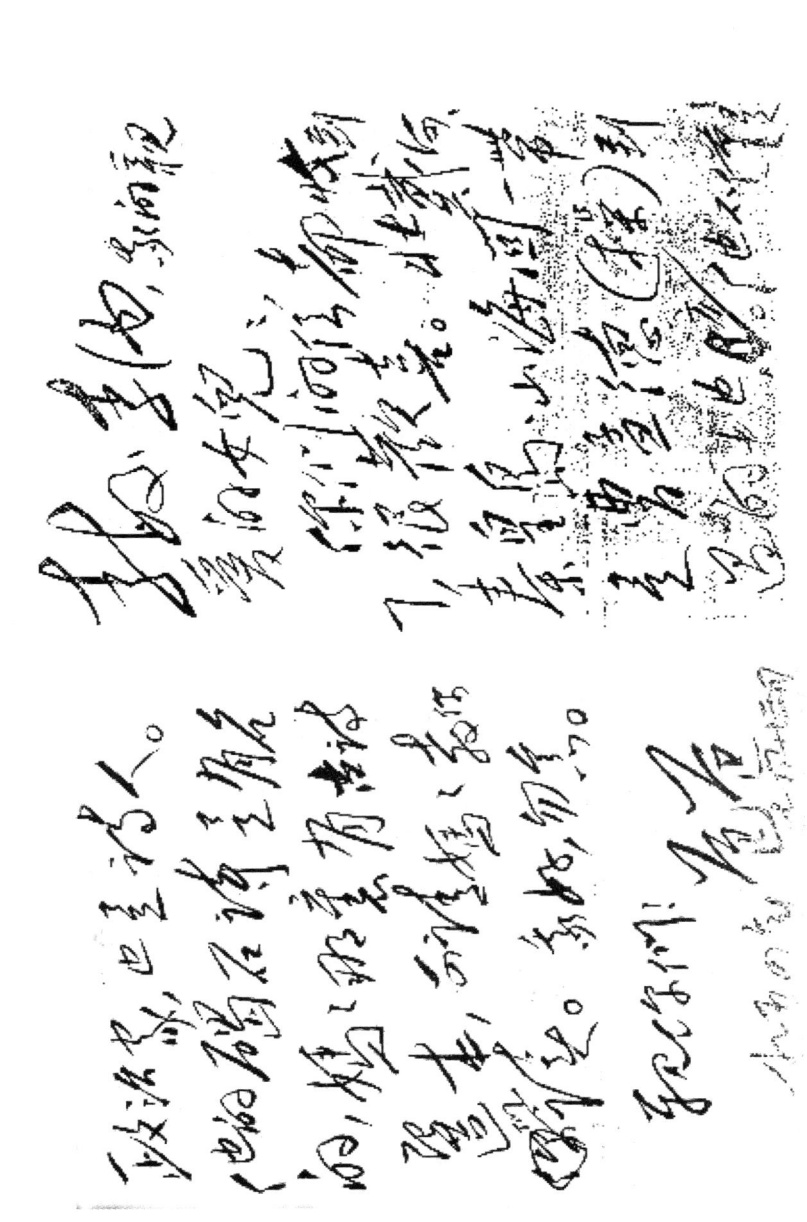

杨开明

> 他是毛泽东的夫人杨开慧的堂兄。当敌人的刺刀刺进他的腰部时,他仍在高呼口号,直到刺刀刺进他的口中……

杨开明,号一青(亦作溢青),又名克敏。1906年1月17日生于板仓杨家老屋。他是毛泽东的夫人杨开慧的堂兄,与杨开慧同住一个屋场。父亲杨昌恺,与杨开慧的父亲杨昌济是亲兄弟。

杨开明从小志向远大,希望通过求学,最终能救国救民于水火。十几岁时,他离开家乡,就读于长沙楚怡学校,1924年毕业。在此期间,他与杨开慧、毛泽东往来密切,开始接触新的思想。1925年,杨开明由长沙前往广州,在农民运动讲习所任干事。此时,毛泽东亦由湖南来此举办第六期农讲所。两人相互合作,感情弥笃。1926年,杨开明经受住了各种考验,光荣地加入了中国共产党。第二年,他由广东回到湖南,在长沙一带从事革命活动。"马日事变"后,党组织派他到江西安源组建工人纠察队,组织安源路矿工人武装。杨开明工作出色,得到了组织的嘉奖。

1928年起,杨开明开始担任中共湖南省委委员和省委秘书长。这年6月,组织决定派他到江西井冈山革命根据地,任中共湘赣边界特委书记,参加毛泽东领导的井冈山革命根据地的斗争。6月下旬的一天,杨开明化装成"生意人",前往宁冈担任湘赣边界特委新任书记。中共湖南省委6月26日给湘赣边界特委发出指示信,其中讲到:

> 泽东同志随军出发,省委派杨开明同志为特委书记,袁文才参加特委,并指定莲花派两个最有能力的同志到特委工作,其余的仍旧。详见省委通知,并由省委巡视员杜同志及杨开明同志面述一切。
> 　　此致
> 敬礼!

湖南省委
6月26日

  本来，毛泽东对这个精明能干的杨开明很赏识。然而，对湖南省委的瞎指挥，却感到十分不满。他当时曾说过湖南省委是"喝米汤的省委"。而杨开明是省委派来接替他职务的新任湘赣边界特委书记，自然要执行省委的决定。当晚，为了纠正省委的错误决策，毛泽东召开了红四军军委、湘赣边界特委、永新县委的联席会议，说明这个指示"不适宜"。朱德、陈毅等人都赞成毛泽东的意见。于是，毛泽东以联席会议的名义，否决了省委的意见。

  杨开明到达宁冈后，找到了红四军总部及朱德等人，正式接替毛泽东的特委书记职务。不久，红军内部发生"八月失败"这一严重事件，使红军遭受惨重损失。毛泽东把"八月失败"归结于湖南省委的瞎指挥。作为中共湘赣边界特委书记的杨开明，对"八月失败"也负有一定的责任。但是，杨开明毕竟是一位坚强的共产党员，他抱着对共产党的坚定信念，积极工作，同国民党反动派进行了不屈不挠的斗争。

  1928年10月，杨开明再次当选为中共湘赣边界特委书记。其间，他身患重病，但是对于自己的错误，他并没有姑息。对井冈山8月斗争的失败，他自知责任重大，心情非常沉重。在经过总结、反思之后，他抱病向中共中央写了一份长达3万多字的《杨克敏关于湘赣边苏区情况的综合报告》。次年1月，杨开明携带《报告》，由井冈山到达上海，代表红四军前委向中共中央汇报。随后，中共中央决定调任杨开明为湘鄂赣特派员，在长沙、汉口等地秘密从事党的地下工作。1929年年底，因叛徒出卖，杨开明在汉口被捕。在狱中，他经受了敌人的种种酷刑，但是始终没有屈服。

  1930年2月22日，杨开明在湖南长沙浏阳门外识字岭刑场就义，年仅25岁。临刑前，他高呼"打倒蒋介石"、"打倒何键"、"中国共产党万岁"等口号。当敌人的刺刀刺进他的腰部时，他仍在高呼口号，直到刺刀刺进他的口中，他才停止抗争。

杨开英

> 她是杨开慧的堂妹,毛泽东则怜爱地称她"友妹"。毛泽东将对杨开慧的关爱之情寄托在杨开英的身上,对她关怀备至,爱护有加。

杨开英,1915年生于长沙板仓。她是烈士杨开明的胞妹、杨开慧的堂妹。毛泽东则怜爱地称她"友妹"。

杨开英从小聪颖好学,在读了小学、中学后,她考入了湖南大学。毕业后,一直在长沙从事教育工作,直到湖南和平解放。

1949年冬,杨开英去大连参加工作,开始任教于大连工学院,后调任大连育英中学教务处任副主任。她从小患有肺病,因当时家里无钱医治,以致落下了一身的疾病。工作后常年吃粉笔灰,致使病情日益加重。她的气喘、咳嗽、肺炎等毛病,严重影响了她的教学工作与日常生活。

1950年春的一天,毛泽东在中南海接见了杨开英。在同杨开英谈到杨开慧时,毛泽东深情地说:"友妹,你霞姐是有孩子在身边英勇牺牲的,很难得啊!"杨开英听了深有感触地说:"是呀,霞姐是很坚强的,从小我就很佩服她。"

毛泽东非常关心杨开英的身体,见她病情严重,便叫她留在北京治疗,并住在中南海的家里。毛泽东将对杨开慧的一片深情寄托在堂妹杨开英身上,对她关怀备至,爱护有加。

对于毛泽东的关爱,杨开英深表感激。但在中南海的日子里,她对江青渐渐有了了解,尤其是江青对杨开慧的嫉妒,让杨开英自觉在中南海不能久留。于是,身体略有好转之后,她便谢绝了毛泽东的热情挽留,离开中南海,回到了大连,继续她的教书生涯。

杨开英回到自己热爱的教育工作岗位后,担任了大连第三中学的副教导主任。她希望将过去因为生病而耽误的工作补回来,所以加倍努力,很快就提高了三中的教育水平，学校渐渐办得红火起来。

毛泽东始终无法割舍对早逝的夫人杨开慧的思念，对于"友妹"的离去，他时常感到怅然。以后，一有机会，他就向亲友打听杨开英的下落，询问她的生活情况。

1956年12月，毛泽东在接见堂侄毛远耀、侄媳胡觉民及侄孙毛臻等人时，特意向在沈阳黎明机械厂工作的毛臻询问了有关杨开英的情况，毛臻一一做了回答，并告诉毛泽东杨开英已身患重病，经济很不宽裕，从而引起毛泽东对"友妹"深深的惦记。

1956年12月16日，毛泽东给杨开英写了一封亲笔信，同时寄去200元人民币，给杨开英看病补养身体之用。他在信中说：

开英同志：

很久以前接你一信，甚为高兴。拖延未复，以后查不到你的地址了。近日毛世美（毛臻）他们来看我，知道你在大连的育英中学做教务长，又说你仍患肺病，甚为系念。寄上一点钱以供医药之用。如有所需，尚望告我。我的状况尚好。杨老太太及杨子珍夫妇和我仍有联系。便时望以你的情况见告。祝好。

毛泽东
一九五六年十二月十六日

自从离开中南海以后，杨开英很少给毛泽东写信。接到毛泽东的信，她开心极了。知道毛泽东依然惦记、关心自己，她感到很满足。

1958年，杨开英经人介绍与化工部橡胶工艺设计院工程师李晖结识相爱，并结为伴侣。婚后，杨开英由大连调到北京工作，任第69中学教务主任。到北京后不久，她给毛泽东写了一封信，告知自己已调来北京，结婚成家了，病情也有所好转等情况。毛泽东接信后于1958年2月20日，给杨开英亲笔复信说：

友妹：

来信收到，很高兴。病也好了，为你祝贺。好像在一九五六年，听了胡觉民同志说你又穷又病，曾付一信，并给了一点钱给你，不知收到否？我还好。江青有一点病。

谢谢你的问候。祝你努力为人民服务,同时注意身体。
并问李同志好!

毛泽东

1960年8月1日,毛泽东又一次向杨开英写信说:

开英同志:
久不见,甚以为念。你的情况好吗?有暇望告。
祝好!

毛泽东

新中国成立后,杨开英先后收到毛泽东写给她的6封亲笔信和赠给她的数笔款项。1973年,杨开英因病医治无效,在北京宣武区医院去世,终年58岁。她的丈夫李晖,后来担任过化工部橡胶设计院总工程师,其子女分别被安排在北京和湖南工作,均已结婚成家。

杨开智

杨开慧的胞兄。在艰难中曾负责抚养杨开慧遗下的三个孩子。新中国成立后，多次赴京出差开会，顺道看望毛泽东，受到毛泽东的热情接待。

杨开智，字子珍，1898年8月25日生于长沙县东乡板仓。他是杨开慧的胞兄，父亲杨昌济是我国现代史上享有盛誉的学者和教育家。

杨开智自幼受父母熏陶，爱好音乐，学业成绩优异。1907年至1913年，母亲先后送他到长沙第一高等小学等学校读书。1914年考入长郡中学，两年后转入雅礼大学预科。在这儿，他与父亲的世交柳午亭先生之子柳直荀同窗，结为挚友。

1913年，父亲从国外学成回国，执教于湖南省立第一师范。毛泽东、蔡和森、邓中夏等人，常来杨先生家中请教，切磋学问，阐发民主思想与先进科学文化。毛泽东、蔡和森尤为杨昌济所器重。他时常向家人说："毛、蔡二生必中国之栋梁。"当时，杨开智与妹妹杨开慧在家经常帮助父亲热情招待毛泽东等人。由于志趣相投，他们结下了深厚的友谊。

1918年6月，父亲杨昌济应聘赴京任北京大学教授，杨开智随父母迁居北京，并转入北京汇文学校就读。不久，毛泽东也来到北京。每逢节假日，毛泽东等人常到杨家拜访老师，杨开智兄妹亦常参与座谈，接受共产主义学说的影响。

1920年1月17日，父亲杨昌济因病医治无效，在北京逝世。杨开智与毛泽东等扶柩回湘，为父亲办妥一切后事。父亲生前的挚友章士钊先生，力劝杨开智到北京大学深造，并写信给在北京的杨度等人，请其援助这位"故人之子"，共同出资给杨开智做学费。

次年，杨开智考取北京农专（今北京农业大学前身）。在求学期间，他学习勤奋，成绩名列前茅，并积极参加学校的一些进步活动。1925年，杨开智从北京农专毕业，经人介绍，担任了北京女子师范大学庶务。两年后，他回到湖南，从事农业试验场工作。在常德,他结识了李一纯的七妹李崇德,俩人结为夫妻。

1930年,杨开智离开长沙去南京,任中央大学农学院助教。这一年,妹妹杨开慧被捕入狱。杨开智与妻子李崇德陪老母向振熙奔走南京,向社会各界人士呼吁,谴责反动当局迫害进步青年、残杀革命志士的暴行,请求父亲生前好友营救胞妹杨开慧。

同年10月,杨开慧牺牲,杨开智夫妇冒着生命危险,委托族兄杨秀出面,办理妹妹的身后事宜。此后,杨开智负责抚养杨开慧遗下的三个孩子——毛岸英、毛岸青、毛岸龙。第二年春,杨开智夫妇接到有关方面的指示,由妻子李崇德和母亲向振熙装扮成走亲戚的样子,护送毛岸英三兄弟经武汉去上海。几经周折,终于把他们送到了毛泽民、钱希钧夫妇的身边。

1932年后,杨开智回到湖南,从事农业、林业和茶叶生产技术工作,先后担任场长、技士、技师、技工等职,撰有多篇茶叶栽培方面的论文。

1938年,杨开智通过八路军驻湘通讯处,将女儿杨展送往延安,参加抗日救亡运动。不幸的是,1941年,杨展在晋察冀边区反"扫荡"中英勇牺牲。

抗日战争时期,杨开智先后在湖南茶陵等地从事农艺工作。1949年8月,湖南和平解放前夕回乡赋闲。新中国成立后,杨开智在湖南省农业试验场工作,致力于茶叶生产与科研工作。

毛泽东对杨开智一家的生活十分关心。早在1950年4月,即派长子毛岸英回湘为岳母杨老太太祝寿,为妻子杨开慧烈士扫墓,并带去他对杨开智一家的深情问候。

1953年9月27日,毛泽东给当年的老同学、当时任中华全国总工会中央执行委员、劳工部部长的易礼容写了一封信:

礼容兄:
　　杨家生活问题,待接到杨开智兄的信以后,可以由我处解决。淑一能时常去看视两位老人则更好。

毛泽东
九月二十七日

信中所指的淑一,即李淑一,是杨开慧的同学,烈士柳直荀的遗孀,当时在长沙一所中学任教。"两位老人"指的是杨开智的母亲向振熙及向的姐姐。

毛泽东一贯严于律己,坚持原则,不为亲友牟取私利。新中国成立之初,杨开智给毛泽东写过一信,希望能在北京给他安排一个工作,毛泽东婉言谢绝了。1949年10月9日,他就此事致电当时的中共湖南省第一副书记、湖南军政委员会委员王首道:

首道同志:
　　杨开智等不可来京,在湘按其能力分配适当工作,任何无理要求不应允许。其老母如有困难,可给若干帮助。另电请派人转送。

毛泽东

然后,毛泽东发"另电"给杨开智,电报上写道:

杨开智先生:
　　希望你在湘听候中共湖南省委分配合乎你能力的工作,不要有任何奢望,不要来京。湖南省委派你什么工作就做什么工作,一切按正常规矩办理,不要使政府为难。

毛泽东

在毛泽东的劝说下,杨开智打消了去京工作的念头,打算留在长沙工作。于是,他给已在北京工作的表弟向三立写了一封信,请求表弟替他向毛泽东说情,希望在长沙谋得一个"厅长方面的位置"。接到杨开智来信后,向三立便给毛岸英写了一信,把表哥杨开智的意愿和想法向他作了转述。

10月24日,毛岸英给向三立回了一信,就是那封有名的3000多字的长信。信中说:

　　来信提到舅父"希望在长沙有厅长方面位置"一事,我非常替他惭愧。新的时代,这种一步登高"做官"思想已是极端落后的了,而尤以为通过我父亲即能"上任",更是要不得的想法。新中国之所以不同于旧中国,共产党之所以不同于国民党,毛泽东之所以不同于蒋介石,毛泽东的子女妻舅之所以不同于蒋介石的子女妻舅,除了其他更基本的原因以外,还在于此。皇亲国戚仗势发财、少数人统治多数人的时代已经一去不返了!靠自己的劳动和才能吃饭的时代已经来临了!我决不能也决不愿违背原则做事,……来做这些扶助亲戚高升的事。至于父亲,他是这种做法最坚定的反对者。因为这种做法是与共产主义思想、毛泽东思想水火不相容的,是与人民大众的利益水火不相容的,是极不公平、极不合理的。

在毛泽东、毛岸英父子的开导、教育下,杨开智服从中共湖南省委的安排,先后任湖南农业厅技师、研究室主任、经营管理处副处长、省茶叶公司副经理等职,在工作岗位上兢兢业业、扎扎实实地工作。

新中国成立后,杨开智多次赴京出差、开会,顺道看望毛泽东一家,受到毛泽东的热情接待。1950年底,杨开智去北京开会,携妻子和女儿同行。毛泽东获悉他们来了,当即派秘书把他们接到中南海家中做客。久别重逢,毛泽东异常兴奋,和他们谈起了许多往事。当谈到杨开慧牺牲时,毛泽东心情沉痛地问道:"开慧的墓修得怎样?"杨开智回答:"开慧墓已修葺一新,我们经常去扫墓。"毛泽东听了感到很欣慰。饭后,毛泽东邀请他们去怀仁堂观看京剧。

1958年,杨开智因年老体弱,组织上决定让他病休。但他抱病编写茶叶资料,撰写回忆录,向青少年一代介绍革命先烈的事迹,教育青少年继承革命传统。

1976年夏天,杨开智离开长沙,独自一人登上了去京的列车。他要去探望正在患病的毛泽东。此时,杨开智已经78岁了。然而,由于毛泽东的病情始终未见好转,杨开智在京苦苦地等了一个月,一直未接到中央办公厅的通知,只好带着深深的遗憾返回长沙去了。

杨开智担任过第二届、第三届湖南省政协委员,第四届湖南省政协副主席,第五届全国政协委员。

1976年9月9日,毛泽东逝世。6年以后,即1982年1月26日,比毛泽东小5岁的杨开智,因病医治无效,也追随毛泽东而去,终年84岁。

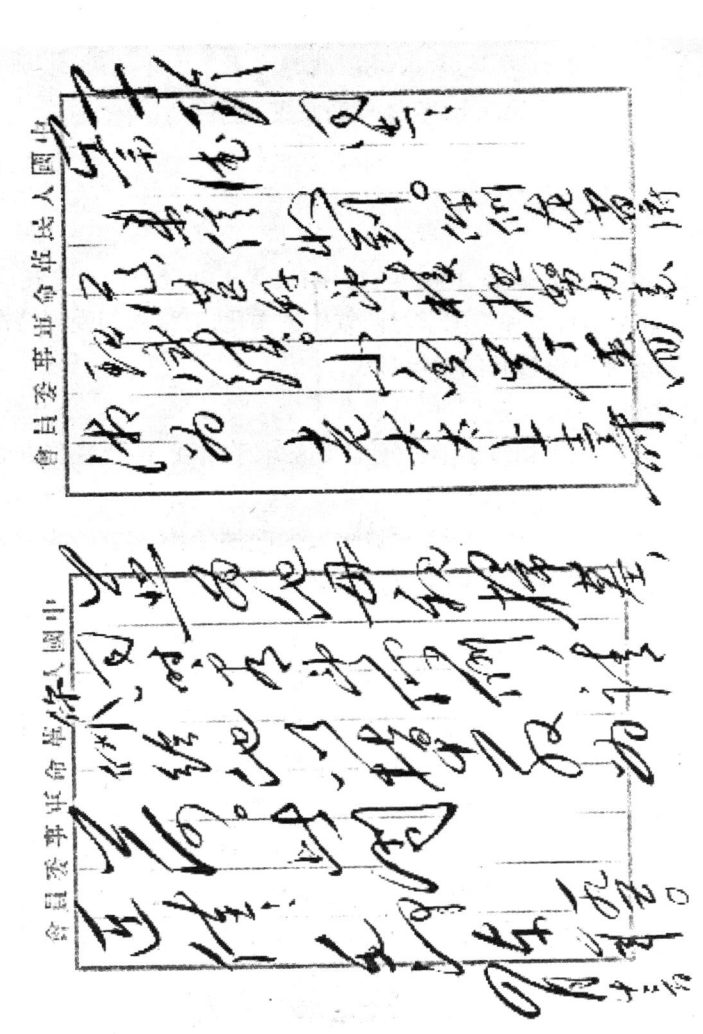

谈笑人依旧

杨开慧

> 她和毛泽东结婚时,"不作俗人之举";英勇就义时,年仅29岁。毛泽东说:"开慧之死,百身莫赎。""骄杨"是毛泽东对她的深切怀念与高度赞美。

杨开慧,字云锦,乳名霞,1901年11月6日,生于湖南长沙板仓杨家。父亲杨昌济(又名怀中),曾留学日本和英国学习西方先进文化,有强烈的爱国情操。杨开慧与母亲向振熙在板仓乡下度过她的童年时代。

杨开慧长到7岁,父亲从国外来信,要求她上学读书。于是,小开慧就在家斜对面的杨公庙长沙县第四十初级小学,开始了她的求学生涯。杨开慧在班上年龄最小,但是学习刻苦,成绩一直名列前茅。

三个学期后,杨开慧转到离家5里多路的隐储学校。这所学校比较起杨公庙小学来,规模要大,图书资料丰富,这强烈地刺激了小开慧的求知欲。

不久后,杨昌济来信要求开慧的母亲向振熙与开慧一起进校读书。当时母亲40岁,母女俩一起到离家20余里的衡粹实业学校读书,一时传为美谈。

1911年,辛亥革命爆发,杨开慧转入麻林桥附近的县立第一女子高小,在这里,她一直学习到毕业。

父亲对开慧的思想成长影响很大。父亲每两年回国一次,每次都给她讲述一些在国外的所见所闻,并且帮她博览群书,教育她应该把读书作为获得新知识、新思想的一个重要途径。在父亲的鼓励和帮助之下,开慧阅读了很多书籍,学习了大量关于社会科学、自然科学的知识,并且打下了良好的文字功底,毛笔字也写得娟秀自如。

少年时代的杨开慧,有着巾帼不让须眉的豪情,自幼立志长大后要"做对社会有益的事情",并且常以花木兰的故事激励自己。

1913年春,杨昌济从欧洲学成回国,在湖南省立第一师范任教,杨开慧随全家一起迁到长沙。在长沙古稻田女师读书,后停学,在家由父亲指导自学。

同年,毛泽东来到长沙,在湖南省立第四师范就读。

1914年,毛泽东转学至湖南省立第一师范,杨昌济担任他的伦理学老师。毛泽东、蔡和森、陈昌等人经常相约去杨昌济家求教。交谈中,伫立一旁的杨开慧渐渐为毛泽东伟大的抱负与远见卓识所倾倒。杨开慧逐渐加入了他们的讨论,时间一长,她也成为他们中的一员。

杨开慧经常同毛泽东等人到郊外游览岳麓山、橘子洲、湘江两岸。思想的沟通,使得志同道合的两个年轻人彼此的感情交流逐渐升华。杨昌济很快觉察到了女儿的心事,他珍爱自己的女儿,同时对于睿智、有着远大抱负的毛泽东也有着特殊的感情。

1918年夏,杨昌济前往北大任教,杨开慧随全家北上,住在地安门豆腐池胡同9号。8月,毛泽东来到北京,杨昌济推荐他到北大图书馆当助理员。

在北京的日子,毛泽东利用北京大学的有利条件,经常去旁听他感兴趣的课程,参加哲学和新闻学研讨会,广泛与革命人物接触,努力钻研马克思主义。他还利用闲暇经常去探望病中的老师。这时的杨开慧,已是17岁的少女,异地他乡的重逢,使得两人感情大增。1919年4月,毛泽东去上海时,两人约定互相书信联系。次年,毛泽东回到湖南。频频的书信交流,使得两人之间的感情已经非常深厚了。

由于杨开慧与毛泽东来往密切,志同道合,感情日深,,在父亲的支持下,他们相爱了。后来她回忆这段情景时说:"听到他许多的事,看到他许多的文章和日记,我就爱上了他。"1920年1月17日,杨昌济在北京病逝。杨开慧随全家扶柩回到湖南,转入长沙福湘女中读书,并积极投身毛泽东领导的驱张运动,担任学联的干事,负责宣传工作。毛泽东在湖南建立中国社会主义青年团,杨开慧成为该团最早的一批女青年团员。

这年冬天,杨开慧与毛泽东在船山学社结婚。婚礼简朴新式,用他们的话说,即"不作俗人之举"。不坐花轿,不做嫁妆,不举行婚礼。婚后,杨开慧继续在校学习。每逢假日,两人才相聚在一起。

次年6月,毛泽东与何叔衡去上海参加中国共产党第一次全国代表大会。杨开慧手提衣箱,依依不舍地亲自到湘江码头送行。毛泽东从上海回来以后,即投入创办湖南自修大学,为发展革命事业培养骨干。杨开慧始终与毛泽东站在一起,积极参加筹设自修大学。在经费不足的情况下,杨开慧建议将五四时期各界的捐款,拿出一部分支援自修大学。

秋天,杨开慧光荣地加入了中国共产党。为了掩护毛泽东的革命活动,杨开慧把母亲接到中共湘区委员会的秘密机关——长沙小吴门外清水塘一间租来的房子。这一时期，杨开慧担任机要和交通联络工作，同毛泽东并肩战斗。

1922年，毛泽东创建湖南青年图书馆，杨开慧担任该馆的负责人，主持馆务。当时图书馆秘密藏有《新青年》、《先驱》、《赤光》等进步书刊，吸引了一大批青年。此外，杨开慧还兼任湖南省学生联合会干事，积极开展学生工作，组织学生反对反动军阀张敬尧。学生运动中，杨开慧培养了一批积极分子，并介绍其中的优秀学生加入中国共产党。

在担任各项革命工作的同时，杨开慧对于毛泽东的起居饮食给予无微不至的照顾。平时，她要帮助毛泽东抄写党的文件、向中央提交的报告、传单、工人夜校的课本、自修大学的讲义。而且每天坚持阅览湘区委订阅的各类报刊，剪下有用的材料，作为毛泽东分析问题与形势的依据。

1922年，杨开慧生下了第一个儿子，这就是毛泽东的长子毛岸英。

1923年4月，湖南军阀赵恒惕下令通缉毛泽东，毛泽东不得不离开长沙，远赴上海。这是杨开慧与毛泽东婚后的又一次别离，为此毛泽东写下了著名的《贺新郎》一词：

> 挥手从兹去。更那堪凄然相向，苦情重诉。眼角眉梢都似恨，热泪欲零还住。知误会前番书语。过眼滔滔云共雾，算人间知己吾和汝。人有病，天知否？
> 今朝霜重东门路，照横塘半天残月，凄清如许。汽笛一声肠已断，从此天涯孤旅。凭割断愁思恨缕。要似昆仑崩绝壁，又恰像台风扫寰宇。重比翼，和云翥。

次年夏，在分开一年之后，杨开慧和母亲一起带着两个儿子岸英、岸青，来到上海。不到半年的时间，毛泽东因与陈独秀对一些问题各持己见，加之身体欠佳，于是携杨开慧于1925年2月回到韶山。杨开慧很快投入到韶山的农民运动中去。他们通过"走人家"的方式，深入到韶山贫苦农民家庭，鼓励他们起来与地主劣绅进行斗争。她还协助毛泽东办农民夜校，用通俗的语言向农民宣传革命思想，传授科学文化知识。

1925年，赵恒惕再次通缉毛泽东，全家只好随毛泽东来到广州。作为毛泽东的助手,杨开慧一面抚养幼儿,一面继续协助毛泽东收集、整理各种资料,并担任联络工作。

北伐开始后,毛泽东回到长沙,参加湖南全省第一次农民代表大会和工人代表大会。杨开慧协助毛泽东为大会做了许多工作。1927年初,毛泽东在武昌都府堤41号,写下了著名的《湖南农民运动考察报告》,其中倾注了杨开慧大量的心血。

"马日事变"后,毛泽东决定让杨开慧返回湖南家乡,参加长沙、平江、浏阳等县的革命活动。1927年8月下旬,毛泽东亲自送杨开慧及岳母向振熙和三个孩子,从武昌回到故乡长沙板仓。没有想到,这次的离别居然是夫妻二人的永诀。

在分开的日子里,杨开慧想得最多的就是毛泽东的安全问题,可是关山阻隔,音信杳无,这使杨开慧心情郁郁不安。1928年10月,她写下了《偶感》一词,对远方亲人的深深关心与思念溢于言表。

在板仓的日子里,生活格外清苦,但是杨开慧坚持不懈地进行革命宣传工作。她时常深入乡间,进行调查访问。穿同农民一样的衣服,吃与农民同样的饭食,附近的群众非常喜欢这位平易近人的知识分子。

1930年,革命形势非常紧张,杨开慧深知敌人不会轻易放过她,她已经做好了随时牺牲自己的准备。10月中旬,杨开慧未能挣脱敌人的魔爪,与8岁的儿子岸英、保姆陈玉英被捕入狱。在狱中,敌人严刑拷打杨开慧,让其交出地下党组织名单和与毛泽东秘密联络的地址,并且扬言:"杨开慧如果自首,胜过千万人自首。"杨开慧没有屈服。敌人见硬的不起作用,就改用软的一着,说:"只要登报声明和毛泽东脱离夫妻关系,马上就可放你出去。"但遭到了杨开慧的严词拒绝。她作好了必死的准备,对前来探监的亲友说:"我死后,不作俗人之举。"并说:"死不足惜,但愿润之革命早日成功。"

1930年11月14日,杨开慧在长沙市浏阳门外的识字岭壮烈牺牲,年仅29岁。

这年冬天,天气格外的冷。毛泽东在中央苏区领导军民进行反围剿斗争,当他在报纸上得知杨开慧英勇就义的噩耗后,悲痛欲绝,立即写信给岳母,并寄去悼词,对妻子的牺牲表示沉痛的哀悼。信中毛泽东说:"开慧之死,百身莫赎。"并寄钱给妻子修墓。至今,在杨开慧烈士陵园还保留着当时为烈士立的墓碑,上书"毛母杨开慧墓　男岸英　岸青　岸龙刊　民国十九年冬立"。

新中国成立后,毛泽东多次接见和慰问杨开慧烈士的母亲与哥哥杨开智夫妇等亲属,先后派两个儿子并委托亲友到板仓扫墓。1957年5月11日,毛泽东写了一首

词赠送给烈士柳直荀的遗孀李淑一(杨开慧的生前好友),缅怀杨开慧烈士。这就是有名的《蝶恋花·答李淑一》:

> 我失骄杨君失柳,
> 杨柳轻飏直上重霄九。
> 问讯吴刚何所有,
> 吴刚捧出桂花酒。
>
> 寂寞嫦娥舒广袖,
> 万里长空且为忠魂舞。
> 忽报人间曾伏虎,
> 泪飞顿作倾盆雨。

1962年,当章士钊请教毛泽东,该词中"骄杨"作何解释时,他说:女子革命而丧其元(头),焉得不骄?!"骄杨"是毛泽东对杨开慧的怀念与赞美。

1969年,长沙板仓修建了杨开慧烈士陵园和烈士纪念碑。

1990年11月14日,杨开慧烈士就义60周年纪念大会在板仓烈士陵园举行。湖南各界群众及杨开慧的亲属300余人参加了纪念大会,并为杨开慧塑像揭幕。烈士的汉白玉全身塑像,耸立于红花岗岩的基座上,表现出杨开慧文静、刚毅、不畏困苦、不畏艰难的英雄气概。

杨昌济

> 他在逝世前不久，专门写信给时任北洋政府国会议员教育总长的章士钊，郑重推荐毛泽东、蔡和森："二子海内人才"，"救国必先重二子。"

杨昌济，字华生，后改名为怀中，1871年（清同治十年）4月21日生于湖南长沙东乡板仓，故又称"板仓先生"。

杨昌济出身于书香门第。他的高、曾祖父都是"太学生"，祖父杨万英是"邑庠生"，父亲杨书祥捐过一个"例贡生"，但是没有做过官，主要以教书为业。母亲向氏，平江县石洞人，也是出身于诗书世家。

杨昌济在家排行第三，幼时即天资聪颖，但在他8岁、14岁时，母亲、父亲相继去世，这给他少年时代留下了抹不去的阴影。杨昌济17岁时和舅父的女儿向振熙结婚。婚后生一子，取名杨开智；两个女儿，长女早夭，次女即杨开慧。

杨昌济7岁那年，在父亲所开的私塾开始启蒙教育。十几年的寒窗苦读，熟读了"四书"、"五经"，涉猎了中国历史上有名的哲学、政治、伦理等方面的典籍。19岁时，他在长沙考上了"邑庠生"。但随后，时运不济，屡试不中。只有在乡间以教书为业，慢慢积累着教学经验。

1898年，杨昌济进入长沙岳麓书院，成为革新派首领谭嗣同的崇拜者，在谭嗣同的引导下，他加入了南学会，积极在湖南组织维新改良运动。

1898年，戊戌变法失败，杨昌济拒不与恶势力妥协，他看破了所谓的功名利禄，决定寻找新的道路。1903年农历二月初，杨昌济与陈天华等人离开家乡，东渡日本，在东京弘文学院读书。1906年结业后，又进入东京高等师范学校学习教育学。1909年，杨昌济在密友杨毓麟、章士钊的极力推荐下，进入苏格兰一所大学，主要学习哲学、伦理学、心理学。1912年他获得文学学士学位后，前往德国考察。在此期间，他悉心关注欧洲的教育制度，对当地的学校课程设置、教学方法、教学效果、学校纪律等都作了详细的记录。1913年，他在留学整10年后回到了湖南。

当时,有关方面见杨昌济学识渊博、有国外留洋的背景,在教育界有一定的声望,想请他出任湖南省教育厅长。杨昌济却坚决不干,毅然选择了教书这一职业。有人劝他说,先生留洋10年,当老师实在是委屈,出洋镀金不就是希望回来能谋个一官半职吗?教师地位低下,被人看不起,何苦?可是杨昌济始终不为之动摇。

不久,汤乡茗走马上任,他为了拉拢一些社会名流,也准备请杨昌济出山。一天,汤派一个幕僚去杨家,杨昌济当面予以拒绝。汤的幕僚不知杨昌济的脾气,竟威胁说:"汤都督兼查办请你'出山',任教育厅长,是看得起你,你不要敬酒不吃吃罚酒。"杨昌济盛怒,挥笔写下了"强避桃源作太古,欲栽大木柱长天"的诗句,扔给那人,并将其赶出杨宅。

从1913年夏天开始,杨昌济先后在省立第四师范、第一师范、湖南高等师范学校和湖南商业专科学校教书长达5年之久。他平时除了教书之外,还特别关注政治形势的发展,积极参与一些进步的文化活动。

1914年春,随着湖南第四师范与第一师范的合并,毛泽东开始了他在"一师"求学的岁月。当时,杨昌济正在"一师"讲授伦理学,他们就这样成了师生。毛泽东见杨昌济学识渊博,道德高尚,深为钦佩。杨昌济对毛泽东的勤学好问、成绩优异则大加赞赏。由此,双方建立了良好的师生关系。

1915年9月,《新青年》问世,杨昌济除了认真阅读外,还大力向朋友、学生推荐,并先后在这一杂志上发表《治生篇》、《结婚论》等,并推荐毛泽东的《体育之研究》在此刊物上发表。

杨昌济在从事教育时,很注重实际。他虽然倡导学习西方先进的文化和政治制度,并提倡充分利用西方的科学和技术,但同时他要求学生取其精华,舍其糟粕。他把"劳动神圣、勤工俭学、物质救国、科学、民治主义、互助、自由平等、博爱"等列为伦理学课的内容。杨昌济的进步思想,令毛泽东耳目一新;杨昌济也因严谨的治学精神得到了毛泽东等一大批进步学生的尊敬和爱戴。

杨昌济住在长沙市浏阳门正街李氏芋园内的"宏文图书社"时,在住所组织了一个哲学研究小组,成员中有黎锦熙、毛泽东、蔡和森、萧三等人。每逢星期六或星期天,这些学生就会来到杨昌济的家里,讨论读书心得。

杨昌济对毛泽东的印象非常之好。1915年4月5日,他在《达化斋日记》中这样记载:"毛生泽东,言其所居之地,为湘潭与湘乡连接之地,仅隔一山,而两地之语言各异。其地在高山之中,聚族而居,人多务农,易于致富,富则往湘乡买田。风俗淳朴,烟赌甚稀。

其父先以务农,现在转贩,其弟亦务农;其外家为湘乡人,亦农家也。而资质俊秀若此,殊为难得。余因以农家多出异才,引曾涤生、梁任公之例以勉之。毛生曾务农二年,民国反正时又曾当兵半年,亦有趣味之履历也。"

1915年暑假,毛泽东没有回家,住在老师家自学。不仅如此,在杨昌济暑假离开长沙回板仓乡下度假时,毛泽东还步行到远离长沙60多里地的杨昌济老家,向他请教治学和为人之道。杨家人见到风尘仆仆的毛泽东,既感动又高兴,热情地请他住了下来。

在杨昌济的引荐下,毛泽东还拜访了刚从日本留学回国的进步人士柳午亭先生(即后来为革命牺牲的柳直荀的父亲),向他请教青年人应如何做到全面发展,柳先生也非常喜欢勤学好问的毛泽东。

在杨昌济的长期熏陶下,毛泽东、蔡和森、萧子升等进步学生在政治、学术上日渐成熟。1918年4月他们成立了新民学会。新民学会成立时的21位成员,都曾或多或少地聆听过杨昌济的教诲。后来毛泽东在《新民学会会务报告》中,谈到新民学会创建的由来时说:"还有一个原因,则诸人大都系杨怀中先生的学生,与闻杨怀中先生的绪论,作为一种奋斗和向上的人生观,新民学会乃从此产生了。"可见,杨昌济对新民学会的重要作用。

1918年夏,杨昌济向往北京民主自由风气,在朋友章士钊的介绍下,受聘北京大学伦理学教授。6月初,举家北迁,居住在豆腐池胡同9号。1919年1月,杨昌济和马叙伦、梁漱溟、陈公博等人联名发起成立北京大学哲学研究会,通过集会、演说、发表论文、作报告的形式,传播西方先进的资产阶级政治学说,极大地活跃了北大的学术气氛。

杨昌济在北京仍关心着毛泽东的学业。1918年6月下旬,他刚到北京不久,就给在长沙的毛泽东写信,希望他能来北京一边读书,一边兼搞一些社会活动。同时,杨昌济还告诉毛泽东一个信息:法国政府来中国招募工人,他希望毛泽东能抓住这个机会出去开开眼界。

在杨昌济的帮助之下,1918年8月19日,毛泽东到达北京,杨昌济一家热情地接待了他。后来,为了使毛泽东能在北京安心学习和组织勤工俭学事宜,杨昌济又把他介绍给李大钊,让毛泽东在李大钊当主任的北京大学图书馆当了助理员。

毛泽东在北图工作期间,仍与杨昌济一家保持着密切的联系。后来,毛泽东回忆起这段生活,深情地说:"在我青年时代杨昌济对我有很深的影响,后来在北京成了我的一位知心朋友。"

1918年8月,毛泽东第一次北京之行,与杨开慧的爱情也向前迈进了一步。在那些日子里,毛泽东时常向杨昌济请教学问。闲暇时,便与杨开慧双双出去散步,漫步北海,游览故宫。这一切,细心的杨昌济都看在了眼里,他已隐约知道自己的女儿已爱上毛泽东了。1919年初,在杨昌济的赞许下,毛泽东与杨开慧倾吐了各自的感情,确定了他们之间的关系。

1919年,杨昌济生病住院,毛泽东百忙之中抽出时间,同杨开慧一道守候在他身边,精心照料。

第二年年初,杨昌济在逝世前不久,专门写信给自己的挚友——当时任北洋政府国会议员、教育总长的章士钊,恳切地推荐毛泽东、蔡和森,他写到:"吾郑重语君,二子海内人才,前程远大,君不言救国则已,救国必先重二子。"

在毛泽东最艰难的时候,章士钊伸出了热情之手帮助了他。1920年6月,毛泽东为赴法勤工俭学和开展湖南的革命运动,需要一大笔资金,他遵杨昌济的嘱咐,去找章士钊帮忙。章士钊见是故友的得意门生,立即以他的名义在上海各界社会名流中募捐2万元,帮助毛泽东解决了最大的难题。

1920年1月17日晨,病魔夺走了杨昌济的生命,时年50岁。

杨昌济一生埋头教育,身后家境十分清寒,为了解决其家属的生活问题,蔡元培、胡适、马寅初等人联名在《北京大学日刊》上发表启事,号召各界募集捐款。

2月中旬,杨昌济的灵柩在杨夫人向振熙、杨开智、杨开慧和毛泽东等人的护送下,返回板仓故里。

杨昌济虽然过早地离开了人世,但是他的精神永存。以后的历史证明,杨昌济的确慧眼识人。他精心培养的一大批学生,就如早春的花蕾,含苞待放。

杨 展

> 杨开慧的侄女。她积极奔赴延安,在陕北抗战中英勇牺牲,年仅21岁。在谈及她牺牲的经过时,毛泽东心情十分沉痛……

杨展,1920年10月26日生于长沙。她是杨开智和前妻李一纯的女儿,从小寄居在长沙西园北里的外祖父家。6岁时到长沙周南女中附小读书,毕业后继续在周南女中读高中。

杨展生在一个思想进步的家庭,从小就受到革命思想的熏陶。姑母杨开慧、堂叔杨开明都是中共早期的优秀党员。1930年,杨展才10岁,姑母和堂叔就相继被国民党反动派杀害了。姑母、堂叔的英勇牺牲,使少年杨展过早地成熟起来。

1937年,杨展加入了中国共产党。1938年,杨展负责周南女中的党支部建设,并担任了第一任支部书记。在此期间,她参与创办妇女识字班和夜校,帮助一些没文化的家庭妇女识字。她通过各种努力与毛泽东建立通信联系,陈述湖南的革命情况,并发表对时局的看法。毛泽东在著名的《论持久战》一文中分析亡国论的社会基础时,提到"有个学生从湖南来信"反映情况,这个学生就是杨展。

1938年,中共中央在延安号召全国青年奔赴前线,参加抗日民族解放运动。毛泽东来信鼓励杨展去延安,参加抗日救亡。杨展接信后,兴奋不已。她满怀着对革命的热忱以及对革命圣地延安的向往,找到八路军驻湘通讯处徐特立,要求即日前往延安。

这年年底,杨展到达延安,被分配到陕北公学旬邑分校学习。1939年,在该校高级班结业后,她向组织要求奔赴前线。这年春夏,日军妄图渡过黄河进攻陕北。中共中央决定将陕甘宁边区的陕北公学、工人学校、鲁迅艺术学院等四所学校联合成立华北联合大学,由成仿吾任校长,组成8000多人的队伍向敌人后方挺进。6月,杨展和陕北公学分校的同学们从旬邑县出发,前往延安集结整编。她与同学们一起行进在关中的黄土高原上,于7月初抵达延安。

谈笑人依旧

　　当天深夜,中共中央干部教育部部长李维汉,为了抓紧对师生进行教育,决定邀请毛泽东等中央领导同志来给师生们作报告。杨展和同学们认真聆听了毛泽东的报告,深受鼓舞。

　　7月11日,华北联大师生将要告别延安,延安各界在陕北公学礼堂举行欢送会。晚会上,毛泽东问成仿吾:"杨展来了没有?"杨展闻讯来到毛泽东的身边,毛泽东握着她的手问家里的情况,勉励她努力学习,好好工作,当一名好学员。这是杨展来延安一年多以来,第一次与毛泽东面对面交谈。姑父的教诲,杨展牢记在心里。

　　第二天,杨展跟随联大学员组成的队伍从延安出发,东渡黄河,于这年9月到达晋察冀边区。

　　在晋察冀边区根据地,杨展开始被分配在华北联大共产主义与共产党研究组编写教材,不久到政治部组织科、教育科工作。她工作踏实、吃苦耐劳。白天开荒,晚上还赶编教材,自己动手搞油印。1940年和1941年连着两年的三八妇女节,杨展被联大授予"模范妇女"的光荣称号。1941年,还被评为"学习模范",并当选为华北联大第二届党代表大会代表。1941年秋,日军对晋察冀边区进行野蛮"扫荡",联大被迫转移到河北平山县灵寿北部的山区隐蔽。一天,敌人插进校部隐蔽地——滚龙沟西坡。杨展随校部紧急转移,因山高路陡,地形不熟,不幸失足坠崖,当即昏迷过去。因一时无法救治,杨展最终英勇牺牲,年仅21岁。

　　杨展牺牲后,她的父母一直不知女儿的消息。1949年8月10日,毛泽东在给杨开智的信中告知杨展牺牲的噩耗,一家人顿时陷入了又一次失去亲人的痛苦之中。

　　1949年11月,毛泽东在北京接见杨展的表舅向三立时,谈及杨展牺牲的经过,心情亦很沉痛。他说:"展儿是在陕北抗战中牺牲的,她是一个好孩子。为了中国革命,我们党牺牲了许多像杨展这样的同志。"他还告诉杨展的父亲杨开智说:"杨展是为革命牺牲的,你们不要难过。只有好好地为党工作,为人民服务,才对得起那么多牺牲的同志,这才是对展儿的最好纪念。"

邵 华

> 她是毛岸青的妻子，毛泽东的儿媳。一篇怀念毛泽东的散文《我们爱韶山的红杜鹃》，使她蜚声文坛。1995年，她被授予少将军衔……

邵华，1938年秋出生于延安，原名张少华。她是陈振亚和张文秋的女儿，刘思齐同母异父的妹妹。

1938年秋，金风送爽，张文秋又生下了一个女儿，看到妻子生产的痛苦，陈振亚非常心疼，他触景生情，给女儿起名"安安"，希望宝贝女儿今后的生活，一帆风顺，平安无事。鉴于妻子生产时所受的痛苦，陈振亚建议让女儿随母姓张，并取大名张少华。但是，"安安"的生活道路，从一开始就没有父亲期望的那样平安。1939年，邵华随父母前去苏联，在途经新疆迪化（今乌鲁木齐）时，被反动军阀盛世才扣押，1岁的邵华便成了一个囚徒。1943年，父亲在狱中遇害牺牲。直到1946年6月，在党中央的积极营救之下，8岁的邵华才与母亲、姐姐出狱，辗转回到延安。在动荡的环境中，邵华一直没有受过系统的教育。一回到延安，她就嚷着让母亲送她去学堂念书。经组织安排，她很快进入了育才小学，接受正规的教育。但是战争环境使得小邵华总是随部队不停地迁移、奔徙。

1949年10月，新中国成立，妈妈张文秋特别忙，顾不上考虑她的上学问题。那时，刚10岁的小邵华常随思齐姐姐和岸英哥哥到中南海看望毛泽东。毛泽东尽管国事缠身，仍然很关心岸英和思齐的学习，常常仔细地询问他们的学习情况，这引起了小邵华对学习的强烈向往。一天，她热切地对毛泽东说："伯伯，我也要上学！"毛泽东激动地说："好孩子，你想学习，这件事我让秘书同志来帮你办。"小邵华笑了，甜甜地说："谢谢您，伯伯。"几天后，叶子龙交给邵华一封介绍信，让她进入了育英小学的大门。

1959年，邵华考入北京大学中文系。邵华喜好读书，有一次她高兴地告诉毛泽东,期末考试《中国通史》得了好成绩。毛泽东便让她谈谈刘邦、项羽兴衰的原因。邵华将教科书中的内容给毛泽东背了一遍。毛泽东笑着摇了摇头,说这是死记硬背,只能算知道了点皮毛,但还没有很好地理解。他说,要多读史料,多想想,能把"为什么"都说清楚,这才算是真的学好了这一课。并要求她从《资治通鉴》、《前汉书》、《后汉书》、《三国志》等书开始学起。有一次,毛泽东和邵华谈起宋人诗词,问她最喜欢谁的诗词,邵华说是陆游。毛泽东问为什么,她说陆游的诗词中,有令人激荡的爱国主义热情,作品雄浑、豪放,充满战斗精神。毛泽东听了后,赞许地点了点头。毛泽东一生很喜好曹操的诗文。一次,他饶有兴趣地问邵华喜欢曹操父子谁的文章。邵华想了想,说:"曹植。"并反问毛泽东:"那您喜欢谁呢?"毛泽东笑着说更喜欢曹操,他认为曹操的作品直抒胸臆,大气磅礴,应当学习。在谈话中,毛泽东发现几个孩子也十分喜欢王勃的《滕王阁序》,很是高兴,边背诵其中佳句,边作评论。谈到兴起,他挥动中楷羊毫,奋笔疾书为孩子们写下了"落霞与孤鹜齐飞,秋水共长天一色"这一千古佳句。邵华双手接过来,高兴得几乎跳起来。看过这一墨迹的书法家评论说,这十四个字分三行,互相呼应,一气呵成,气势磅礴,不同凡响,确实是一幅十分珍贵的墨宝。

邵华在北大读书时,开始与毛泽东的二儿子毛岸青书信来往。以前,她只是听到母亲与姐姐谈到岸青的遭遇,对他非常同情。岸青接二连三的来信,在邵华心中掀起了涟漪。毛泽东得知儿子的心事后,让刘思齐带邵华一起去大连看望康复中的岸青。这一次的相聚,打开了两个年轻人的心扉。他们互诉衷情,谈话进行得热切而融洽。于是,善良的邵华勇敢地接受了毛岸青表达的爱情。1962年春天,在大连结婚后的毛岸青与邵华双双回到北京。毛泽东风趣地说:"新媳妇总该去认认家门,让外婆和亲友们看看嘛!"遵照父亲的指示,毛岸青与邵华回到长沙板仓杨开慧的墓前拜祭,并看望了90岁高龄的外婆,转达了毛泽东对大家的问候与关心。

婚后的邵华,并不安心做一个家庭主妇,她征得毛泽东的同意之后,仍回到北京大学继续读书。但是,由于拖课太多,压力非常之大,她病倒了。一天,邵华实在忍不住心中的焦虑,就给毛泽东写了一封信。为了安慰她,毛泽东很快写了一封回信,信中说:

  要好生养病,立志奔前程,女儿气要少些,加一点男儿气,为社会做一番事业,企予望之。《上邪》一篇,要多读。余不尽。

父亲
六月三日上午七时

  邵华读了父亲言语恳切的信,深受感动,经过调养,精神大振。按照毛泽东的话,她积极治病,继续学业。日常闲暇之余,对丈夫温柔体贴,关怀备至。1965年,邵华从北大毕业了。1970年,宝贝儿子毛新宇的出世,给邵华一家带来极大的温馨和甜蜜。

  毛泽东逝世后,每逢毛泽东诞辰纪念日,毛岸青、邵华全家总是早早地到毛主席纪念堂悼念。每当此时,邵华总是想起父亲毛泽东谈论诗文的逸兴横飞、发表政论的慷慨激昂、鼓励后进的谆谆教导,情不自禁地热泪盈眶。

  邵华还多次陪毛岸青去毛泽东和杨开慧的家乡,看望那里的父老乡亲,追寻父母早年革命活动的足迹,缅怀他们为革命献身的光辉业绩。

  1977年春,毛岸青和邵华再一次回到了老家湖南。她写下了《我们爱韶山的红杜鹃》,文章饱含深情,她写到:"我们含泪伫立橘子洲头,漫步湘江两岸;回望清水塘,登上岳麓山;徘徊板仓小径,依恋韶山故园……万千思绪,随山移水转。"1990年,是杨开慧烈士牺牲60周年。清明前夕,邵华陪毛岸青专程回湖南长沙板仓扫墓。后来,她又写了一篇优美的散文,表达了对毛泽东一家六烈士的深切怀念。

  为了纪念父亲毛泽东诞辰100周年,让更多的年轻人了解毛泽东、学习毛泽东,邵华夫妇主编了大型丛书《中国出了个毛泽东》。为此,他们俩走访了十几个省份,收集资料,采访故人。尤其是毛泽东曾经学习、工作、战斗过的旧址、故居,他们几乎走遍了。这套丛书史料翔实,文字精美,共出了24本,约470万字。1995年,邵华又策划拍摄了为第四次世界妇女代表大会献礼的影片《杨开慧》。1995年7月28日,身为军事科学院军事百科研究部副部长的邵华,被授予少将军衔,成为中国为数不多的女将军。邵华还是中国作家协会会员,第八届全国政协委员。

  2008年6月24日,邵华因病去世,享年69岁。

谈笑人依旧

陈国生

> 她是毛泽东的堂妹毛泽建的养女，毛泽东称她为"贤甥"。从1955年开始毛泽东每年都给她寄200元钱，这一寄就是20多年……

陈国生，原名梁国生，1922年生于湖南耒阳的一个普通的知识分子家庭。舅舅陈芬，是毛泽东的堂妹毛泽建的丈夫。

陈国生的父亲梁泽南与舅舅陈芬是在长沙三师读书时的同学，1923年加入中国共产党。次年，梁泽南从三师毕业，在家乡耒阳汇江城小学教书。这一时期，他积极组织学生到城乡各地宣传反帝反封建的革命主张。1925年，党组织委任他为特委特派员，开展农民运动，主持农民协会。1928年，梁泽南准备将革命武装拉上井冈山，但在去井冈山的途中被敌人逮捕。在狱中他进行了顽强的抗争，最终被敌人杀害。

陈国生母亲陈淑元在丈夫被害以后，一直在外东躲西藏，颠沛流离。为了防止敌人的加害，6岁的小国生以舅舅、舅母的养女身份寄养在外婆家里，并改姓陈。好在外婆对待小国生非常地关照，老人家卖掉了家里的田产，供养陈国生在衡阳新字街读完了高小。

陈国生长大以后，在外婆的悉心安排之下，与一个叫宋毅刚的国民党军人结婚。宋在军队中担任过排长，后在湘乡县担任县警察局督察员。1949年湖南解放，他率领警察局200多人参加了姜亚勋的武装起义。

1950年，毛泽东派毛岸英回乡省亲，了解乡情。毛岸英在文运昌处了解到毛泽建牺牲的情况，并得知还有一个养女尚在人间的消息。毛岸英非常重视这个情况，立即请求文运昌详细打听陈国生的下落，并向父亲汇报了这一消息。没有多久，陈国生在湖南省委交际处见到了文运昌，文运昌嘱咐陈国生将自己的情况写信告知毛泽东。

1950年5月7日，毛泽东在接到陈国生要求去北京的信后，回了她一封信，毛泽东在信中是这样写的：

国生贤甥亲览：

　　来信收到，甚慰。望你们在湖南设法求得工作，不要来北京。乡间情形可来信告我。此问近好！

毛泽东
一九五〇年五月七日

毛泽东的来信，使陈国生非常兴奋。毛泽东称她为"贤甥"，这是多么令人激动的事情。作为烈士的后人，能够得到毛主席的关照，这对陈国生而言，是莫大的荣幸。

1951年，毛泽东邀请陈国生来北京叙旧。得知这一消息，陈国生简直难以抑制自己的兴奋。4月24日，她与毛泽东的两位表兄文运昌、文涧泉一起来到北京。毛泽东热情地接待了他们三人，笑着问第一次见面的陈国生："外甥第一次见舅舅，带来什么东西没有？"陈国生脸红了，歉意地说："三舅，我什么东西也没有带，您需要什么，下次我托人给您捎来。"毛泽东笑着说："我需要什么？你就给我带一些材料吧！多反映一些家乡的情况，舅舅就非常高兴了。"陈国生听了毛泽东的话，这才释然了。

这天中午，毛泽东设家宴款待陈国生一行。席间，陈国生请求毛泽东能批准政府在家乡拨款为舅母毛泽建烈士修墓，以资纪念。毛泽东听后，语重心长地说："现在国家刚刚解放，革命时期牺牲的同志很多，政府需要大量的资金搞经济建设，哪来的钱修墓呢？如果都来修，那么建设怎么搞？"毛泽东的一席话，说得陈国生口服心服，她感动地说："我听您的。"吃完午饭，毛泽东继续与客人交谈。他讲了许多自己小时候的笑话，使大家谈话的气氛非常轻松。毛泽东还问起了陈国生的家庭情况，陈国生如实地告诉她丈夫宋毅刚的历史。毛泽东问："有没有血债？""没有，他只是一个普通的督察员，也是穷出身，是抽壮丁进的国民党部队。"陈国生老实地回答。

毛泽东细心地听着，以长者和亲人特有的慈爱对陈国生说："如果有民愤，有血债，你就不要回去了，留在北京，并把小孩也接来；如果没有血债也没有民愤，那你就马上回去,叫你的丈夫好好改造。"

毛泽东继续说:"我们不是要把国民党的人全部镇压了,而是镇压那些罪大恶极、不杀不足以平民愤的,对那些没有血债、民愤也不大的人,我们是要区别对待的,对他们我们可以好好进行改造,化消极力量为积极力量。"毛泽东喝了几口茶,接着说:"国民党部队投诚起义的有好几万人,湖南和平解放的功臣程潜还是我的朋友呢!"

陈国生听了毛泽东的这席话,心里的一块大石头才落了下来。新中国成立以来,她一直担心丈夫的历史会给这个家庭带来不幸。现在听了毛泽东的这些解释,陈国生对丈夫的改造充满了信心。

时间过得很快,转眼几个小时过去了,陈国生等人起身向毛泽东告别。毛泽东拉着他们的手,依依不舍。他还吩咐秘书拿出300元钱,送给陈国生作家庭生活补助。

1955年5月下旬,陈国生接到一封来自中央办公厅的信件,上面写道:

陈国生同志:
  你和宋同志先后寄给毛主席的两封信都已收到了,并送给主席看过。主席委托我们告诉你,他同意你一个人于本月底来北京一次,住一两个星期即回去。除你以外其他人都不要到北京来。此复。

中共中央办公厅
一九五五年五月廿一日

陈国生接到信后,立即带着哭闹着要见毛主席的女儿陈锋,登车北上。第二次来京,旧地重游,陈国生感到异常亲切。6月7日,毛泽东派秘书乘专车到招待所接陈国生及其女儿以及同时来京的毛泽嵘、文炳璋、毛仙梅等到中南海会面。

见面后,毛泽东首先询问农村生产和农民生活等情况。他问:"粮食够不够?"

"农村比较富裕,农民有饭吃,只有个别的没有饭吃。"文炳璋答道。陈国生见文炳璋反映得不够全面,忙插话道:"有的地方还有许多农民有困难,粮食紧张,口粮不够吃。"

毛泽东点点头,对她说:"你在这里讲话可以随便点。反映情况,要实事求是,不要讲假的。"

毛泽东问陈国生:"你们工人呢?收入多少?"

陈国生答:"我们夫妻月收入80多元。"

"生活够不够?"毛泽东问。

"不够。"陈国生如实地答道,"我们粮店有8个职工,都有家属,小孩少的还过得去。其余的都要单位补助。"

陈国生9岁的女儿陈锋天真可爱,总是拉着主席的衣服喊"外公"。毛泽东非常开心,喜欢逗着她玩。这时陈锋跑到毛泽东身边,嚷着:"外公,我要买单车。"毛泽东笑着说:"要你妈妈买。"陈锋说:"妈妈没钱。"毛泽东说:"我给你妈妈钱,你妈妈不就能买了吗?"

陈国生忙拉住女儿的手,要女儿住口。毛泽东笑着说:"没关系,外公给孙女买礼物是应该的。"陈国生听了很感动。

临别前,陈国生想起要和毛泽东照相,她提议道:"主席,上一次来,没来得及和您照相,这次我和大家要与您合个影。"

毛泽东说:"好。"

毛泽东微笑着站在游泳池旁,在阳光的映照下,显得格外慈祥。

几天后,毛泽东派秘书给陈国生送来照片,还有280元钱,给陈锋买车子用。

从1955年开始,毛泽东每年总是嘱咐秘书为陈国生寄去200元钱。这些钱全部是从他的稿费中支出,这一寄就是几十年的时间。

现在,陈国生退休在家。在她的精心操办之下,毛泽建、陈芬烈士的陵墓已经得到修葺。她还经常教育子女努力工作,以报答毛泽东对他们一家的关心和照顾。

陈振亚

> 他是邵华的生父。毛岸青和邵华结婚之际,毛泽东谈起陈振亚时,不无感慨地说:"……假如他还在,能参加邵华和岸青的婚礼,那多好呀!"

陈振亚,湖南石门县人,邵华、张少林的生父。

陈振亚出生后三个月,父母相继去世,孤苦伶仃的他是由奶奶一把屎一把尿、辛辛苦苦拉扯大的。8岁时,奶奶贫病交加,也去世了。自此,他只有与哥哥相依为命。哥哥去铁匠铺学打铁,他则到地主家放牛。

平时,陈振亚除了当牧童,还要侍候地主家小少爷去私塾读书。早晨,天刚麻麻亮,他就得赶牛上山。牛吃饱了回来,他再送少爷去上学。少爷顽皮不用功,时常遭到私塾先生的惩罚,这时,陈振亚也跟着受罪。但他聪明用心,在几年的伴读生涯里,认识了许多字。《三字经》、《百家姓》,陈振亚就是这样学会并背熟的。

稍长,陈振亚随哥哥去学打铁。铁匠铺在镇上,可以接触到许多人,也能接触到一些进步倾向的书报。陈振亚被这些新知识、新思想深深吸引住了,他决定改变自己的生存环境。

1926年,北伐军经湖南去湖北,陈振亚听到这个消息,毅然丢下手中的铁锤,跑了30多里路,找到彭德怀所属的部队,要求入伍。在彭德怀、黄公略的引导下,他的觉悟日渐提高,作战勇敢机智。北伐军进入武汉后,黄公略亲自介绍他加入中国共产党,并提升他为排长。

1928年7月,彭德怀领导了平江起义。起义队伍改编成中国工农红军第五军,陈振亚升任十三师相当于团长的大队长。此后,他跟随彭德怀上了井冈山,转战于湘赣苏区。曾参加两次攻打长沙的战斗和反"围剿"斗争,由于指挥有素,屡建奇功。

1930年,陈振亚在宜昌与敌人遭遇。激战中。炮火击中了他的左腿,医生不得不将他的伤腿截去,以防感染。他不能再上战场了,但作为一个革命者,除了失去生命,没有任何事能阻止他为民族解放而奋斗。上级鉴于陈振亚的身体状况,任命他任湘赣军区的医院政委,一边接受治疗一边工作。不幸的是,在一次转移时,他因行动不便落伍,被敌人俘获。任凭敌人严刑拷打,陈振亚一口咬定自己是帮助抬担架的民夫。敌人见他外表憨厚,言语木讷,一时不知如何处理,便将他押送石门县原籍,交当地国民党县政府处置。陈振亚在狱中,偷偷给哥哥捎信,让哥哥与当地40多名群众联名具保,证明自己是普通的老百姓。国民党政府不得不放了他。

出狱后,陈振亚心情非常沉痛,他找不到党组织,就像航船失去了舵手。但他坚信革命一定会胜利,找不到红军,他可以在当地秘密发展党员,建立党支部,组织自己的军队。1934年年底,贺龙等率领红二、六军团发动湘西攻势,队伍来到了石门。这时,陈振亚组织起来的武装已颇具规模,得到了贺龙、任弼时的高度评价,他们将这支部队改编为红军。

由于他的腿伤,部队建议他留下来,继续坚持地下斗争。就这样,又是两年的时间。西安事变后,陈振亚得知国共再次合作的消息,立即想方设法与延安联系,要求到延安工作。不久,关向应给他回信,同意他的要求,并寄来了一些路费。陈振亚欣喜若狂,离开组织6年了,现在,他终于可以回到党的怀抱了。他立即收拾东西,怀揣着介绍信,化装成要饭的乞丐,长途跋涉,来到西安。

在西安七贤庄八路军办事处,陈振亚见到了时任八路军代表的林伯渠。经林的介绍,又结识了烈士刘谦初的遗孀张文秋。随后,两人结伴出发前往延安。在去延安的途中,张文秋带着孩子,陈振亚只有一条腿,为了互相照应,林伯渠安排他们同乘一辆汽车。相似的生活经历、共同的生活目标和不屈的坚忍个性,使他们互相倾慕。到达延安后不久,他们再次相逢。1937年冬,陈振亚与张文秋结为夫妻。

在延安的生活,安定而富有激情。陈振亚担任八路军一一五师后方留守处政治部主任,张文秋则任政治部《生活星期刊》的编辑,两人互敬互爱,共同抚养着女儿刘思齐。一次,陈振亚夫妇在思齐主演的文艺演出上见到了毛泽东。毛泽东抱着演出感人泪下的小思齐,与陈振亚夫妇亲切攀谈,并称要认小思齐做干女儿。从此以后,他们一家与毛泽东的关系渐渐密切起来。

1938年秋,张文秋又生了一个女儿,喜讯传到屋外,焦急的父亲不由得舒了口气,看到母女平安,他抹去一头的汗水,给女儿起名"安安"。他抱着女儿,回头对妻子说:"看你生孩子,真辛苦,咱们就让女儿跟妈妈姓吧,叫她张少华,你看怎么样?"张文秋笑着对丈夫说:"姓什么都一样,她永远是陈振亚和张文秋两人的孩子。"

1939年春,陈振亚任荣军学校的政治处主任。该学校的学员都是从抗日前线回来的伤员。不久胡宗南部制造了"旬邑事件"，杀害我方荣军战士。为了教训国民党旬邑县保安队，荣军学校决定由陈振亚指挥一次战斗。他率领学校警卫连正面迎击，1000多名荣军学员，除了双目失明者外，都上前线。这一战，歼敌120余人，打了一个漂亮的大胜仗。

几天后，荣军学校召开军民祝捷大会，中央军委毛泽东主席和朱德总司令，派人专程前来嘉奖了陈振亚。

但是，不久后的一天，陈振亚发现自己残废的左腿，时常疼痛红肿，病情不断恶化，必须采取措施，加以治疗。中央军委研究决定，送陈振亚和另外几位残废军人，到苏联治疗腿伤，安装假腿。并同意他们的家属、小孩一同前往。

陈振亚带着张文秋、思齐、少华从西安乘飞机经兰州到达迪化（今乌鲁木齐）。军阀盛世才百般阻挠，用各种理由假意挽留陈振亚一家。就这样，他们一家被扣押在新疆。

1941年5月，陈振亚因腿伤复发，发起了高烧，住进了迪化南关医院。医院外科主任是个白俄医师，十月革命以后逃到新疆，骨子里极端仇视共产党。他给陈振亚作了检查后，建议病人实行手术，取出断骨。陈振亚犹豫了一下说："不发炎，就没有事，做手术，以后再说吧！"外科主任无奈，说要作最后一次检查，叫护士给陈振亚吃了两包药品。陈振亚吃药不久，身体即出现不适，肚子奇疼，呕吐不止，一直折腾到天亮。第二天天一亮，八路军驻迪化办事处负责人陈潭秋和张文秋带着两个孩子，一起赶到医院，陈振亚已经奄奄一息，他衰弱地拉着陈潭秋的手说："我中毒了，恐怕熬不过去了，你们要警惕盛世才这个两面派……"他看了看妻子，指着孩子说："我死后，你一定要好好照顾我们的两个孩子。"

陈潭秋被这突如其来的情况惊住了。他安慰陈振亚说："振亚同志，你不要这样想，我马上去另找一位医生来！"

这时白俄医生来到病房，对陈潭秋说："我来给陈先生打一针，很快就会好的！"尽管陈振亚等人坚决反对，医生仍以治病救人为借口，强行给陈振亚注射了一针。

张文秋心慌意乱，一边给丈夫盖被子，一边俯身问："你的感觉怎样？"陈振亚张了张嘴，显出很痛苦的样子。几分钟后，陈振亚口鼻出血，嘴唇发乌，抽搐了几下，就与世长辞了。张文秋不禁大哭起来，两个女儿见到父亲的死状，惊恐万分，抱着爸爸，哭个不停。

1962年，陈振亚的女儿邵华和毛泽东的儿子毛岸青在大连喜结连理。毛泽东和张文秋两位亲家相聚的时候,说起了陈振亚。毛泽东说:"陈振亚同志,我在井冈山就认识他。那年在延安,我知道他与你结了婚,很替你们高兴。他的模样,我至今还记得。假如他还在,能参加邵华和岸青的婚礼,那多好呀!"

周文楠

> 她的丈夫毛泽覃，儿子毛楚雄，都是为了中国革命的胜利和民族的解放而献出了宝贵的生命，她以极大的毅力忍受了失去亲人的痛苦……

周文楠，湖南长沙人，又名周润芳、周菊年。1910年11月，周文楠出身于一个官宦家庭。辛亥革命前，父亲周模彬在广西任过知县、知州，由于政绩卓著，在社会上有一定的地位和名望。母亲周陈轩出身书香门第，性格开朗，思想进步，并积极参加社会进步活动。周文楠出身于这样的家庭，却没有千金小姐的派头，她身材娇小瘦弱，衣着朴素，就如一个普通的农村妇女。可是，在这个柔弱的身躯里，却蕴藏着刚毅、坚韧。

周文楠很早就接触到革命思潮。后来，她毅然背叛封建家庭，参加了革命，其母周陈轩非常支持她的选择。1925年，母女俩住在长沙小吴门松桂园1号，她们协助党组织收存、保管和传递党的机密文件，掩护党的地下工作。由于周家安全、可靠，革命者郭亮、夏明翰、萧三及毛氏三兄弟时常到这里聚会，研究工作，从事革命活动。1926年，周文楠在含光女子职业学校毕业后，就与母亲一起来到毛泽覃工作的广州。在革命工作中，周文楠与毛泽覃建立了深厚的感情。在母亲周陈轩和毛泽东的认可下，他们结成了革命伴侣。婚后，两人过了一段美满幸福的生活。

1927年春，周文楠加入了中国共产党。"四一五"反革命政变后，毛泽覃与周文楠被迫转移。周文楠因即将临产，只得离开公务繁忙的毛泽覃，独自回到老家长沙。此后，由于白色恐怖，两人断了联系。轰轰烈烈的大革命失败了，湖南革命形势极其严峻。国民党右派血腥屠杀革命群众，革命队伍中许多人出现了惶恐动摇的情绪，有的人甚至叛变投敌。在这种状况下，周文楠从来没有怀疑过自己的共产主义信仰，对于敌人的白色恐怖，她毫不畏惧。这年9月8日，她在长沙生下儿子毛楚雄。产后不久，她便拖着虚弱的身子，毅然转入长沙的地下工作，继续同反动派作斗争。

1928年春，周文楠的地下活动被敌人察觉，她不幸被捕。在狱中，任凭敌人使用什么样的手段,她始终坚贞不屈,与敌人周旋。幸运的是,1930年彭德怀率领红军攻进长沙城,周文楠被解救出狱。出狱后,周文楠匆匆回家看望了一下年迈的老母和尚幼的儿子,便加入了彭德怀的部队,在红十六军政治部做秘书,负责宣传工作。

1931年,周文楠调到湘鄂赣省委做妇女工作。次年夏,组织安排她在湘赣军区做技术科长,负责油印缮写。1934年10月,红军撤离江西,开始史无前例的长征。周文楠由于工作需要,留在江西罗霄山脉中段打游击。1935年春,在莲花县的游击运动中,她与部队失去联系,被地方反动武装逮捕。可是幸运再次落在她的头上,她又一次脱险了,而且脱险方式极为蹊跷。很长时间,她一直不明白原因。1952年,在审干时,她从一封来信中,才了解了其中的真相。这封信是当时任莲花县承审员的侄孙周邦杰写来的,信中陈述了周邦杰当年营救周文楠获释的情况。来信写道:

文楠姑婆:

　　日前奉到手示,敬悉您的身体违和,甚为系念!敬祈妥为调养,早复健康,是为至要。我过去在旧司法界工作,多年为反动统治者服务,对人民是有罪恶的。去年得你介绍,得省党及政府的宽大,使我还能在工作岗位上工作。真是衷心感激,没齿不忘。来示嘱将你在莲花县被俘得我营救情况函复,并另抄材料一份,以兹证明。兹将详情告知,乞赐明鉴。

　　我在莲花县任承审员时是1935年三、四月间。你在莲花县境内被地方团队俘虏,当时我不知道,后接令兄(周自娱)由长沙来信,我即电话询问该区区长,有无俘虏你的事情,伊答确有其人。我说她是我祖姑母,请准予自新,并请明日雇轿送来我处,我会拿钱(恐怕他们轻视你侮辱你)……翌日,我等了好久,才见你来,我真快活得很。……当时区署送你来时没有办什么公文,也没有什么口供。你到县后,也没有办过什么自新手续,更没有什么档案。所以当时电话该区区长准予自新者,意思就是要他们不要危害你,要他们送你来我处,以便送你回家。一切经过情形,我没有告诉过你。你离莲花县时,我雇轿送你到界化陇,一则尊敬你,一则鼓励你。后来换了一个杨县长,说我亲释了两个重要共党,暗里派人捉拿未获,报请高院将我派差,派了余某(湖南人)接替,公文到达后,适新任朱县长到达,闻各界都说我公正廉明,又电请高院收回成命。此是你被俘后的经过详细也,余不多赘。专此敬祝身体健康,并叩侍祖姑母、祖姑夫健康!

侄孙周邦杰敬叩
1952年11月2日

  1936年冬,周文楠再一次与组织失去了联系,她只能从江西回到长沙。8年的时间,她时时刻刻惦念着年幼的儿子和年迈的母亲。当她推门进家时,9岁的儿子陌生地看着她,她的心都碎了,泪水哗哗地往下淌,哽咽着喊道:"楚雄,我是你的妈妈呀!"儿子见到日思夜想的母亲,愣住了,好一会才反应过来,扑入周文楠的怀中,失声痛哭。

  抗战爆发后,周文楠找到了党组织,受命在中共湖南省工委工作。此时的长沙,在日军的狂轰滥炸之下,混乱不堪,周文楠与母亲周陈轩、儿子楚雄转到韶山居住。不久,在延安的毛泽东知道了周文楠的情况,写信给堂兄毛宇居,捎去20块光洋作路费,要周文楠去延安学习。1938年初,周文楠收到这封信,全家激动不已。但因为工作忙,人手少,组织暂时没同意她离开,直到1940年她才经重庆八路军办事处,随同周恩来一起到延安。

  到延安后,周文楠由教育厅介绍到中央保育院任教员。这期间,她认识了一同工作的王英樵。王英樵原名王承恩,河南郾城人,时任保育院小学教导主任,1942年春,调到边区政府教育厅任督学。与此同时,周文楠也调到边区政府任干休所党支部书记。经过几年的接触,周文楠对王英樵的人品、性格、能力都较为满意,于是两人去征求毛泽东的意见。毛泽东说:"婚姻自由嘛,这是1931年在江西苏区制定的《中华苏维埃共和国婚姻条例》就规定了的原则。你再婚,我不干预的。记住咏菊(即毛泽覃)是为革命牺牲的,他的精神不朽,值得我们活着的人思念。"1942年3月,周文楠和王英樵结合了。次年,周文楠夫妇调往绥德分区实验小区继续做教育工作。

  1945年日本投降后,周文楠夫妇俩带着两岁的女儿王肖叮随同西北局部队奔赴东北工作。周文楠在东北先后任辽宁省委党校支部书记,康平县、泰安县公安局秘书,泰安县法院院长。

  周文楠是一位为革命不惜献身的母亲,她忍受着母子分离的痛苦,两次把毛楚雄托付给母亲周陈轩照料,自己则全身心地投入革命。1946年,毛楚雄在中原突围的一次战斗中英勇牺牲,周文楠听到这个噩耗,心情万分悲痛。但是,她很快从再次失去亲人的痛苦中挣扎出来,全身心地投入解放战争的洪流里。

  1952年,周文楠调往齐齐哈尔,任黑龙江省高级人民法院民事审判庭庭长。此后，因身体不好，久病不起，只得长期请假在家休养。1983年12月离休。

　　周文楠始终没有忘记自己是烈士的遗孀和母亲，始终没有忘记自己是韶山的女儿。1969年，她第二次回到韶山。在韶山火车站见到了前来迎候的族侄毛特夫，两人一起合影留念。1984年7月1日，韶山毛泽东同志故居游人如织。身材瘦小、年逾古稀的周文楠，在家人的陪同下，第三次来到韶山。她缓缓走进毛泽东故居，看到这熟悉而又陌生的一切，百感交集。此情此景，令她不能自已，她挥笔题写了一首诗。

　　　　瞻仰韶山冲，又看滴水洞。
　　　　怀念毛主席，难忘深海情。

　　1986年4月，周文楠和丈夫王英樵到江西瑞金参加毛泽覃烈士铜像落成暨毛泽覃牺牲50周年、毛楚雄牺牲40周年悼念活动。她向烈士铜像献上写有"泽覃千古"的花环，并深情地说："泽覃，我来看你来了，我来看你了。"

　　为了表达对牺牲的丈夫和儿子的深切悼念和无限怀念之情，她写诗云：

　　　　泽覃头颅掘残金，楚雄热血洒秦岭。
　　　　父子牺牲各东西，为国捐躯育后人。

　　1992年3月，周文楠委托丈夫王英樵，给毛泽民的继子毛华初夫妇写信说：明年是毛主席的"百年祭"，闻说家乡父老乡亲和党政部门将举行大规模纪念活动。全国许多干部、群众都自愿捐款为纪念活动出力，我们做家属的更加不能落后，寄上1000元，以表我们心意。

　　这年9月5日，周文楠因病逝世于哈尔滨，享年81岁。人们为她没能活到毛泽东百年诞辰时来韶山参加庆祝活动而感到遗憾。

　　毛泽东一家，先后有六位亲人为了中国革命的胜利和民族的解放献出了宝贵的生命。这中间周文楠的至亲就占有两位，一位是她的丈夫毛泽覃，一位是她的儿子毛楚雄。在那风雨如磐的岁月里，她以极大的毅力忍受了失去亲人的痛苦，坚持到革命的胜利。她不愧为一位刚毅、坚强而伟大的女性。

文楷同志：

来信收到，甚慰。据你母亲来此和你可互通一事，我认为甚好，即和你湖南家属发给旅费。惟你母年高一人在路上不便，拟要墨罗安全，望罗霑雲要你自己去湖南接她同来此方为妥当。请你考虑告我。如你自己不去接，墨罗霑雲同你商量即由你带她来。附件还你。

此致
敬礼，祝你健康。

毛泽东
五月三日

江青
文楷同志好。

周陈轩

> 她是周文楠的母亲，毛泽覃的岳母。毛泽东感慨万分地说："周外婆是一位很好的老人……为抚养革命后代，呕心沥血，茹苦含辛……"

周陈轩，周文楠的母亲，毛泽覃的岳母。1883年7月26日出生在江西临川的一个大家庭。年轻时随丈夫周模彬迁往湖南长沙，长期居住在长沙小吴门松桂园1号。

周陈轩性格刚毅、举止大方，敢于接受进步思想。随女儿周文楠背叛封建家庭后，积极参加革命活动。1925年，她在家中协助地下党开展工作，收藏、保管和传递党的机密文件。在这里，周陈轩老人结识了毛泽东、毛泽覃兄弟俩。

1926年7月，周文楠与毛泽覃结婚。周陈轩与女儿由长沙来到广州，追随女婿参加革命。1927年，大革命失败后，周陈轩离开女儿、女婿，独自回到长沙。周文楠夫妇则由广州化装乘船前往上海，再转去武汉。同年夏，毛泽覃随部队前往南昌，周文楠因为怀孕由武汉回到长沙，在母亲周陈轩的照顾下，生下了儿子毛楚雄。

1928年春，周文楠不幸被捕，与不到半岁的毛楚雄一起被关押在狱中。周陈轩老人多方奔走，将外孙毛楚雄接回家中抚养。为安全起见，楚雄改姓周。在那艰难的岁月中，她苦苦地拉扯着小外孙，受尽煎熬。1930年，周文楠被解救出狱，在家待了三天，就又一次丢下老母弱儿，随部队退出长沙。从此，周陈轩独自担负起抚养革命后代的重任。

1935年，楚雄8岁时，周陈轩送他到松桂园附近的一所小学读书。这年5月，毛泽覃在瑞金壮烈牺牲。周陈轩得知这一噩耗，心情至为悲痛，她瞒着外孙，独自品尝着失去亲人的痛苦。平时，则常常给楚雄讲大伯父毛泽东、二伯父毛泽民、姑姑毛泽建、伯母杨开慧为革命奔走的动人事迹。不久，周文楠回到家中，多年来一家人难得有这样的团聚时刻。

这时，日军继侵占华北后，开始派遣飞机轰炸长沙，在松桂园附近投下多枚炸弹,市民伤亡惨重。在韶山亲友的帮助下,周陈轩、周文楠携毛楚雄迁往韶山上屋场居住。在韶山冲,周陈轩勤劳俭朴,乐于助人,深受当地人民的尊敬。

1945年8月,王震率八路军三五九旅南下支队经过湘潭,遵毛泽东之嘱,接毛楚雄北上延安参加革命。1946年8月毛楚雄与吴祖怡、张文津等人在奉命赴西安与国民党部队谈判途中不幸惨遭胡宗南部杀害,年仅19岁。远在韶山的外婆周陈轩一直不知道楚雄被害的消息,仍沉浸在对外孙无限的思念之中。

1949年8月,湘潭和平解放的消息传到韶山,周陈轩老人欣喜万分,热泪纵横,她盼着外孙、女儿能早日回来,一家人从此过上安定的生活。1950年初,周陈轩写信给在沈阳工作的女儿周文楠,信中说:四野路过韶山,许多人到毛主席旧居参观,她到处打听外孙毛楚雄的下落,却没有一点消息,不知外孙现在何处。信中还表达了自己在韶山冲独自生活,无人照顾,希望能与女儿生活在一起的愿望。周文楠接到母亲的信,心如刀绞,她含泪给毛泽东写信,要求接母亲到东北一起生活。

毛泽东对周陈轩老人多年的经历是熟悉和了解的,特别是对于老人含辛茹苦抚育革命后代、支持革命工作表示由衷的敬佩。在接到周文楠的信后,毛泽东亲笔回信说:

> 文楠同志:
>   来信收到,甚慰。接你母亲去东北和你一道生活一事,我认为是好的。我可以写信给湖南方面发给旅费。惟你母年高,一人在路上无人招扶是否安全,是否需要你自己去湖南接她同去东北方为妥当,请你考虑告我。如你自己去接,我给湖南的信即由你带去。附件还你。江青她们都好。祝你
>   健康
>
>   毛泽东
>   一九五〇年五月十二日

周文楠接到毛泽东的亲笔信后,立即由沈阳起程南下湖南。路过北京时,她专程去中南海见了毛泽东。当谈到毛楚雄牺牲的事如何告诉周外婆时,毛泽东说:"你告诉外婆,就说我说了。楚雄是个有志气的孩子,是韶山人民的好儿子,送他到国外很远的地方学习了,也不能通信。免得老人家受刺激。时间长了,慢慢也就好了。"并叮嘱道:"以后要好好照顾外婆,经常安慰她,让她颐养天年。"

周文楠来到韶山,见到了离别多年、白发苍苍的母亲,禁不住热泪盈眶。周陈轩与女儿在旧居前合影留念,随后依依不舍地离开生活了13年的韶山冲。1954年,周文楠调到哈尔滨,周陈轩随之迁哈。1954年,周老太太被推选为哈尔滨市政协委员。她与女儿、女婿、外孙女和睦相处,安度晚年。

1956年12月,毛泽东接见周文楠的丈夫王英樵时,关切地询问起周外婆的情况。王英樵详细汇报了老人的身体状况。毛泽东感慨万分地说:"周外婆是一位很好的老人。她带着楚雄,在韶山住了十几年,为抚养革命后代,呕心沥血,茹苦含辛,在韶山人民中很有威信。"

1968年8月,周陈轩老人病故。周文楠给毛泽东写信,汇报母亲病故的情况,并将老人生前希望将骨灰送回韶山安葬一事,告诉毛泽东。毛泽东接信后,批示中央办公厅:"关于骨灰安葬问题可按周文楠意见办。"

中央办公厅迅速将此批示通知周文楠。事后,经黑龙江省委和哈尔滨市委领导批准,由周文楠、王英樵等人护送老人骨灰回到韶山。韶山人民没有忘记这位慈祥而伟大的老人,自发地为这位革命老人举行了追悼会。周陈轩的骨灰安葬在毛泽民烈士夫人王淑兰的墓穴附近,遥望毛泽东故居。

罗一秀

> 毛泽东的发妻,其生平鲜为人知。毛泽东对她的亲属,一直怀着一种歉疚的心理,并时时给予关心。

毛泽东14岁时,父亲毛顺生按照当地风俗,为毛泽东娶了一个媳妇,这就是罗氏。

罗氏真名叫罗一秀,生于光绪十五年九月二十六日(1889年10月20日)。她的祖母和毛泽东的祖父是远房兄妹。罗家也是殷实大户,罗一秀的父亲罗鹤楼粗通文墨,家里颇有些田产。那时,中国传统婚姻讲究近亲结婚,基于这层亲属关系及双方的家世,他们的家长便安排了这门婚事。

罗氏长得清秀而健壮,是个操持家务的好手,这也满足当时农村娶媳妇的审美观点。加上毛泽东的母亲文氏身体一直不好,家里几口人需要一位能干的女子来帮助操持。

罗氏是个不幸的女子。依照旧式封建婚姻模式,由父母包办,在自己没有选择的情况下,于1908年嫁给比自己小4岁的毛泽东为妻。嫁到毛家以后,她尽量帮助婆婆文氏做些针线活,种地,孝敬公婆,尽一个儿媳妇应尽的义务。按说这时正值毛家人丁兴旺、家业逐渐扩大之时,但是毛泽东始终不承认这门亲事,不承认罗氏是自己的妻子,也从未与罗氏一起生活过。对此,虽然父亲非常不满,骂他"大逆不道",但是最终还是无奈他何。

罗氏嫁到韶山以后,身体就每况愈下,1910年2月11日(宣统二年正月初二),死在韶山,葬于土地冲。

1936年,毛泽东在延安接受美国记者埃德加·斯诺采访时,简单地说道:"我14岁的时候,父母给娶了一个20岁的女子,可是我从来没有和她一起生活过——后来也没有。我并不认为她是我的妻子,这时也几乎没有想到她。"

英籍作家韩素音曾在《早晨的洪流——毛泽东与中国革命》一书中说:"毛不肯和那位姑娘有任何联系,这使新娘一家备受闲话与羞辱,直到今天,韶山人还不肯说出新娘姓什么。我们仅知道她比他大四五岁,容貌秀丽。"

毛泽东非常反感这段婚姻,但是对于罗一秀及其家庭却没有丝毫的嫌弃之意。1925年2月,毛泽东回乡搞农民运动,常常去罗家。这期间,毛泽东与罗一秀的父亲罗鹤楼老先生,还有他的侄子罗石泉交往频繁。在他的影响之下,罗石泉还加入了中国共产党。

"马日事变"之后,罗家因与毛泽东的特殊关系而受到牵连,国民党对他们进行了种种迫害。罗鹤楼不得不携家带口,远走他乡。直到抗日战争爆发,一家人才返回故乡。但是罗鹤楼不久就去世了,享年72岁。

毛泽东对罗一秀的亲属一直怀着一种歉疚的心理,并时时给予关心。新中国成立后不久,他曾经写信给罗鹤楼老先生,对其一家表示问候,并说如果罗鹤楼先生身体允许,欢迎来北京走走。其时,他并不知道罗鹤楼先生去世的消息。

1950年5月,毛泽东派毛岸英回乡探亲,专门约请罗石泉到毛氏公祠见面叙旧,毛岸英对罗石泉以"舅"相称,并且赠送鹿茸、茶叶及人民币20万元(旧币)。毛岸英还详细询问了罗石泉的家庭生活和身体状况,转达父亲对于他们一家的问候。当得知罗石泉年老多病、家口众多、工资没有保障的情况后,毛泽东当即请人汇给300万元(旧币),以解罗家之困苦。另外他还多次委托弟媳王淑兰去罗家看望,并送去大米、黄豆和豆腐干等物品。

罗石泉

> 他是罗一秀的堂兄，幼年时在南岸私塾与毛泽东是同学，在艰难岁月中依然想方设法地帮助毛泽东一家。他去世后，毛泽东特意嘱咐湖南省委帮助解决罗家生活困难问题。

罗石泉，名光烈，1888年出生，是毛泽东的原配夫人罗一秀的堂兄。父亲罗竹楼，是罗一秀的伯父。

罗石泉幼年时就读于韶山南岸私塾，与毛泽东是同学。他比毛泽东大5岁，平时很照顾这位小弟弟。罗石泉的家境不如叔叔家富裕，他经常不能吃饱肚子，毛泽东就让母亲多带些饭食，给他充饥。两人同学期间，互帮互助，关系甚好。

毛泽东的父亲与罗家素有来往，因此常带毛泽东前去做客，罗石泉就常在叔叔罗鹤楼处接待毛泽东。后来，毛、罗两家结为亲家，毛泽东与罗石泉成了亲戚，关系就更加密切了。

罗石泉是个忠厚、老实的小知识分子，因为读过几年书，后来粗通了点中医，平日里在乡间教书兼行医，颇受乡亲们的尊重。

1925年春天，毛泽东回到韶山开展农民运动，经常走街串巷宣传革命思想，有时会到罗鹤楼家看望这位岳父。每当毛泽东到来，罗石泉总是赶到叔父家里，同毛泽东热火朝天地谈论国家大事。

在毛泽东的感召下，罗石泉积极参加了毛泽东组织的反帝爱国组织——雪耻会和秘密农协，并逐渐成为农运的骨干分子。不久，还加入了中国共产党。罗石泉在毛泽东的勉励下，在杨林炉门前一带建立了秘密农协。

1925年7月10日，湘潭县西二区"雪耻会"在韶山召开成立大会。罗石泉当选为大会代表，与毛福轩、李耿侯、蒋悌空、毛新梅等其他代表出席了成立大会。

1926年到1927年的一年多里，湖南的革命形势高涨，罗石泉担任了湘潭（韶山）特别区农协执行委员和特别商民协会执行委员等职。

长沙"马日事变"后,韶山的土豪劣绅与反动军阀互相勾结,疯狂逮捕、关押、屠杀共产党员和农运干部。罗石泉不得不带着一家大小逃往洞庭湖滨华容县居住,他靠教书和行医谋生,日子过得颠沛流离,苦不堪言。

但是即便在这样的情况下,罗石泉依然想方设法地帮助毛泽东一家。1930年,毛泽东的弟媳王淑兰从敌人的监狱中逃了出来,一边乞讨,一边从事革命活动,因生活困难,将养子毛华初寄养在罗石泉家,并拜罗为干爹,这一住就是七年。艰难岁月中,毛华初受到的养育之恩,令他终身难忘。新中国成立后,毛华初南下回到湖南,先后担任了湘潭县委组织部长、县委副书记、书记。他不忘罗家当年的抚育之恩,一有空就去看望罗家亲人,亲切地称罗石泉为"干爹"。

1940年,罗石泉从乡人那里打听到毛泽东的联系方式,便写信给毛泽东,要求赴延安参加革命。毛泽东亲笔回信,分析去延安的种种不便,要他留在当地秘密开展革命活动。罗石泉遵照毛泽东的嘱托,留在了家乡。但百忙之中的毛泽东,没有忘记帮助这位少年时的朋友,他打听到罗家生活困难,就托人转送了一些光洋和200斤大米,给予接济。

新中国成立后,罗石泉在乡下小学教书。20世纪50年代初期,毛泽东写信打听岳父罗鹤楼的情况,罗石泉给毛泽东回信,告之叔叔已经离开人世的消息。毛泽东接信后,又立即回信说:来信收悉,十分想念你们。承蒙关注,极表谢意。

1950年4月,毛岸英奉父亲之命回乡省亲。到达韶山后,他特意派人到杨林请舅舅罗石泉去他下榻的毛氏宗词叙旧。罗石泉与毛岸英相见,倍感亲切。他对毛泽东父子给予的关心,非常感激,连连道谢,并希望毛岸英回京后,能转达自己对毛泽东的谢意。

1956年,罗石泉病逝于杨林,享年68岁。罗石泉去世后,他的家人写信给毛泽东,毛泽东非常难过,特意嘱咐湖南省委帮助解决罗家生活困难问题。

谈笑人依旧

罗鹤楼

> 他是毛泽东的发妻罗一秀的父亲。毛泽东在湖南搞农民运动时曾多次拜访他。新中国成立后，毛泽东曾多方打听他的下落……

罗鹤楼，又名合楼，在家族中的派名为远雄，号德浦，1871年生于韶山杨树桥炉门前（今杨林村），是毛泽东第一个妻子罗一秀的父亲。

罗鹤楼的妻子毛氏是韶山冲上弹子塘（今韶山分韶源村）毛咏堂（名祖植）的女儿，毛咏堂是毛泽东的远房曾祖父。罗鹤楼夫妇生有五子五女，不幸的是，五个儿子和第二个、第三个女儿都先后夭亡，只剩下三个女儿。

罗鹤楼出身农家，但善于经营，精打细算，一家人日子过得有滋有味。拥有了一定的经济地位，罗鹤楼在当地也算是有头有脸的人物。平时，罗鹤楼与毛泽东的父亲毛顺生在生意上有些来往，脾气性格相投，因此两家关系密切。

毛顺生有三个儿子，长子毛泽东长得英俊高大，目光炯炯有神。毛顺生每逢去罗家走访、谈生意，时常带上毛泽东。少年毛泽东称罗鹤楼的妻子毛氏为"姑母"，称罗为"姑父"或"叔父"。罗氏夫妇没有儿子，见毛泽东气宇轩昂、聪明谦虚，便与毛顺生商量，要将长女罗一秀许配给14岁的毛泽东。毛顺生见罗一秀勤劳能干、孝敬父母，也颇为中意。两家对这桩婚事很快达成了共识。

1908年，罗一秀坐着花轿，吹吹打打地进了毛家的大门。

毛泽东与罗一秀的结合，是典型的封建旧式婚姻。毛泽东虽违心地同罗氏结了婚，但始终没与她共同生活。

1910年春天，因患疟疾，罗一秀去世了。这年秋天，毛泽东离开韶山冲到外地求学，以后又长期在外从事革命活动，但毛、罗两家感情依然存在。即使是在毛泽东离开韶山的日子里，也没有中断过往来。

1925年2月，毛泽东携妻子杨开慧回韶山积极开展农民运动，毛泽东时常到罗鹤楼的家乡杨林一带进行农民问题调查，走村串户，访贫问苦，动员贫困农民投身革命,与地主和土豪劣绅作斗争。

3月的一天,毛泽东独自一人徒步十余里地,来到杨林罗家,看望了岳父罗鹤楼先生。听说毛泽东来了,全家很是激动,罗鹤楼忙不迭地让座,叫继配妻子尹氏上街割肉,准备好好款待这位多年没有见面的女婿。当时,毛泽东在韶山一带搞农民运动非常红火,对于毛泽东的大名,附近十里八乡无人不知,无人不晓。毛泽东到来的消息,片刻就传遍了杨林,罗家一下子来了不少客人,其中就有罗鹤楼的侄子、毛泽东在南岸私塾读书时的同学罗石泉。毛泽东招呼他们入座,同他们亲切交谈。

在此期间,毛泽东多次经过罗家,拜访岳父罗鹤楼先生,并与罗的侄子罗石泉关系密切。在毛泽东的影响下,罗石泉思想进步很快,后来还加入了中国共产党;罗鹤楼对于革命亦持支持的态度,成为农民协会的积极分子。

大革命失败后,罗鹤楼一家因与毛泽东的关系受到反动派的搜查、迫害。50多岁的罗鹤楼只得拖家带口,远走洞庭湖区,过着朝不保夕的生活。抗日战争爆发后,他才得以回到家乡。

1943年12月,罗鹤楼病逝于杨林老家,享年72岁。

1949年10月,新中国成立,毛泽东没有忘记罗鹤楼这位令人尊敬的长者,曾多方打听他的下落,并亲自写了一封信寄到杨林炉门前"交罗鹤楼先生收",向罗家表示慰问。信中说,如罗先生身体尚好,可去北京走一走,叙一叙。罗石泉代去世的叔叔给毛泽东回信,将罗鹤楼一家的情况告诉了毛泽东。毛泽东见信后,欷歔不已,他再也见不到这位和蔼可亲的长辈了。

贺子珍

> 1959年8月，在庐山与阔别20年的贺子珍相见时，毛泽东神色凄然地说："你当初为什么一定要走呢？"

贺子珍，又名桂圆，1909年农历八月十五出生于江西永新县黄竹岭。出生时皓月当空，桂花飘香，因此母亲就用桂花和明月作为她的名字。上学后，刚毅的贺子珍嫌桂圆这一名字太俗气，于是改名为自珍。后来，在中央苏区，贺子珍同古柏的爱人曾碧漪一同为前委保管文件，把自珍写成了子珍，于是子珍这个名字就沿用了下来。

贺子珍家乃永新望族，父亲贺焕文曾任安福县县长。母亲杜秀，祖籍广东梅县，美艳动人，而且熟读四书五经，是个品貌双全的大家闺秀。贺子珍有兄妹多人，哥哥贺敏学、妹妹贺银圆（即贺怡）、弟弟贺敏仁和小妹贺先圆。

贺子珍自幼聪颖过人，父亲闲时在家教她读书识字。1919年，10岁的贺子珍进入禾川镇秀水小学，接受了三年的正规教育。在此期间，她广泛阅读了诗、词和古文，打下了坚实的文学基础。贺子珍幼时喜好武侠小说，时常与哥哥贺敏学、妹妹贺怡凭吊县郊的"忠义潭"，对于宋末英勇抗击元兵、最后全体跳进深潭的永新三千义士表示深深的敬意。

贺子珍渐渐长大了，她秉承了母亲娇好的面容，中等身材，皮肤白皙，娟秀的瓜子脸，两条弯弯的眉毛下面是一双灵动秀美的眼睛。贺子珍的美丽与智慧，为她赢得了"永新一枝花"的美誉。

1922年夏，父亲送贺子珍到福音学校（教会学校）继续读书。1926毕业后，开始在秀水小学担任国文教师。同年，她和妹妹贺怡光荣地加入了中国共产主义青年团。后来，还担任了共青团永新支部第一任书记。1927年，又加入了中国共产党。

1927年4月，永新成立了中国共产党的临时县委，贺子珍和哥哥贺敏学、妹妹贺怡，同时当选为县委委员，人们赞其为"永新三贺"。

这年夏天，北伐军进占江西，永新成立了国民党县党部，贺子珍作为跨党分子，参加了县党部的领导工作,担任县党部委员、妇女部部长。

不久,革命形势发生了逆转。国民党反动派背叛革命,永新县的国民党右派势力夺了权,立即将贺敏学等共产党员逮捕。贺子珍前往井冈山,联络哥哥的同窗好友——宁冈农民自卫军首领袁文才、王佐,于1927年6月10日合攻永新,史称"永新暴动"。这次暴动的直接成果就是将贺敏学等38人从狱中救出。

敌人不甘心失败,立即纠集湖南、江西的反动势力进行反扑。贺子珍率领的赤卫队,在永新南门与敌人遭遇,战斗进行得非常激烈。贺子珍英勇善战,以娴熟的枪法,两枪击毙两个敌人,最终在大伙的共同努力之下,击退了敌人炮火的猛烈进攻。贺子珍在战斗中的英勇表现,一时传为美谈。民间称她为"神枪手",说她具有"百发百中"的过人枪法。还有人赞其为"双枪女将"。

暴动结束后,永新遭到了敌人前所未有的反扑,暴动队伍为了保存实力,不得不撤出县城,向井冈山地区进发。

1927年10月,毛泽东率领秋收起义的部队来到了井冈山地区。当时正患疟疾的贺子珍带病随同袁文才一起迎接毛泽东的到来。当毛泽东见到年轻俊美的贺子珍时,异常诧异,他万万没有想到,在井冈山的部队中,居然有这么一位姑娘。而贺子珍见到毛泽东时,却早已久仰其大名了。她早些时候就已经读过毛泽东在《湘江评论》、《政治周报》等刊物上发表的文章,并且也听说他领导了轰轰烈烈的农民运动。

在以后的革命工作中,贺子珍与毛泽东经常在一起讨论。毛泽东向贺子珍咨询关于井冈山一带的历史、风俗民情、农民运动的发展状况等问题。贺子珍则向毛泽东求教马列主义和相关的革命理论。毛泽东广博的历史知识、对中国革命的深邃认识、超人的智慧、坚强的意志以及平易近人的处世态度,深深地烙进了贺子珍的内心,挥之不去,贺子珍对毛泽东的感情开始发生了些许的变化。

1928年5月,毛泽东带领红四军三十一团到永新县小江山麓的塘边村搞实地调查。当时,贺子珍刚巧在此地开展打土豪、分田地的斗争。他们共同深入群众,了解当地的人口、户数、阶级状况。贺子珍作为毛泽东的助手,帮助他记录整理调查情况。后来在此基础上,毛泽东写就了著名的《永新调查》一文。共同的生活、斗争,加深了彼此的了解,爱情在两人心里慢慢滋生、成长。1928年9月,两人在塘边村结合了,贺子珍调任湘赣特委和红军前委秘书,在毛泽东身边工作。

1929年1月,朱德、毛泽东率红四军主力离开井冈山,向赣南、闽西进军。怀有身孕的贺子珍随军出征。在艰苦的条件下,她从来没有丝毫的怨言。5月,在龙岩,贺子珍生下了她的第一个孩子。为了跟随大部队,她忍痛将孩子托给当地的老乡照管。

1931年11月,中华苏维埃共和国临时中央政府在瑞金叶坪成立。毛泽东当选为中华苏维埃共和国主席,贺子珍调任中央临时政府机要科科长。贺子珍的任务更加繁重,她协助毛泽东抄写文章、整理材料、管理文件,同时还要照顾毛泽东的日常起居和刚出生的儿子毛毛(毛岸红)。

1932年10月,宁都会议上,"左"倾盲动主义分子排挤与打击毛泽东,解除其一切军内职务。

毛泽东忧心忡忡地离开前线,到长汀红军医院治病。在最困难的时期,贺子珍给予了毛泽东精神与生活上的支持。正是在她的悉心照料之下,毛泽东迅速康复了。

1934年10月18日,贺子珍得到通知参加长征。她立即开始准备干粮,清理文件、书籍、文稿。为了减轻毛泽东的负担,她将儿子毛毛托付给留在苏区的毛泽覃、贺怡夫妇帮助照顾。这一别,居然是母子永诀。此后,在艰难的日子里,贺子珍又在贵州苗族的白山地区生下了一个女婴。当时情况十分紧急,她当机立断,立即将孩子托给当地的老乡,连一个名字也没有留下。

贺子珍在以后的岁月中每每想起这些丢掉的孩子,总是禁不住泪流满面。她说:"长征路上生的那个孩子,我连看都没有看清楚她长什么样子,也说不清具体是在什么地方,送给了什么人家,我也无法知道她今天的死活。"

不幸的事接二连三地发生在贺子珍的身上。在贵州盘县,贺子珍所在的休养连,遭到三架飞机的轰炸,为了掩护伤员,贺子珍头部、背部被炸伤14处。待到她苏醒过来,对在身边的毛泽民夫妇说的第一句话居然是:"不要把我负伤的情况告诉你哥哥,他在前线指挥作战很忙,不要再分散他的精力。你们要向领导汇报,为了使部队轻装前进,把我留下。"

此刻的毛泽东正在指挥部队强渡赤水河,听到妻子负伤的消息,马上回电话要求:"不能把贺子珍留在百姓家里,一是无药可医,无法救治;二是安全没有保障,就是死也要把她抬着走。"并且立即派医生到休养连进行抢救。

后来,贺子珍时常回忆这段往事。她无限感慨地说:"是毛泽东救了我的命。"

1935年10月,红军到达陕北,长征结束。贺子珍是随中央红军长征的30多名女战士之一。此后,她担任苏维埃国家银行发行科科长,监督印制在根据地流通的苏维埃纸币。1937年冬,贺子珍生下了女儿娇娇(即李敏)。这个小生命的诞生给毛泽东夫妇带来了极大的快乐。

贺子珍在孩子四个月时，毅然离开，进入抗大学习。女儿娇娇就托付给刚刚失去小孩的女战士张秀英抚养。

抗大紧张的学习生活，对于身体已经在历次生育及负伤中毁坏了的贺子珍而言，过于艰难。在这种情况下，她产生了前所未有的孤独。她把这些苦痛压在心底，恨自己的身体不争气，恨那些使她处于难以忍受的痛苦中的弹片。就在这个时候，她发现自己又一次怀孕了，这使她坚定了离开延安去上海治疗的决心。

毛泽东知道贺子珍的决定后，极力挽留。但是毛泽东发自肺腑的话并没有挽留住贺子珍，她决心已定，无可挽回。

1937年10月，贺子珍离开了延安，来到西安。几个月后，共产国际安排一批红军伤员去苏联治疗。贺子珍得知这一消息，非常兴奋。她决定前往苏联，治疗疾病，同时还可以学习一些理论知识。在迪化等去苏联的飞机时，毛泽东再次写信劝说她回延安，但是贺子珍去意已决。她怎么也没有想到这一步走出去，使她一辈子追悔莫及。

1938年春，贺子珍到达莫斯科，进入苏联的东方大学学习。然而，随之而来的打击彻底将贺子珍击倒了。苏联出生的儿子，在10个月大时，由于医疗条件差，护理不及时，感冒转为肺炎，没来得及抢救，就夭折了。当她尚沉浸在丧子之痛时，国内传来消息，毛泽东与江青结婚了。这对于深爱着毛泽东的贺子珍而言，无异于晴天霹雳，直到这时候，她才明白，自己的草率与任性所带来的后果何其严重。

在贺子珍悲痛欲绝之时，毛泽东将女儿娇娇送到莫斯科，这给她带来了极大的安慰。

国际形势日趋严峻。1942年6月，苏德战争爆发。贺子珍带着女儿转移到伊万诺夫，进入那里的国际儿童保育院。因为一件小事，贺子珍与院长发生了争执。院长一怒之下诬陷其患有精神分裂症，将她送入疯人院。强行的大剂量麻醉治疗，使得贺子珍身心受到重创。1946年，王稼祥夫妇无意中获得了贺子珍的消息，几经努力才将她从疯人院接了出来。这时的贺子珍简直就如经历了一场噩梦。

1947年夏天，征得毛泽东的同意，贺子珍带着女儿，回到了阔别9年的祖国。回国后，贺子珍首先在东北局担任财政部机关党总支书记，后调到哈尔滨总工会干事处工作。各地的亲友知道她回到祖国，都很关心。嫂子李立英、妹妹贺怡都曾去看望过她。

贺子珍时刻惦记着她的战友毛泽东,她写信给他,信中说:"主席,我已经回到祖国了。身体不太好,还在休养,并参加一些工作。我离开祖国9年,对国内现在的情况不大了解,我要通过工作来了解情况。"最后,她还感谢毛泽东对她母亲及妹妹的照顾。一个月后,娇娇来到父亲身边。离开女儿,贺子珍感到非常孤单。她给毛泽东写了第二封信,表达了对女儿的思念及对毛泽东的记挂。

1949年,贺子珍来到上海,住在哥哥贺敏学家中。后来在杭州担任市妇联主任一职。次年,贺子珍与兄嫂联名给毛泽东去了第三封信,谈及贺子珍的工作安排情况。毛泽东很快回了一封信,信中写到:"希望贺子珍保重身体,顾全大局,多看看社会主义建设。"

1959年8月,毛泽东在庐山与阔别20年的贺子珍相见了。当她见到自己日思夜想的亲人时,只有不停地掉眼泪。毛泽东压抑着自己的感情,温和地询问她的生活情况,详细地了解她在苏联的遭遇。

贺子珍一一做了回答。毛泽东神色凄然地说:"你当初为什么一定要走呢?"庐山上匆匆一别后,贺子珍再次病倒。

"文化大革命"十年,江青、张春桥一伙采用卑劣的手段剥夺了贺子珍的行动自由。1976年9月,毛泽东逝世。女儿、女婿害怕贺子珍经受不了这个打击,专程来到上海照顾她。贺子珍异常哀伤地说:"你们没有照顾好爸爸,他果然被江青害死了。"

"四人帮"粉碎以后,贺子珍获得了自由,可是严重的脑血栓使得她半身瘫痪,行动不便。1979年,贺子珍被增补为全国政协委员,这引起了国内外各界人士极大的关注。同年9月6日,毛泽东逝世3周年前夕,贺子珍终于踏上了首都的土地。9月18日,她瞻仰了毛泽东的遗容,在毛主席纪念堂毛泽东的坐像前,贺子珍献上了一个1.5米高的桃形绢花编成的花圈,缎带上写着:

永远继承您的遗志
战友贺子珍率女儿李敏、女婿孔令华敬献。

1984年4月19日,贺子珍病逝于上海。党和国家许多领导人敬献了花圈,七十多个国家和地区发来唁电。贺子珍骨灰安葬在八宝山革命公墓。

贺凤生

> 毛泽东的表侄。毛泽东语重心长地对他说:"我给你两个权利:有困难可以随时找我,有什么情况也要随时告诉我。"

贺凤生,贺晓秋的次子,毛泽东的表侄。

1960年,全国正遭受着自然灾害的侵袭,经济非常困难。1958年以来"大跃进"运动的影响,各地"浮夸风"、"共产风"都很厉害,湖南的情况也不例外。当时,贺凤生对此意见很大。他给毛泽东写信,反映农村的实际情况,并要求到北京直接见毛泽东。毛泽东接信后,十分重视,便派人把他接到了北京。11月,贺凤生到达北京。当时毛泽东刚从杭州开会回京,听说贺凤生到了,立即派人将他接到中南海家中。毛泽东看到远道而来的表侄,微笑着说:"我昨天才从杭州回来,听秘书说你到了,我就告诉办公厅,今天请你来,想听听你们那里的情况,听听你家里的情况。你父亲怎么样?1927年与他分手后就一直没有见到他了。后来他给我写了一封信,提供了很多极有价值的情况和意见,你的父亲锋芒不减当年呀!"贺凤生连忙告诉毛泽东,父亲贺晓秋今年十月初八在岳阳哥哥贺林生家里去世了。"怎么也不通知我。"毛泽东责怪贺凤生说:"你父亲是我的救命恩人,没有他舍身相救,我毛泽东恐怕早就不在人世了,当年他还给过我几块光洋,债还没还,人就没了。"说完,俩人不禁感慨万分。贺凤生为了安慰表叔,连忙岔开话题说:"今天我来是要向您反映下面的情况的。"毛泽东听了,十分高兴,让警卫人员退了下去,会客厅只剩下他们两人。

贺凤生初生牛犊不畏虎,一边喝着茶水,一边滔滔不绝地讲述了农村的实际情况:公共食堂弄得大家都吃不饱,农村灾荒还饿死人;农民砸锅卖铁大炼钢铁,各种小农具乃至日常生活用品都要缴公;下面各级层层虚报浮夸产量,许多干部作风恶劣。

毛泽东听了,沉思片刻后说:"三面红旗是党中央提出来的,有些问题虽然出在下面,中央确有责任,真是愧对人民,愧对为革命工作做出了巨大牺牲的人民。"说到这里,他沉默了好一阵,然后告诉贺凤生:"中央准备近期开个三级干部会,大约七千人,你们那里的领导也要来,请他们来,要好好讲讲这个问题,刹一刹这股风。"时间过得很快,转眼两个小时过去了,毛泽东语重心长地对贺凤生说:"我给你两个权利:有困难可以随时找我,有什么情况也要随时告诉我。"贺凤生郑重地点了点头。

谈话结束后,毛泽东留贺凤生在家里跟他一起吃晚饭。临走前,毛泽东送了贺凤生一盒中华香烟,一块上海牌手表,一条上海产羊毛围巾,一顶东北狐皮帽子,一支大号金星钢笔,一个带有毛泽东、朱德头像的笔记本,此外还有25斤粮票和50元人民币。毛泽东拉着贺凤生的手,一直将这个敢于讲真话的表侄送出新华门。

1966年,贺凤生担任生产大队的党支部书记。这年10月7日,他再次去北京见到了毛泽东。一见面,贺凤生就气鼓鼓地问:"主席,听说'文化大革命'的烈火是您亲自点燃的?"不等毛泽东回答,他又接下去说:"下面的情况很不正常,过去是土豪劣绅戴高帽子,如今我这个叫花子出身的贫雇农也搞了顶高帽子戴到脑壳上了。"贺凤生一口气说完。

毛泽东见贺凤生的爽直不减当年,笑着说:"你贺凤生还是当年的贺凤生。"贺凤生也笑了,稳定了一下情绪,开始反映下面的情况:"如今乱了套,县委书记看芦苇,吊儿郎当的当司令,主席您晓得不?"毛泽东指着贺凤生说:"你说下去。"在得到毛泽东的鼓励之后,贺凤生将农村到处都在背语录、做宝书台、买石膏像以及大批基层干部被打倒、文物古迹被破坏、整个农业生产陷入停顿状态的情况一一向毛泽东作了汇报。毛泽东的脸色越来越沉重,他叹了口气,感慨地说:"这些情况是十分重要的,哪怕是我和周总理下去,不碰上你贺凤生,恐怕也没有人敢向我提供这么真实的情况。"

最后,毛泽东勉励贺凤生回乡后,好好工作,多为群众干实事,有什么意见,一定要反映上来。贺凤生点了点头,欣然答应,起身告辞。

贺 怡

> 她的姐姐嫁给了毛泽东,她自己又嫁给了毛泽东的弟弟毛泽覃。毛泽覃牺牲后,当她住院需要手术时,毛泽东以亲人的名义在手术单上签字。

贺怡,1910年出生,小名银圆,是毛泽覃的第三任妻子。在贺家几个孩子中,贺怡排在中间,上有哥哥贺敏学、姐姐贺子珍,下有弟弟贺敏仁,还有一个妹妹贺先圆。小时候的贺怡,在家里的境遇和姐姐贺子珍一样,不怎么受重视。父亲为哥哥请来了教书先生,她们只能躲在门后偷听,即便如此,她倒也认识了不少字。后来,基督教传入她的家乡永新,外国人在县城开办了一所福音堂小学,分设男、女两部,招收中国学生。贺怡姐妹闹着要上学,父母见当时女子读书已成为不可逆转的潮流,就同意她们姐妹俩插班进了福音堂小学的女生部。

1926年7月,国民革命军在广州誓师北伐,下半年,北伐军进入永新。已经加入共青团的贺怡,每天跟着哥哥、姐姐,办政治夜校,早出晚归,干得热火朝天。不久,姐姐担任了国民党永新县党部妇女部第一任妇女部长,贺怡则担任了妇女部的副部长。1927年初,贺怡加入了中国共产党。4月,永新成立了中共临时县委,贺怡与姐姐贺子珍、哥哥贺敏学同时当选县委委员,人称"永新三贺"。

大革命失败后,反动派大肆屠杀共产党员,制造白色恐怖。永新县的革命形势也发生了逆转,哥哥贺敏学被捕,姐姐贺子珍远在吉安。贺怡同父母逃到邻居家的柴房里躲了起来。当晚,他们在亲友的帮助下,投靠在清源山当和尚的亲戚。贺怡则利用寺院作掩护,继续在附近进行地下工作和游击活动。

在艰苦的斗争中,贺怡逐渐锻炼了顽强的斗志和坚定的信念。1930年,红军攻下江西吉安后,贺怡得以与姐姐贺子珍、姐夫毛泽东会合。不久,经姐姐、姐夫的介绍,她认识了赣西南特委委员、东固区区委书记毛泽覃。艰苦的工作,共同的理想、志趣,使他们相爱,并很快结婚。

1933年初,王明等人在党内推行"左"倾教条主义错误路线,把毛泽覃和邓小平、谢唯俊、古柏四人打成"反党派别"和"小组织",对他们实行残酷斗争、无情打击。当时,贺怡正担任中共瑞金县委组织部副部长。王明路线的执行者一次次找她谈话,要她同毛泽覃划清界限,揭发毛泽覃的"反党罪行"。贺怡总是一口拒绝,她坚定有力地告诉他们:"毛泽覃同志是个好同志,不是什么反党派别和小组织的领袖,我也没有看到他同其他人搞过什么反党活动。他干的是革命,我完全同意,完全支持!我们之间没有什么界线要划清的!"贺怡的态度惹恼了王明路线的执行者,他们将贺怡送进了党校,参加高级班的学习,继续对身怀六甲的她进行批判斗争。不久,她早产生下了一个儿子。受到这样的打击,贺怡有时也想不通,就跑到姐姐贺子珍那里,向毛泽东、贺子珍诉苦,说到伤心处,泪水不禁哗哗地淌下来。

1934年10月,第五次反"围剿"失败后,红军被迫长征。毛泽覃奉命留在中央苏区开展游击活动,并担任了中央苏区分局委员和红军独立师师长。贺怡因为又一次怀孕,便与父母一起留在了白区。第二年4月,毛泽覃在瑞金的一次战斗中壮烈牺牲,贺怡闻讯悲痛万分。

1936年底,西安事变爆发。赣南游击队的代表同国民党在赣州谈判。贺怡闻讯赶到赣州,找到了上级党组织。不久,她担任了新四军驻吉安通讯处副主任兼统战部副部长。1939年,调广东省委妇女部工作。

1940年6月,贺怡在韶关被国民党特务秘密逮捕。反动派对她施以酷刑,贺怡始终坚贞不屈,吞下金戒指,决心以死来保持一个共产党员的气节。在国民党反动派不实行救治的情况下,她竟然奇迹般地活了下来。中共中央得知贺怡被捕的消息后,曾设法营救。后来,周恩来在同顾祝同谈判时,用俘房的国民党将领把她换了回来。

贺怡出狱后,来到延安,体内金戒指严重影响了她的身体。毛泽东了解到她在白区的经历,甚为关心,多次询问她的病情,并亲自安排贺怡住进了医院。医生给她诊断后说:"必须尽快动手术,把金戒指取出来。"按照规定,病人手术前必须由其亲属在手术单上签字。毛泽东来到医院看望贺怡,怜爱地安慰了这个小妹,并果断地对医生说:"为了贺怡同志能多工作几年,这个手术我来签字吧!"贺怡的这次手术,胃被切除了三分之二,人瘦得只有几十斤重,但她手术后立即投入工作,不倦地为党、为民族解放而斗争。

1949年3月,毛泽东由河北西柏坡迁往北平香山。在这里,他接见了贺怡。当谈到贺子珍的情况时,毛泽东嘱咐贺怡说:"你让贺子珍到这里来吧,这是历史造成的事实了。我们还是按中国的老传统办吧！"贺怡带着毛泽东的重托赶到东北，先带李敏回北平。随后，贺怡按照毛泽东的意思，第二次去了东北，到哈尔滨迎接姐姐贺子珍南下。然而，旧梦难圆！当贺怡陪姐姐乘火车到达山海关时，上来两个人，自称是组织上派来的。他们冲贺氏姐妹俩说："你们不能进石家庄，只能南下，到你们哥哥那里去，这是组织的决定。"尽管贺怡为姐姐力争，但这个决定却无法更改。姐妹俩只好来到上海，住在哥哥贺敏学家里。

贺怡为了替姐姐说话，她决定不辞辛劳，千里跋涉，去江西寻找毛泽东与贺子珍长征前失散的儿子小毛毛，即毛岸红。

1949年11月，贺怡担任中共吉安地委组织部长，她专程到瑞金山区寻找毛泽覃的遗骨。在当地群众的帮助下，贺怡在一个杂草丛生的山坡上发现了当时为毛泽覃所立的一块石碑。她拨开密生的杂草，轻轻地抚去石碑上的泥土，两行泪如泉水般涌出。后来，她因公出差要去广东，借此机会，她把寄放在广东的女儿贺海峰、儿子贺麓成找回来，同时还接来古柏烈士的遗孤古一明，一起同行。

在广东，贺怡接到江西吉安地委的电话，要她迅速赶回吉安，说是可能已打听到小毛毛的下落。于是，贺怡一行乘坐吉普急忙从广东赶回，到达泰和时，天已大黑。当时这一带土匪活动猖獗，曾扬言要杀掉贺怡。可是，为了早点找到毛毛，贺怡把个人安危置之脑后，毅然决定连夜驱车。

结果，在路过泰和到吉安之间的一座木桥时，对面的一个小山丘上出现了火把。贺怡机警地叫道："有土匪！"警卫员马上命令司机刹车。但是这个身为国民党特务的驾驶员不但不刹车，反而加速，车子直冲大桥，在这千钧一发之际，贺怡将儿子贺麓成推出车外，自己则随着吉普车及车上其他人一起翻落河中，等到有人来救时，贺怡已经永远地停止了呼吸，年仅39岁。

贺晓秋

> 他冒着生命危险,化装成轿夫,护送表哥毛泽东脱险,并拿出身边仅有的几块现洋给毛泽东做盘缠。

贺晓秋是毛泽东的二姑贺毛氏的儿子,与毛泽东是嫡亲表兄弟。

贺晓秋小的时候经常住在韶山,同毛泽东一起在韶山私塾里读书,两人一起玩乐,性情十分相得。后来,毛泽东与贺晓秋相约一起去长沙读书,但是贺晓秋的母亲、毛泽东的二姑死都不同意,这样毛泽东便只好一个人去了长沙。

1925年初,毛泽东回到韶山,一边养病,一边开展农民运动。贺晓秋在毛泽东的教育下,积极支持农民运动。1927年初,毛泽东再次回到湖南考察农民运动,当时革命形势非常危急,军阀随时都可能将毛泽东捉住。贺晓秋冒着生命危险,与文涧泉二人化装成轿夫,护送毛泽东脱险,并拿出身边仅有的几块现洋给他做盘缠。这一别,从此两人再也没有见过面。

大革命失败后,国民党反动派到处追捕贺晓秋,他只有携带一家老小,背井离乡,逃到湖区华容县,垦荒求生。

即便是在这么严峻的形势之下,贺晓秋依然对毛家关怀备至。毛泽民的爱人王淑兰当时带着女儿毛远志和养子毛华初逃出敌人的魔爪,首先想到的就是找贺晓秋。贺晓秋设法安置了他们,使之暂时逃脱了反动派的搜捕。

1949年8月,湖南解放,贺晓秋很快与毛泽东取得了联系。他写信给毛泽东,祝贺他当选为中华人民共和国主席,并如实地反映华容乡下人民生活、生产的情况。信中说:乡下分了地主的田,农民生活有了保障,但有些工作依然存在着缺点,需要及时加以完善。政府应该随时体察民情,给农民以看得见的权益,等等。

毛泽东见信后,于1950年4月19日给贺晓秋回信一封,信中说:

晓秋贤弟如见:

去年十二月二十二日来信收到,感谢你的好意。所说各项工作缺点,应当改正,如有所见,尚望随时告我。接到晓明一信,我分不清谁是兄谁是弟,请你来信说明。

　　此问安好

毛泽东
一九五〇年四月十九日

　　毛泽东信中所说的晓明,即贺晓明,与贺晓秋同为毛泽东的二姑母所生,两人是亲兄弟,与毛泽东均是表兄弟关系。

　　贺晓秋和毛泽东是亲戚关系,在大革命时期又曾经积极支持、帮助过毛泽东的革命活动,但他没有因此而居功自傲。新中国成立后,他一直在家乡务农,没有向毛泽东伸过手,也没有向毛泽东寻求过其他方面的帮助。但是毛泽东始终没有忘记这位表兄。1960年夏,毛泽东给贺晓秋寄去300元钱,作为贺晓秋的儿子贺凤生看病的费用。

　　1960年秋,贺晓秋因病在岳阳大儿子贺林生家中去世。

谈笑人依旧

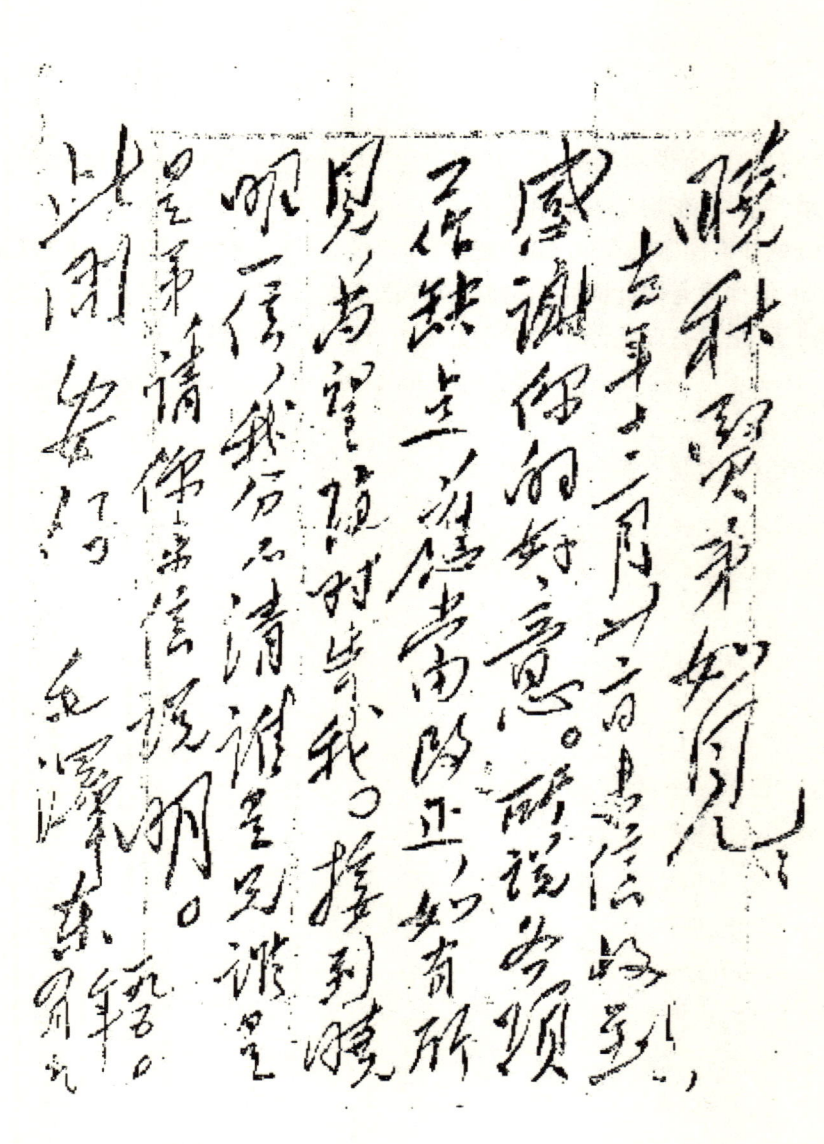

晓秋贤弟如见：

去年十二月二日寄信收到，感谢你的好意。听说你须回老家上坟，我马上如有所见，为望。堪时我已挥别，哪一信我会尽可能说明。吾弟请你来信说明。此问。

毛泽东

贺敏学

> 贺子珍的大哥。毛泽东带领秋收起义的部队来到井冈山,贺敏学将自己在八角楼的房子让给他……

贺敏学,1904年生于江西永新黄竹岭。在贺子珍一家五兄妹中,贺敏学是老大。父亲贺焕文给儿子取这么一个名字,是希望他敏而好学,能成大器。即便在家庭突遭变故、经济状况大不如前时,父亲仍以重金请了私塾先生在家教授贺敏学。但是少年贺敏学却只爱读武侠小说,立志要像武林豪杰一样除暴安良,匡扶正义,对之乎者也的老一套毫无兴趣,经常逃学。父亲为贺敏学操碎了心,又把他送进县民办的学校,想通过新式教育,促使他长进。但他仍不安分,天天闹学潮,搞斗争,终于被学校开除。父母一气之下,连两个深受贺敏学影响的妹妹也一起关了禁闭。

贺敏学平日天不怕地不怕,拜师学武时,师傅对他言语恶劣,不让他坐在板凳上吃饭,他火冒三丈,一气之下,把饭碗砸了,再也不愿见到这位老师。一天,几个兵痞来他家开的"海天春"茶馆喝茶,寻衅滋事,令贺敏学非常不快,他顺手拿起茶炉上烧得通红的火钳子,就朝兵痞的屁股上捅去,烫得他们抱头鼠窜。这样性格的贺敏学,使父母非常苦恼,惹的事多了,父亲也无可奈何,撒手不管了。贺敏学在永新禾川中学上学时,是学生领袖,与后来上井冈山的袁文才是同学。两人都生性豪爽,急公好义,曾一起趁着天黑,摸到一个土豪的家里,隔着被子把这个家伙痛打了一顿。共同的理想,使两个人的关系一直非常密切。

北伐战争开始时,贺敏学加入了中国共产党,与两个妹妹一起参加了永新县第一次党员大会。永新县国民党县党部成立后,他奉党组织的指示,加入国民党,担任国民党永新县商民部部长。1927年4月,永新县成立中共临时县委,他与两个妹妹同为县委委员,并称"永新三贺"。

1927年6月,永新县的国民党右派背弃孙中山先生的三民主义,大肆逮捕共产党员和革命分子。贺敏学听到风声,在大逮捕前逃离了县城,隐藏在附近的一个村子里,秘密组织武装力量围攻县城。由于消息走漏,他被捕了。在永新县城国民党监狱里，共产党员成立了临时党支部，贺敏学当选为支部书记。他们继续谋划武装暴动，并秘密联络袁文才、王佐领导的农民自卫军一同起事。贺子珍知道哥哥被捕的消息后，多方奔走，通过小妹贺先圆将准备暴动的口信转到狱里。几方力量齐心协力，发起了著名的"永新暴动"，救出贺敏学等30余人。但是，没过多久，反动派卷土重来，他们抓不到贺敏学、贺子珍等人，就把怒火发泄到寄养在舅舅家的小先圆身上，残酷地将其杀害。暴动成功后，以狱中所建党支部为基础，成立了永新、宁冈革命委员会，同时成立了三县农民自卫军总指挥部，贺敏学任总指挥部党委书记，袁文才、王佐任副总指挥。总指挥部决定队伍兵分三路，撤出县城，开往井冈山的茨坪。

1927年10月，毛泽东带领秋收起义的部队来到井冈山，受到袁文才、贺敏学、贺子珍的热情欢迎。贺敏学还将自己住在八角楼的房子让给毛泽东，并经常去那里与他交换意见，接受毛泽东关于革命的新理论、新思想。

1928年2月，贺敏学参加了毛泽东指挥的攻打宁冈新城的战斗。随后接受毛泽东的建议，回永新重新组织工农赤卫队，任大队长，开辟了九陇山革命根据地。不久，永新县委迁到九陇山，毛泽东和贺子珍也来到了这里。7月，红军大部队曾一度冒进湖南，江西的敌军乘此机会，拼凑兵力，进攻永新，井冈山根据地告急。贺敏学率领地方武装参加了毛泽东指挥的袭扰永新来犯敌人的战斗，先后动员几万人。他们采取毛泽东倡导的"敌进我退，敌驻我扰，敌疲我打，敌退我追"的策略，与敌周旋，保住了井冈山根据地。

1929年1月，朱德、毛泽东率领红四军主力离开井冈山，向赣南闽西进军。贺敏学配合彭德怀的红五军坚守井冈山。井冈山失陷后，他带领游击队在这一带继续坚持斗争。

毛泽东率领红四军打到吉安、东固一带，贺敏学领导的游击队被改编为第三军第九师，他先后担任了第九师的团长、红二十四师的代理师长。

王明"左"倾教条主义错误在党内占统治地位时，贺敏学在军区当参谋长，他们批评贺敏学支持过执行所谓罗明路线的邓、毛、谢、古，以此为理由撤去了他的职务，送红军大学学习。由于错误的领导，第五次反"围剿"失败，红军开始长征。组织安排贺敏学跟随陈毅在赣南打游击，任湘粤赣边区副总指挥。在南雄的一次战斗中，队伍被打散，贺敏学负伤，与部队失去了联系。

1937年，国共第二次合作，留在南方的红军游击队改编为新四军，贺敏学千方百计找到部队,并担任新四军江南挺进纵队参谋长、苏浙军区参谋长,转战江西、安徽、江苏一带,同日军作战。抗日战争结束后,他与李立英结婚,不久生下了女儿贺小平。

解放战争期间,贺敏学在华东野战军担任纵队参谋长、第二十七军副军长等职。1947年,他在山东同国民党军队进行决战,得知妹妹贺子珍从苏联回国,立即请妻子李立英和5岁的女儿贺小平代表他到哈尔滨看望。多年不见亲人,贺子珍与爽直热情的嫂子通宵长谈,精神上得到了极大的安慰。毛泽东接李敏回到自己的身边后,贺子珍来到上海,寄宿在贺敏学家中。哥哥、嫂子的亲切关怀,使贺子珍从悲伤中振作起来。

1950年,贺敏学与妻子李立英商量,由李立英执笔,以贺子珍和他们夫妻二人的名义给毛泽东写信,就贺子珍的工作安排问题征求毛泽东的意见。毛泽东后来回信给贺敏学,请求他们代为照顾病体渐愈的贺子珍。贺子珍在上海期间,贺敏学夫妇经常将她接到家里,悉心关怀;女儿贺小平还时常住在贺子珍那里,陪伴凄苦的姑妈。后来,因为工作调动,贺敏学来到福州,担任福建省副省长职务。他没有忘记毛泽东的嘱托,经常邀请贺子珍到福州去住一段,散心、疗养。"文化大革命"期间,贺敏学也受到冲击,江青曾指使一伙歹徒绑架了他,并无理关押长达180多天。

1984年4月中旬,远在福建的贺敏学接到女儿贺小平从上海打来的电话,得悉贺子珍病情严重,他马上与妻子李立英一起赶到上海,亲自参与护理照料。贺子珍逝世后,贺敏学又率李敏夫妇及其子女,坐专机把骨灰亲自送到北京,安放在八宝山公墓。为一生坎坷的妹妹尽了兄长的最后一份情意。

1988年4月26日,贺敏学在福州病逝,享年84岁。按照他的遗嘱,家乡人民把他的骨灰迎回,安葬在井冈山革命公墓。

贺焕文

> 毛泽东的岳父。1930年底,毛泽东、贺子珍请假探望贺焕文夫妇,贺焕文非常体谅女儿、女婿的困难,没有一句抱怨……

贺焕文出生于永新万源山区黄竹岭,贺家是当地几代不衰的望族。贺焕文老实憨厚,自小刻苦读书,凭着家中的殷实资产,捐了个举人,当过安福县县长。他的妻子杜秀,广东梅县人,生得异常漂亮,出身书香门第,读过四书五经,是个识文断字的大家闺秀。

贺焕文和杜秀生下了二男三女。两个儿子,即贺敏学、贺敏仁,三个女儿,即贺子珍、贺怡、贺先圆。

贺焕文为人老实,办事认死理,根本不善于官场的专营取巧,在安福县县长任上没几年,就被别人挤了下来,不得不回到永新家乡,在县衙里当了个刑门师爷,专为打官司的人写状子。由于性情耿直,在贺子珍4岁那年,他因一场官司牵连进去,衙门乘机将其关入大牢。多亏妻子杜秀四方奔走,倾其家产将他赎了出来。但从此贺家家道中落。

为了维持一家生计,他们从亲戚那里借了一些钱,在县城南门附近租了个铺面,开了一家茶馆,取名"海天春",兼营饭菜、住宿。

贺焕文是个接受过传统教育的读书人,自然是希望孩子走学而优则仕的道路,于是在经济渐有好转的情况下,在家里请来了私塾教师,让儿子专心读书。对于女儿,则不大愿意让她们接受正规的私塾教育,贺子珍与妹妹只有偷偷地旁听,学些东西。贺焕文也就睁一眼闭一眼,不怎么管。后来在两个女儿的坚持下,他还是把她们送入了县城的福音堂教会小学。

不想,胆小怕事的贺焕文居然养了几个反抗精神很强的孩子,他们并不愿意按照父亲安排的路去走,整天闹学潮,搞暴动,令贺焕文终日提心吊胆,却也无可奈何。

随着年龄的增长,儿女们渐渐懂事了,他们见父亲整日为了自己,担惊受怕,觉得对不起父亲。贺子珍拉着妹妹贺怡与父母进行了一次长谈,告诉父亲她们的志向、外界的情况、国民革命的重要性。贺焕文渐渐了解了孩子的想法,想想自己几十年的宦海沉浮,他觉得儿女们的许多思想新奇、有道理,慢慢地也开始赞成革命、同情革命了。后来当贺敏学兄妹三人开展"募捐打粮"的工作时,他还自动把茶馆里所存的一部分粮食和银圆、首饰捐献出来,算是对儿女们事业的理解、支持。

1927年,永新县革命形势有所反复,国民党右派夺了权,贺敏学被捕入狱,贺焕文与妻子杜秀只好离开"海天春",携女儿贺怡一起逃到邻居家的柴房里,才算躲过敌人的追捕。后来又逃到吉安清源山一个当和尚的亲戚家中,在那里当起了斋工。即便在这么困难的情况下,贺焕文也没有后悔过,毅然掩护女儿贺怡在吉安附近进行地下工作和打游击。

1930年,贺怡和毛泽覃结婚,贺焕文夫妇随女儿到了东固,在女婿毛泽覃领导下的东固区委做勤杂工,刻钢板、印文件,什么苦都吃过。这年年底,红军攻下吉安,毛泽东、贺子珍请假探望贺焕文夫妇,贺焕文非常体谅女儿、女婿的困难,没有一句抱怨,并且要求贺子珍赶紧回去,投入革命工作。1933年,"左"倾路线的执行者嫌他们成分不好,连这些工作都不让他们干,老两口只得去教书养活自己。

1935年,毛泽覃在瑞金牺牲,贺焕文夫妇只好随女儿贺怡来到于都一个红军战士的家中避难。但是战争年代生活没有一天是安宁的,贺焕文后来在项英的安排下,随贺怡来到赣州,在江西后方办事处当主任。

1938年1月,贺焕文因病在赣州河西岗边排的三宝经堂去世。当时三个活着的孩子一个也不在身旁,项英和杨尚奎拿出130元,替他办了丧事,将其遗体安葬在岗边排。

贺焕文过世以后,妻子杜秀孤孤单单,日子过得非常凄苦。后来,组织上把她送到延安,想让她跟着贺子珍过几天安定的日子。不料,她抵延安时,贺子珍已经到苏联去了,是毛泽东照顾她的生活。

没有亲人在身边,杜秀一直很忧郁,不久就在延安病逝。毛泽东把她安葬后,立碑为记。胡宗南占领延安时,把她的坟给挖了。1948年5月,延安收复,毛泽东知道了这件事,立即拿出十块银圆,请当地老乡把她的坟墓重新修葺,也算替贺子珍尽了人子之情。

贺麓成

> 毛泽覃的儿子。可是毛泽东永远无法知道自己还有这么一个为中国尖端科技作出杰出贡献的亲侄子。

贺麓成，1935年1月出生于赣南山区，父亲毛泽覃，母亲贺怡。本名"毛岸成"，贺是母姓，"麓"是湖南岳麓山之意，"成"是认为革命事业必将成功。贺麓成出生时，条件非常艰苦，母亲为了躲避敌人的搜捕，只好把出生不久的他寄养在一个贫困的农民家。几经辗转，最后被送到永新县花汀村贺调元家暂时抚养。贺调元是地主，家境宽裕，贺麓成过着安定的生活，对自己的身世一无所知。1935年4月26日，任红军独立师师长的父亲毛泽覃在瑞金指挥突围战中不幸牺牲，这时的贺麓成才几个月大。

新中国成立初期，中共中央华东局分配贺怡到江西工作，担任中共吉安地委组织部长。她一到工作岗位，就立即来到花汀村贺家。当贺麓成见到坐着吉普车、穿着列宁装的贺怡时，一点也不知道这就是他母亲。贺怡看着儿子陌生的眼神，心都碎了。她大声地喊着儿子的名字："麓成——麓成——我是你的妈妈呀！"贺麓成惊呆了，不知如何是好。"她是你的亲生妈妈呀"，爷爷向贺麓成说出了他的身世。经历十多年的离乱，母子俩终于团聚了。贺怡领着儿子向贺调元夫妇深深地鞠躬，感谢他们在最艰难的岁月里冒着生命危险收养了贺麓成。这天，村里开大会，贺怡牵着贺麓成的手走进会场，当众宣布，贺麓成是她亲生的儿子。

贺麓成随母亲离开了花汀村，来到吉安。母子的重逢，使贺怡不由得想到苦命的姐姐贺子珍，她要尽最大的努力找到姐姐失散的儿子"小毛毛"，使姐姐也能像她这样母子团圆，并且能回到毛泽东的身边。

长征开始时，"小毛毛"2岁多。毛泽东和贺子珍把"小毛毛"托给毛泽覃和贺怡夫妇。毛泽覃将毛毛寄养在警卫员家中，后来经过多次转移，加上毛泽覃战死，联系的线索就断了。贺怡决心找到这断了的线索，了却毛泽覃生前的重托。

1949年11月初，贺怡把儿子贺麓成带上到赣南寻找线索。车行至吉安与泰和交界的一座木桥时,发生车祸,贺怡将儿子推出车外,自己则当场牺牲。贺麓成左腿骨折,受了重伤。失去母亲的贺麓成只有来到上海的舅舅贺敏学和姨妈贺子珍身边。知道贺麓成总是腿疼,贺子珍立即带他去医院看病。医院大夫用X光透视,发现原来贺麓成在车祸时腿骨断成三截,此时已长歪畸形。大夫说,必须开刀,马上把骨头打断,重新矫正。手术后,贺麓成从腿部到腰部都上了石膏,躺在床上不能动弹。舅舅、姨妈始终在医院陪伴着他,给他端屎端尿,给他以家庭的温暖。一个多月后,贺麓成康复了。

贺子珍将痊愈的贺麓成送进上海市西南郊的上海中学学习。开学之后,贺麓成就尝到了上海中学的厉害:这里不仅教学水平高,而且学习制度非常严格。来自江西或者陕北的干部子弟、烈士子弟,大都跟不上这里的教学进度,他们之中大多数最终只有选择离开,走上了参军、工作的道路。舅舅贺敏学了解到这些情况后,语重心长地对贺麓成说:"你还是好好念书吧,别去'参军',也别去'参干'。我们贺家多的是革命军人、革命干部,缺的是有知识、有文化的科技人员、教授。现在国家建设,需要知识分子,你应该专心学习。"舅舅的话,对贺麓成影响很大。从此以后,他学习刻苦,成绩优异,很快摆脱了学习基础薄、功课跟不上的困境。几个月后,老师们开始对他刮目相看。他的数学成绩满分,其他成绩也都不错,很快跃入班里前三名。

1952年,贺麓成考入上海交通大学,攻读电气化专业。在交通大学,他始终以一个普通人来要求自己,谁都不知道他的真实身世。填学生表时,他只写父母"早已亡故"。他完全以一个普通学生的面目出现在学校里,直到现在,他的中学、大学同学也不一定知道他的家庭情况。

1956年夏,贺麓成在交通大学毕业后,考取了当时最难考的留苏研究生。舅舅贺敏学听到这一喜讯,高兴地说贺家出"状元"了。1956年夏秋之际,贺麓成从上海前往北京,进入北京俄语学院留苏预备部学习俄语。一年之后,因为当时中苏关系变化未能出国读书,组织上分配他到国防部第五研究院(即后来的航天工业部),研究"地对地"导弹。

1958年初,参军入伍的贺麓成来到钱学森麾下,投身我国航空航天科学技术的研究工作。1961年,贺麓成成为新中国第一批导弹工程师。在那些日子里,贺麓成翻译了近百万字的导弹技术资料,绘制的图纸资料达数十本。他还和另一位工程师王太楚发愤努力,经过反复钻研,提出了著名的导弹控制方案。

1964年6月29日,中国第一枚自己设计、自己制造的中近程导弹飞行试验获得了成功。这一成功,确立起贺麓成在导弹研制工作中的权威地位,他成为新中国培养的最优秀的导弹专家之一。但是20多年中,他一直默默无闻,直到1978年荣获全国科学大会奖时,媒体才知道贺麓成的名字。

"文化大革命"动乱时期,贺麓成遵照舅舅贺敏学的嘱咐,没有卷入任何政治活动。他终日埋头在一大堆文献、图纸、数据之中,专心致志研究导弹理论,他的许多重要论文就是在这样的岁月里完成的。即便如此,他仍被当作走"白专"道路的典型,被下放去放羊、养牛。后来,又被列入"五一六"分子的黑名单,受到"审查"。他默默地承受着政治上的不如意,即使在最困难的时候,他也没有告诉过任何人,他是毛泽东的亲侄子。

1976年9月9日,毛泽东逝世。在拟订亲属名单时,李敏提到了贺麓成。贺麓成才第一次见到了大伯父毛泽东。可是这时毛泽东已经双目紧闭,永远无法知道自己还有这么一个为中国尖端科技作出杰出贡献的侄子。

1980年,国防部第五研究院开始评定高级职称。贺麓成成为中国人民解放军总参系统第一个被评上高级称职的人,他当之无愧地成为新中国自己培养的新一代航天专家。

1983年,民政部门要给毛泽覃颁发烈士证书,中共中央组织部通过贺麓成所在单位通知他去领取,他的真实身份才被单位同事所知。

1984年4月19日下午5时,贺子珍病逝,终年75岁。贺麓成写下了《悼念姨妈贺子珍》一文,对贺子珍的逝世表示沉痛的哀悼。

20世纪90年代初,贺麓成从工作岗位上退了下来,担任了几家科技公司的董事长、总经理,开始一番新的奋斗。功成名就的贺麓成始终牢记自己是井冈山的儿女,他总是想尽办法从事公益事业。

作为毛泽东的亲属,贺麓成最大的愿望是做一个普通人。他这一辈子从来没有炫耀过自己是毛泽东的亲人。他的妻子谭晓红是北京武警学院的一位普通的医生,他们生有一子一女。他的儿子恢复了本姓——毛,贺麓成是希望以此来纪念父亲毛泽覃。

赵先桂

> 毛泽覃的结发妻子。正是由于毛泽东的说服,她才得以到长沙求学,走上革命道路。毛泽东始终怀念这位为革命流血牺牲的弟媳。

赵先桂是毛泽覃的结发妻子,1905年9月5日出生于湖南湘乡县凤音乡大坪坳(今韶山区大坪乡湘韶村),家境宽裕。

赵先桂的父亲赵蕊香边务农边从商,在镇上开了一家叫"吉春堂"的商号,主要经营药材、肉食、杂货等,生意做得非常红火。赵蕊香同毛泽东的父亲毛顺生是生意场上的朋友,毛顺生在做贩运谷米、生猪和耕牛的买卖时,自家纸票周转不开,便借用"吉春堂"的纸票暂渡难关。

赵家和毛家还有一层亲戚关系,那就是赵蕊香的姐姐嫁给了毛顺生的妻兄文玉瑞。文玉瑞排行第七,因此毛泽东称文玉瑞和文赵氏(赵蕊香的姐姐)七舅父、七舅母,基于这层关系,毛泽东自幼便认他们为干爹、干妈。可见,毛、赵两家,自来关系密切,感情深厚。

1905年9月,毛、赵两家各自降生了一个孩子,这就是毛泽覃和赵先桂。毛泽覃是25日出生,比赵先桂晚了20天。在他俩出生前,两家相约:如果是一男一女,就结为儿女亲家,来上个亲上加亲。果然,两家如愿以偿,这门亲事就算定了下来。

毛泽覃与赵先桂的婚姻,是典型的父母包办的封建婚姻。不过,因他们两家关系密切,两人自小青梅竹马,感情弥笃。赵先桂7岁进入私塾念书,13岁那年,就读于和毛家共同的表兄文运昌门下。赵先桂生性倔强,敢于同男孩子一拼高低。但是对待父母及公婆,则温柔体贴、关怀备至。1919年毛泽覃的母亲病重,她与妹妹赵先瑞来韶山冲毛家侍候老人,端茶到水,送汤喂药,殷勤有加,直到文七妹10月去世。

1918年,毛泽覃由哥哥毛泽东带到长沙读书。随后,毛泽东说服赵先桂的父母,让赵先桂到长沙求学。同时在长沙的还有杨开慧、毛泽民、王淑兰等,一大家人朝夕相处,生活得充实快乐。毛泽东给干妈——七舅母的信中还说道:"甥今年住家读书,没有外边做事,幸喜身体还好,每天也还快活。泽民、泽覃、淑兰、先桂、泽建、开慧都好,不劳挂念。"在毛泽东的鼓励及引导下,赵先桂先后在承德女校、长郡公学读书,并于1920年加入了新民学会。1923年,她就读于长沙古稻田师范,并在那里光荣地加入了中国共产党。

毛泽覃与赵先桂在寒暑假回家,总是结伴同行。母亲去世后,毛泽覃回韶山度假,就时常住在赵先桂家。1924年夏天,赵先桂同毛泽覃在韶山东茅塘堂伯父毛麓钟家举行婚礼,正式成亲。赵先桂的胞兄赵储琳送亲,表兄文涧泉当介绍人,婚礼仪式俭朴大方。

婚后,因工作需要,两人在一起没待多长时间就各自奔赴工作岗位。1925年10月,赵先桂在党的派遣下,赴苏联莫斯科中山大学学习。此时,毛泽覃则随毛泽东去了广州,夫妻俩天各一方,就这样断了音信。

1927年9月,赵先桂回国,在湘乡积极从事地下工作。不久,因叛徒告密,她被湘乡"剿共"司令、团防局长萧介潘逮捕。在几个月监狱生活中,她不管敌人用何种手段来威逼利诱,始终坚守党的机密,巧妙地与敌人作斗争。1928年1月,她趁川军一部入湘乡县城、秩序一片混乱之际,机智地逃出监狱。

1930年,组织上派她到山东担任中共山东省委秘书。在这里,她结识了山东省委宣传部部长裴光,两人在工作上配合默契,渐渐地产生了感情,不久,他们就结了婚。1932年6月,丈夫裴光在外地被捕,听到这不幸的消息后,她悲痛欲绝,痛哭失声。这引起了她的邻居——国民党特务的怀疑。不久,赵先桂被捕入狱,惨遭杀害,年仅27岁。

毛泽东始终怀念这位为革命流血牺牲的弟媳。1961年7月16日下午,他在接见毛泽覃、赵先桂的继子赵迎时,曾十分哀伤地说:"先桂和泽覃一起在长沙跟着我干革命,他们都是1923年加入中国共产党的,但是,又都死在敌人的屠刀下,我们党牺牲了两个好同志,我失去了两个亲人呀!"

赵 迎

> 他是毛泽覃的发妻赵先桂的继子。他经常给毛泽东写信反映乡下情况，反映老百姓的痛苦，真的成了毛泽东的"通讯员"……

赵迎是毛泽覃的发妻赵先桂的继子，湖南湘乡大坪人。

赵迎小时候上了几年学，也算粗通一些文墨，一直在家乡任小学教师，见识较一般乡亲为多。1960年，赵迎患病在家休养。次年7月，在毛泽东的邀请下，他与毛泽东的表哥文涧泉一起来京。

7月6日，毛泽东的机要秘书徐业夫陪同文涧泉和赵迎，坐车来到中南海丰泽园。到了客厅门前，毛泽东大老远就起身，笑容满面地走到门口迎接。见到表兄文涧泉和一个干练的年轻人到来，毛泽东连忙与他们握手，爽朗地说："欢迎远道而来的客人！"

宾主落座，寒暄过后，毛泽东就迫不及待地询问农村群众的生活情况。他提了许多问题，二人均作了简单的汇报。毛泽东说："现在农民生活不好过，国家目前有困难，过几年会好一点的。人民公社没有办好，群众有意见，群众的意见不能及时地传达到上面，使我们犯了严重的官僚主义错误。我们派了一个工作组到你们公社（指当时的湘乡沙田公社）去，组长是我的秘书胡乔木同志，他们了解了很多情况，给了我一个详细的调查报告，情况我现在是了解了一些。你们一定要把人民公社办好，你们回去后，要及时给我写信，把农村情况告诉我。"

文涧泉连忙说："主席，我没有读什么书，信写不好，就请赵迎同志给你多写信吧，他是文化人，能写会说，一定能把情况表达清楚。"

毛泽东转过身，对赵迎说："赵老师，你回去以后，多写信给我，就做我的通讯员，好吗？"

赵迎回答说："好！主席交给我的任务，我一定办到。"

赵迎见毛泽东对待乡亲如此的和蔼可亲，起先的拘束逐渐消失。他打开了话匣子,向毛泽东集中反映了目前农村教育工作方面的情况。毛泽东听后说:"我们是文明古国,旧社会人民缺少文化,愚昧无知,这教训不能忘,所以一定要在农村普及文化。现在办学是有困难的,但是可以发动群众自己办,办农校、办夜校。把夜校办好,群众可以晚上上学。等条件好了,普及小学、中学教育。在我们这一代,大多是农民出身,不能忘本呀!总要为农民做一点实事才对。"

毛泽东语重心长的话,给赵迎留下了深刻的印象。

这天中午,毛泽东留文涧泉、赵迎在家吃饭。他还亲切地对赵迎说:"你是先桂的养子,先桂与泽覃一起在长沙搞革命,他们都是1923年入的党,又先后牺牲在敌人的屠刀之下,我们党失去了两位好同志,我们失去了亲人呀!你一定不能辜负父母的期望,多为国家做些贡献。"赵迎听了毛泽东的话,频频点头。临别前,毛泽东将《毛选》赠送给二人,并送给两人各200元钱,知道赵迎这一年身体状况不好,毛泽东另外赠送他80元作为看病吃药的费用。

赵迎牢牢记住了毛泽东对他的期望,回到乡下后,真成了毛泽东的"通讯员",他经常给毛泽东写信反映乡下情况,反映老百姓的疾苦。

赵浦珠

> 因其堂妹赵先桂与毛泽覃指腹为婚,毛泽东称他为"姻兄"。他曾与毛泽东在长沙湖南新军辎重营一同当兵,相互照顾……

赵浦珠,1886年出生于湘乡县凤音四都黑门桥(今韶山市大坪乡湘韶村),是毛泽东的七舅母文赵氏的侄子,其堂妹赵先桂与毛泽覃指腹为婚,因此毛泽东称他为"姻兄"。

1910年秋,赵浦珠同文运昌等说服毛泽东的父亲毛顺生,继续送儿子到湘乡高等小学堂读书。1911年,赵浦珠考入湖南公立铁路学校。辛亥革命爆发后,他与毛泽东在长沙湖南新军辎重营一同当兵。亲戚兼朋友,两人相互照顾,当兵的日子也算过得愉快。赵浦珠退伍后,继续求学。1917年,他毕业于湖南公立高等师范学校。与当时大多数知识分子一样,他选择了教育救国的道路,先后在湘乡县立东皋中学、东山中学、乙种农业学校、第一女职校、女子师范学校、湘乡中学、永丰中学等校担任文史教员。由于工作突出,教育方法新颖,赵浦珠逐渐在教育界有了一定的名望,并担任过校长等职。后来,国民党政府还延聘他担任过湘乡县第四区区长。

新中国成立后,赵浦珠被划为地主成分。1950年春,他写信给毛泽东,反映乡村土地革命的情况以及自己的生活状况,并写了七绝8首,寄给毛泽东。其中一首深情地描述了对韶山的热爱以及对毛泽东的思念。

> 韶山东峙列如屏,郁郁葱葱一望青。
> 秀气叩钟南霭宅,产生英杰拯生灵。
> 卅载暌违未见君,常常翘首望燕方,
> 巡乡庚续南风曲,我戴黄冠愿与闻。

随后的岁月里,他曾多次给毛泽东写信,对自己被划为地主成分表示不满,希望毛泽东能够给当地政府写信说情。1950年5月7日,毛泽东给他回一封信说:

浦珠先生姻兄左右:
  惠书及大作收到敬悉,甚为感谢。乡间减租土改等事,弟因不悉具体情形,未便直接干预,请与当地人民政府诸同志妥为接洽,期得持平解决,风便尚祈时示周行。
  唐家圫诸亲友并致问候之意。此复,顺颂。
  健吉

毛泽东
一九五〇年五月七日

在划定阶级成分这样的原则问题上,毛泽东没有徇私枉情;但在赵浦珠的生活上,毛泽东则非常关心。1957年以后的两年间,中共湖南省委根据实际情况,给赵浦珠补助了200元的生活费,帮助他度过困难的岁月。1963年1月8日,毛泽东从自己的稿费中抽出300元给他寄去,补贴家用。在毛泽东的耐心说服下,赵浦珠一直在家积极参加生产劳动,做一个自食其力的劳动者。1957年3月17日,71岁的赵浦珠写了一篇自传,末尾有这样的一段话:

  汝目近视,汝耳复聋,五官废二,安得称为完人?惟有积极劳动,改造思想,庶得以生活在以工人阶级为领导,以工农联盟为基础的人民民主国家之中。不然,汝年已逾七十,其距毕业收入棺材也,复几阳春!应知道,宇宙之变化无穷,而社会之进步亦无穷,后推前引,何能再容许汝继此而陈陈相因!

这篇自传是赵浦珠晚年思想变化的写照,真实地反映了一位从旧社会走来的旧式知识分子对新中国的内心感受。
  赵浦珠临终前,将自己晚年的书作《廉园拾遗》留给了子孙。

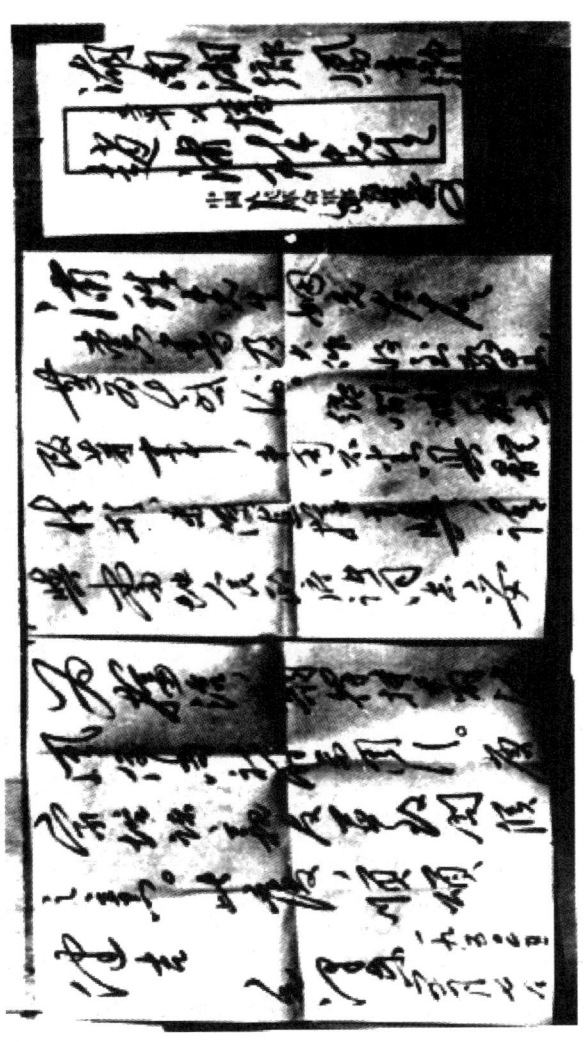

钱希钧

> 她是毛泽民的第二个妻子,一生没有生育过孩子,但她有慈母心肠,把毛泽东三兄弟的孩子视为己出,因此孩子们都尊称她为"钱妈妈"。

1905年的一天,钱希钧来到这个世界。家里在她出生前就已揭不开锅了,如今又添一张嘴,日子不知该怎么熬。贫穷的父母权衡再三,最后只得忍痛将刚刚满月的婴儿送到邻近的水下张村张乃荣家,给他第三个儿子张秋人当童养媳。

张家也不是富裕人家,一家人一年从头忙到尾,也仅仅勉强度日。因此,钱希钧自幼便开始了繁重的家务劳动。上山放牛、割草打柴、抽丝纺线、缝补浆洗,她的童年就是在这样的辛劳中度过的。

然而,不幸中的万幸是,张秋人长大后接受了革命思想,成为一名思想进步、品格高尚、有文化、有知识的热血青年。他坚决反对不人道的包办婚姻,始终把钱希钧当作自己的亲妹妹看待。

张秋人是中国共产主义青年团创始人之一、中共早期的党员和有名的政治活动家,具有杰出的组织、领导能力。1922年初春,张秋人写信给钱希钧,要她走出家庭,去上海读书。从此,钱希钧在张秋人的引导下,走上了革命的道路。

这一年,钱希钧刚刚17岁,她勇敢地摆脱了旧式婚姻的羁绊,来到上海。经张秋人介绍,进入平民女校学习。平民女校是一所革命学校,钱希钧在那里读书、做工,还参加革命工作。她和同学一起走上街头,宣传革命道理,声援工人罢工。她们胸前时常挂着挖了小口的竹筒,沿街为工人运动募捐;她们还为前来平民女校开会的领导人陈独秀、张太雷、李达、恽代英、张秋人、刘少奇等站岗放哨,以保证他们的安全。

1924年,钱希钧加入了中国共产主义青年团;1925年,她加入了中国共产党。

1926年,钱希钧在革命形势的感召下,毅然走出学校,投身日渐高涨的工人运动之中。她在上海杨浦怡和纱厂搞工会工作,夜间,在上海大学读夜校。不久,组织安排她到毛泽民担任经理的中央出版发行部工作。

进入发行部机关的第一天,钱希钧碰上了领导"杨经理"。她连忙将中组部的介绍信递上去,"杨经理"看完信,热情地向她介绍说:"我们机关是党的宣传部门的喉舌,你的工作,除了搞报纸和书刊的发行外,还要担任地下交通,要经常去中央机关和一些领导同志的家里。做这方面的工作,一定要灵活,同时还要注意保密,要尽量减少社会关系,少与别人来往。""杨经理"的精明能干,给钱希钧留下了难以忘怀的深刻印象。后来,她才知道,"杨经理"的真名叫毛泽民,是中央出版发行部的部长。

为了工作方便,他们曾假扮"夫妻"。在毛泽民领导下,钱希钧担任党的机要交通员。为了应付敌人,她经常化装成不同身份的女性,往返于党中央机关和领导人的居所,做了大量的工作。就在这艰苦的岁月里,两人之间逐渐产生了深厚的感情。1926年毛泽民与钱希钧走到了一起,由并肩战斗的同志变为情投意合的革命伴侣。

婚后的钱希钧主要负责发行、地下交通工作,任务繁重。她默默地努力着,尽量多为毛泽民分担工作。而毛泽民则经常帮助她提高业务知识,传授经验。钱希钧很体贴毛泽民,除了做好自己的工作外,还在生活上处处照顾他。当时,他们每月只有15元的津贴,穿衣、吃饭和日常开支都包括在内,生活非常拮据。由于胃病,毛泽民不能吃辣椒,平时饭吃得很少。钱希钧便想方设法买一些他喜欢吃的空心菜。每当丈夫在她的精心照顾下,多吃了些饭菜,钱希钧的内心就充满了快乐。

1930年底,他们得知嫂子杨开慧为革命壮烈牺牲,心中无比悲愤。他们很担心敌人将毛岸英三兄弟杀害,就建议党中央把三个孩子接到上海,放在大同幼稚园寄养。党中央同意了他们的建议,三个孩子就由他们的舅妈李崇德和外婆向振熙护送,辗转来到上海。当毛岸英见到叔叔时,一头就扑进他的怀里,放声痛哭,看到这种情景,钱希钧禁不住流下了热泪。她将还不太懂事的岸青、岸龙紧紧搂在怀里,脸颊贴在孩子们的额头上,轻轻地抚慰他们。

1931年4月,顾顺章叛变,地下党组织遭到严重破坏。为了安全起见,毛泽民和钱希钧不得不离开上海。夫妇俩在公园和毛岸英兄弟告别,再三嘱咐兄弟几个要好好学习,听老师的话,和周围的小朋友搞好团结,并嘱托岸英照顾好两个年幼的弟弟。懂事的岸英望着叔叔、婶婶问道:"你们要走很远吗?多久再来看我们?你们能见到爸爸吗?"说着,从怀里拿出一封信,要叔叔、婶婶交给爸爸。

离开上海后,钱希钧与毛泽民转道香港,到达闽粤赣根据地,随后于当年秋天来到红色首都——瑞金。这一时期,钱希钧凭着上海办报的经验,担任了《红色中华》的发行科长,以一股韧劲出色地完成了党组织交给的任务。

钱希钧一直没有孩子,到瑞金后,她十分钟爱贺子珍的儿子毛毛,常把毛毛抱到家里百般疼爱。1934年10月,钱希钧随中央红军撤离瑞金,开始举世闻名的长征。她与嫂子贺子珍一起在干部休养连,钱希钧向群众作宣传,雇佣民夫,了解敌情、民情。有时,她还抬担架,运送伤员。当嫂子因救人受伤后,也是她始终守在身边,给生命垂危的贺子珍以极大的鼓舞和安慰。

1935年10月,钱希钧作为仅有的30多名红军女战士之一,历尽千辛万苦,终于到了陕北。在陕北面临经济极端困难的时候,钱希钧与毛泽民一道在国民经济部工作,担任党支部书记兼会计科长。

1937年初,为了支援中国人民的革命战争,国际工人阶级募集了一笔数目可观的美钞,从法国巴黎秘密寄到了上海。但是,这笔巨款在敌占区,而且只有换成通用的法币,才能安全抵达延安。党中央把取款、换币并秘密运到西安红军联络处的任务交给了毛泽民、钱之光、任楚轩、危拱之和钱希钧等人。

这年春天,他们再次来到上海。为了作掩护,夫妇俩开了一间纸行,毛泽民当"老板",钱希钧当"老板娘"。毛泽民从上海地下党负责人潘汉年手中接过了那笔巨款,藏在自己的住处,并装扮成阔佬,每天出入各种交易所,分期分批地兑币。钱希钧等人则负责运送。他们活动时一般要乔装打扮,钱希钧时而扮成国民党的军官夫人,时而扮成到西安城里进香拜佛的阔商太太,来回奔波在上海和西安之间。由于大家齐心协力、机智果敢,到8月13日日本攻占上海之前,终于全部完成了兑换、运送任务。

1938年初春,由于长期过度劳累,毛泽民身患重病,为了使他得到休息,中央安排他去苏联养病学习,钱希钧随行同往。当他们转道新疆迪化(今乌鲁木齐)时,由于中苏边界正发生鼠疫,只好留在那里。

次年,由于工作的需要,钱希钧离开毛泽民,独自返回延安,进入马列学院学习。不久,到陕甘宁边区政府建设厅工业合作社工作,并担任了妇女主任,随后又在中央高级党校学习了两年。这时毛泽民和王淑兰的女儿毛远志、养子毛华初也来到了延安。钱希钧对这两个孩子非常关心。姐弟俩也特别喜欢钱妈妈,时不时去看望她,而做妈妈的一看见毛华初那单薄瘦弱的身子和毛远志因生活不习惯而被折磨得消瘦的脸容,好不心痛,便将自己的伙食费掏出,为他们做一餐有"油水"的饭菜,笑眯眯地看他们"扫荡"完。

1943年,钱希钧和周小鼎相识相爱,重新建立家庭。1946年初,两人一起去上海工作,钱希钧担任了沪西区委的组织部长,领导工人运动和解放前夕的护厂运动。1948年,她和周小鼎、黄河等领导了著名的申新纺织第九厂"二二"大罢工。

新中国成立后,钱希钧先后担任了食品局副局长、轻工业部办公厅副主任。她还是第三、四、五届全国政协委员。

1992年,钱希钧在江西逝世,享年87岁。

章淼洪

> 毛泽东的表侄女。1950年9月的一天,毛泽东专门请她到中南海吃午饭,并委托她回乡办两件事……

章淼洪,生于1911年,湖南湘乡县人。母亲文静纯是毛泽东的八舅父的女儿、毛泽东的亲表姐。

1938年3月,章淼洪受表舅毛泽东的影响,接受了革命思想,与同乡几人奔赴延安,参加革命。先在抗大四期学习,同年5月,因其表现突出,要求进步,党组织吸收她加入了中国共产党。

在延安的几年中,章淼洪经常去看望毛泽东,并向他请教自己将来的前途问题。毛泽东对她说:女同志工作的路子不宽,在医务和合作社等部门工作,是比较适合的。章淼洪接受了毛泽东的意见,从抗大毕业后,就报名参加了晋察冀卫生学校,先后在二大队担任副指导员、指导员。

抗战胜利后,章淼洪奔赴东北,任东满军区政治部协理员、第四野战军子弟学校总务处副主任等职。新中国成立后回到北京工作。

1950年9月的一天,毛泽东请章淼洪到中南海吃午饭。吃饭前,毛泽东说:"今天请你来,有两件事要请你办一下。"

"什么事?"章淼洪连忙问道。

毛泽东笑着说:"别急,听我慢慢说。我想让你回湖南一趟,去接你的九表舅王季范先生和我的同学周世钊先生;另外可以回家看看,去外婆家做你舅舅文运昌他们的工作。"

王季范是毛泽东的姨表兄,在湖南第一师范教过书,当过毛泽东的老师,多年从事教育工作,是湖南有名的教育家。周世钊,是毛泽东在"一师"读书时的同学、新民学会会员,当时正在"一师"担任校长。

章淼洪听毛泽东要自己到湖南去,非常高兴,连忙说:"好,我一定完成您交给的任务。"毛泽东点点头,转身到桌子上拿起一封信,交给章淼洪说:"这是湘乡县县长刘亚南给我的一封信,信中主要反映了石城乡的土改情况。"

"淼洪!"毛泽东严肃地对表侄女说,"你回去给刘亚南说,他的信我看了,非常好,代我向他问好。告诉他,不要有思想顾虑,要大胆工作,我支持他。"章淼洪仔细读了刘亚南的信,并用笔将毛泽东转托的话记在了随身携带的笔记本上。毛泽东请工作人员为章淼洪倒了一杯茶,自己则拿出一支烟,点着了抽起来,缓缓地说:"另外,你回湘乡,到唐家坨外婆家去看看,跟你舅舅他们说一说,不要因为自己是我毛泽东的亲戚,就不尊重地方政府,还是要奉公守法,做个老实勤恳的农民。"

章淼洪为难地说:"别的事,都好办,但是给舅舅做思想工作?……他毕竟是舅舅呀!我一个后辈,怎么好说他呢?"

毛泽东见表侄女面上显露迟疑之色,想了想说:"你回去就说是我让你说的!你的态度要坚定、严肃,否则起不到效果。"

当年9月下旬,章淼洪奉毛泽东之命,回到长沙,接着到了湘乡。她先到唐家坨探望外婆家的亲戚,对文运昌等人晓之以理、动之以情,做了复杂细致的思想工作。文运昌等人接受了章淼洪的建议,事情有了满意的结果。

章淼洪见舅舅的问题得到了解决,就立即到湘乡县城,找到县长刘亚南,转达了毛泽东的意见,她特别转告刘亚南说:"文家亲戚也是普通的老百姓,不能有任何特殊,如有缺点,应加以批评教育。"

刘亚南听了,非常感动。他对毛泽东不徇私情、公正严明的精神深表敬佩。

"谢谢主席。"刘亚南郑重地对章淼洪说:"请你回去转告主席,我一定把工作干好!谢谢他对我工作的支持。"

章淼洪告别刘亚南后,返回长沙,迎接王季范、周世钊北上。由于王季范已先期赴京参加全国教育工作会议,章淼洪没有见到这位九表舅。她随即来到湖南第一师范,向周世钊说明此行的目的,并陪周世钊到达北京。

章淼洪圆满完成了毛泽东交给的任务。

章淼洪的爱人朱光曾任中国人民志愿军炮兵第二师师长,在抗美援朝战争中,做出了很大的贡献。后来当选为第六、七届政协全国委员会委员。

1991年,章淼洪在北京去世,享年80岁。